大学的从教之道

The Pith of Teaching in Universities

龚一鸣 ◎著

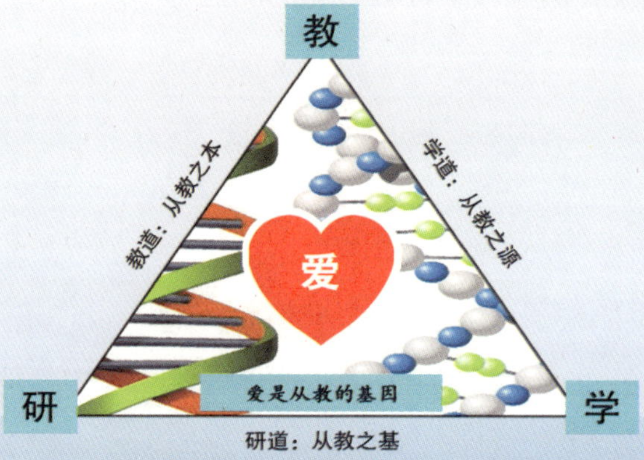

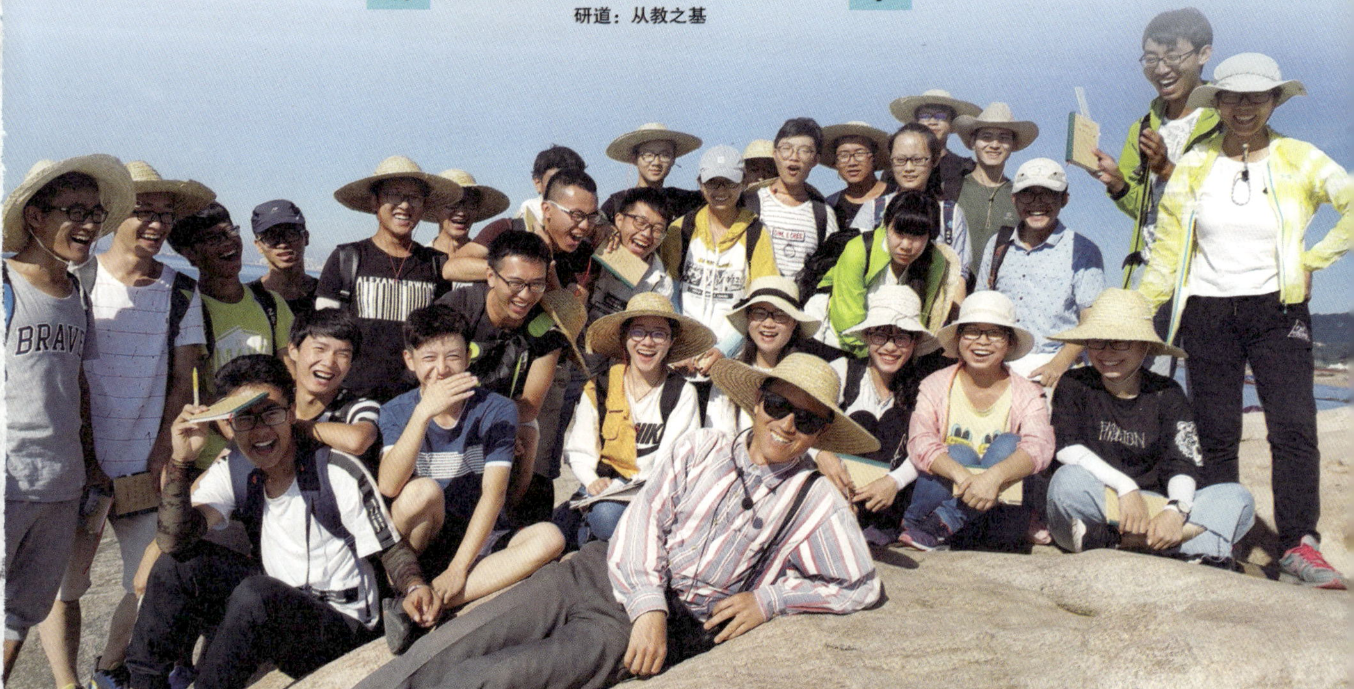

中国地质大学出版社
CHINA UNIVERSITY OF GEOSCIENCES PRESS

图书在版编目(CIP)数据

大学的从教之道/龚一鸣著. —武汉:中国地质大学出版社,2024.1
ISBN 978-7-5625-5782-1

Ⅰ.①大… Ⅱ.①龚… Ⅲ.①高等学校-教学研究 Ⅳ.①G642.0

中国国家版本馆CIP数据核字(2024)第036022号

大学的从教之道		龚一鸣 著
责任编辑:彭 琳	选题策划:毕克成	责任校对:徐蕾蕾
出版发行:中国地质大学出版社(武汉市洪山区鲁磨路388号)		邮政编码:430074
电 话:(027)67883511	传 真:(027)67883580	E-mail:cbb@cug.edu.cn
经 销:全国新华书店		http://cugp.cug.edu.cn
开本:787毫米×1092毫米 1/16		字数:319千字 印张:16.25
版次:2024年1月第1版		印次:2024年1月第1次印刷
印刷:湖北金港彩印有限公司		印数:1—1000册
ISBN 978-7-5625-5782-1		定价:68.00元

如有印装质量问题请与印刷厂联系调换

前 言 INTRODUCTION

本书的缘起

有人问我,作为理工科的地质人为何要写一本文科类的书？我的回答是,想跨界,想留住对教育、对大学和对地质的爱！但不知有跨、跨过否？希望能在三者的夹缝中！

教师执教能力的培养和提升是大学和大学教师永恒的主题,一直受到国家、大学和大学教师的高度重视,自2012年10月31日教育部公布首批30个国家级教师教学发展示范中心以来更是如此。2014年以来,很荣幸学校每年都邀请我在本校和湖北省部分高校新入职青年教师集中学习和培训时段,给青年教师讲授"高校教师如何上好一门课"等内容。尽管自己一直工作在教学一线,且已有30余年的高校教龄,但要从理论与实践相结合的基础上讲授好90分钟的这堂课,还是颇有压力的。我还清楚地记得,第一次授课是在2014年4月11日下午(周五),在中国地质大学(武汉)南望山校区教三楼202教室。课堂上,约60位青年教师全神贯注的聆听、有感而发的互动和积极正面的反馈,给了我很大的鼓励。也许我比青年教师们的收获更大,原因有三：其一,备课过程中对教育教学文献的系统学习和研读；其二,对自己从教30余年教书育人心路历程、经验和教训的

I

系统梳理、反思和总结；其三，与青年教师的互动交流。自2014年至2023年，围绕"高校教师如何上好一门课""如何做一名卓越的大学教师"和"课程思政"等高校教师执教能力提升主题，我先后应邀在校内外作讲座和报告约50场次，有机会与不同高校、不同学科专业和不同年龄层次的数千名大学教师和教育教学管理者互动交流，这些经历和积累，为回答"为何要写"和"如何写这本书"这两个问题提供了丰富的素材和基于这些素材的系统思考与梳理。

本书的结构

本书由第1~6章、附录Ⅰ、附录Ⅱ和后记构成。

第1章，序言。阐述何为大学和大学之道，并将大学教师的从教之道概括为四道：爱道、教道、研道和学道。

第2章，爱道。阐述何为爱道和爱道的内涵：爱什么、为何爱和如何爱。

第3章，教道。阐述大学教学应该怎么教和教什么，并将课程思政、教学评价和教学改革独立出来专门阐述。

第4章，研道。针对新入职青年大学教师如何选择和调整科研方向，阐述了科研的类型和要注意的问题，教研的内容和方法，教学与科研的关系，出版与出局的关系及应该注意的一些其他问题。

第5章，学道。阐述了大学教师应该学什么、怎么学、为何学以及终生学习的重要性。

第6章，结语。梳理和总结了大学教师从教之道的要义：修身、学术、教学和育人。归纳了大学教师从教容易走入的误区：认认真真培养自己，马马虎虎培养学生；科研做好了，教学自然会好；教学是输出，科研才是输入；只顾耕耘自己的一亩三分地，不愿关注诗和远方。

附录Ⅰ。从第1~6章中,依序摘录能反映本书主要内容和思想的表述——146条语录("金句")附于本书的后面。从这些语录中,读者可以快速地了解本书的思想要义、内容主旨和语言特色。

附录Ⅱ。是笔者遴选出的178幅照片,在时间上涵盖了笔者从学龄前(1960年)至今(2024年)60余年的求学,特别是从教的学习、工作和生活剪影。如果说正文是笔者"文说"大学的从教之道,那么附录Ⅱ就是笔者试图"图说"大学的从教之道,同时也希望附录Ⅱ能为"文说"大学的从教之道提供道之本(活到老、学到老、行到老)、道之源(从教中的音乐是美好的,只有潜伏在水中的鱼儿才能听得到)、道之流(教师最大的成功是培养出值得自己折服和崇拜的学生)和道之实(不同时段求学和从教的实景快照)的具象表达。

后记(跋)。借鉴哲学终极追问的表达方式,试图用诗情画意的语句诠释"我是谁""我从何而来""我将向何处去"。

本书的特色

悟道与重术并举

笔者希望从道与术的结合上,感悟大学从教的起点、过程和终点及其真谛。笔者将大学的从教之道概括为四道:爱道、教道、研道和学道。爱是从教的基因、教之以事而喻诸德、科研教研比翼双飞和学不可以已,分别是"四道"之道;爱什么、怎么爱、为何爱,教什么、怎么教、为何教,研什么、怎么研、为何研,学什么、怎么学、为何学分别是"四道"之术。

明理与践行互动

笔者希望从从教的理论与实践的结合上,阐述、总结和提炼自己、同行和前人成长、成功和成熟的案例,为我的大学同行,特别是青年教师提供参考和借鉴。从教之道为何是"四道"?从教之术为什么要回答和践行上文提及的"什么、怎么和为何？"。感悟、理念、理论与践行很难说谁先谁后，在践行中明理，在明理中践行，"知到极处便是行，行到极处便是知。"实践－认识－再实践－再认识，循环往复，就能不断完善从教的方法、过程，优化从教的理念，实现从教的目标。在卓越的大学、大学教师和大学教学中，不可能有完全相同的两门课、两节课，因为卓越的大学、大学教师和大学教学是常新的、发展的、不断完善的，没有最好，只有更好！

慎思与畅达融合

笔者希望从图、文、表的结合上，引导读者慎思书中列举的案例和提出的观点、理念和模式，试图通过图文并茂的方式，阐明慎思的结果。如：何为教育？何为教学？何为金课？鱼（教学）和熊掌（科研）要否、可否或不可兼得？教学过程包括哪些方面和要素？在备课、上课和结课过程中如何践行好这些方面和要素？无论是对资深大学教师还是对涉教浅少的青年教师而言，这些既是现实问题，也是值得深究的理论问题。本书将这些问题概括为"教学十要"和"教学十忌"，并进行了系统阐述，试图实现慎思与畅达融通，因为语言是思想的子弹。

"文说"与"图说"互补

笔者希望能从理性（正文）与具象（附录Ⅱ）的结合上，展示笔者及所在集体在不同历史时段对从教之道的感悟与实践及两者间的关系，即"行之力则知愈进，知之深则行愈达"。"图说"（附录Ⅱ）虽说是笔者60余年求学和从教的剪影，但它也是不同历史时段笔者及其相关群体客观、真实场景和过程的记录，在历史、时序、人物和事件的节点中，也许不同的读者会对大学的从教之道有不同的感悟。

本书的读者

本书的缘起决定了本书的读者群：年轻的大学教师、年长的大学教师、从事大学教育教学的管理者及大学的"观众"。

年轻的大学教师

有数据表明,45岁以下的青年教师是目前大学教师的主体,约占大学教师总数的2/3[①]。该群体的主要特征是:都受过系统的高等教育,甚至是东西合璧的高等教育,具有硕士或博士学位,具有较扎实的专业科学研究功底和专业积累,普遍都怀揣争做卓越大学教师的梦想,但他们在教育教学方面存在训练少、投入少、积累少的问题。在教育教学上,他们有劲不知道怎么使、往哪里使、为何要这样使,对大学教师从教之道的认识不清、不深、不实、不真。希望本书提出和阐述的大学教师从教之道的"四道",能成为年轻的大学教师知道、明道、入道、践道、精术的抓手和拐杖,帮助他们站在过来人的肩膀上,少走弯路,追求卓越,在高起点上实现自己的人生追求,成为青出于蓝而胜于蓝的卓越的大学教师。

年长的大学教师

相比年轻的大学教师,年长的大学教师有较多的教育教学积累,但由于长期以来,受高校重科研轻教学、重教书轻育人、重知识传授轻价值引导和人格培育等不良风气的影响,不少年长的大学教师似乎没有或还没有来得及深入思考和践行大学教师的从教之道就到了知天命和耳顺之年。这类大学教师,在闲暇之时,浏览或审视本书提出的观点和案例,也许能获得些许启发。

大学教育教学的管理者

也许从事大学教育教学工作的管理者曾经有过几年至十余年一线大学教师的从教经历,但那毕竟已成为过去时,当下自己胸中装得更多的是宏观的和偏概念性的教育教学法规、政策、理念和举措。笔者30余年来一

[①]数据来源于教育部高等教育司司长吴岩的报告,2021年11月24日。

直耕耘在大学教育教学的一线和基层，来自"草根族"的案例、心路历程和感悟，也许能使管理者更能从格局与细节、森林与树木、诗和远方与一亩三分地的结合上，洞见大学和大学教师从教之道的真谛，更好地服务好、管理好、引领好自己的大学、院、系，以及与自己业务范围相关的大学教师群体。

大学的"观众"

大学的"观众"是指对大学和大学中的人与事感兴趣者。虽然，这类群体目前也许不在大学学习或工作，但是在我国高等教育已经普及化的今天，他们也一定在生活上或工作上与大学和大学中的人与事有或多或少的关联。出于某种关联或出于好奇，这类"观众"希望对大学中的人和事有所了解。本书也可以作为这类群体闲暇之余的一道"开胃小菜"。

为了帮助读者在较短时间内快速了解本书的精髓，笔者从本书的各章节中，依序摘录出能反映本书主要内容和感悟的表述——146条语录（"金句"），附于本书的末尾，从这些语录中，读者也可大致了解本书的要义。

考虑到不同的读者群可能有不同的胃口，笔者梳理和遴选出自己从学龄前（1960年）至今（2024年）60余年的求学，特别是从教的学习、工作和生活实景照片178幅作为附录Ⅱ，试图使"文说（正文）"与"图说（附录Ⅱ）"大学的从教之道互补，对具象更感兴趣的读者也许更容易抓住大学的从教之道。

致谢

感谢中国地质大学（武汉）人力资源部（人事处）及其教师发展中心、本科生院（教务处）、地球科学学院等部门及院系，2014年以来历年参加培训的校内外年轻和年长的大学教师、教育教学管理人员，中国地质大学出版社，在本书的缘起、构思、写作、成稿和出版阶段给予的大力支持！感谢地史古生物学国家教学团队、首批全国高校黄大年式地质学教师团队、国家教学名师计划和国家自然科学基金创新研究群体项目等给予的大力支持和资助！感谢孟大维教授(材料学教师)和余敬教授(管理学教师)对书稿的认真审阅，他们提出的许多宝贵修改意见和建议，使本书增色良多！

龚一鸣

2022.5.1

目 录 CONTENTS

第1章 序言:大学之道——学术与育人 /1
1.1 何为大学 /2
1.2 大学之道 /4

第2章 爱道——爱是教育的基因 /11
2.1 概述:没有爱就没有教育 /12
2.2 爱教师职业 /12
2.3 爱学生 /18
2.4 爱三尺讲台 /22
2.5 爱自己 /34

第3章 教道——教之以事而喻诸德 /35
3.1 概述:怎么教比教什么更重要 /36
3.2 教知识与教能力 /39
3.3 教智慧与教人格 /64
3.4 课程思政 /68
3.5 教学评价与教学改革 /86

第4章 研道——科研教研比翼双飞 /105

4.1 概述:无教研无教学,无科研不教学 /106

4.2 科研 /107

4.3 教研 /115

4.4 教学与科研的关系 /144

4.5 出版与出局(publish and perish) /149

第5章 学道——学不可以已 /153

5.1 概述:学是从教之源 /154

5.2 学为人之道,晓做人之理 /154

5.3 学为事之道,明做事之要 /160

5.4 学为学之道,奠学养之基 /165

5.5 学为师之道,铭育人之本 /173

第6章 结语:从教之道——"四道"为铭 /181

6.1 从教之道的要义 /182

6.2 从教之道的误区 /191

主要参考文献 /198

附录Ⅰ:本书语录(146条) /201

附录Ⅱ:笔者求学和从教剪影(178幅照片) /215

后记 /246

第1章 序言:大学之道——学术与育人

大学之道是以大学精神为灵魂,以大学文化为躯干、以大学治理为血肉、以大学风格为表达的概括,其内核是保守的,外延是开放和与时俱进的。

1.1 何为大学

人只有通过学习和受教育,才能成为文明社会之人,学以成人既是人的使命,也是教育的使命、担当和价值所在。在婴幼儿、小学、中学和大学的分阶段教育中,大学是人才培养的最高级阶段,大学生是学校输送给社会的"终端产品",其质量的好坏直接决定和影响个人、家庭、单位、行业、国家和人类社会发展的进程、方向和质量,大学的质量和规模决定着人才输出的质量和规模,也是国家博弈的中坚支撑。

何为大学,先哲从不同的角度对大学进行了定义和诠释。康德是世界上第一个回答"何为大学"的人,他说:"大学是一个学术共同体,它的品行是独立追求真理和学术自由。"耳熟能详的定义和诠释还有:"大学是囊括大典,网络众家之学府"(蔡元培,原北京大学校长),"所谓大学者,非谓有大楼之谓也,有大师之谓也"(梅贻琦,原清华大学校长),"大学是自我教育与互相教育的场所"[迈克尔·欧克肖特(Michael Oakeshott),英国哲学家和政治家],"大学是储存、传播和创造知识的殿堂"(张杰,原上海交通大学校长),"大学必须经常给予社会一些东西,这些东西不是社会想要的,而是社会需要的"[亚伯拉罕·弗莱克斯纳(Abraham Flexner),美国医学家和教育家]。社会需要什么?需要高尚的精神文明与先进的物质文明及具有这两种文明的人的推进和引领。大学是学人之母、学养之地、学术之汇和青少年人格成型期的最佳孵化器与锻造工厂之一。大学是百花园,一流大学是引领人类社会前进的灯塔,其特征和功能是多元的、丰富多彩的和具有最持久生命力的组织机构。原加利福尼亚大学校长克拉克·克尔(Clark Kerr)曾做过一个统计,1520年之前,全世界创办的组织,至今仍然用同样名字、以同样方式、干着同样事情的,只剩下85个,其中70个是大学,15个是宗教团体。为何大学,特别是一流大学之树会长青,其原因在于:其一,大学是人类社会高尚的精神文明与先进的物质文明的传播者、创造者和引领者。其二,大学是持续招收、遴选、接纳和培养最具活力和创造力的青年学生之地,近现代大学制度建立以来,推动人类社会发展和进步的绝大多数政界领袖、业界翘楚和学界精英大都是大学的"产品",没有大学,没有大学源源不断地培养和输送这些人才给社会,社会的发展、文明和进步难以想象。大学的这些特质决定了绝大多数的适龄青少年将考大学和读大学作为其首选,国家也将不断提高适龄青少年(18~22岁)上大学的比例、提高大学的办学质量并将建设具有中国特色的世界一流大学作为国家意志和实现中华民族伟大复兴的优先重要抓手。由此可见,国家建好大学、教师教好大学、学生读好大学,对个体、家庭、国家乃至人类社会的可持续发展的重要性不言而喻。

从世界上第一所正规大学(意大利的博洛尼亚大学,始建于1088年)建立至今,大学的发展有近千年的历史,世界高等教育的中心也有过五次重大转移:17世纪(1610年)以前在意大利,17—18世纪在英国(1660—1750年),18—19世纪在法国(1760—1840年),19—20世纪在德国(1875—1920年),20—21世纪初在美国。随着世界高等教育中心的转移,大学的功能在不断扩展和演替,逐渐开始了从一元(传播知识,19世纪初以前)、二元(传播知识+创造知识,19世纪初至20世纪30年代)、三元(传播知识+创造知识+社会服务,20世纪30年代至21世纪初)到四元(传播知识+创造知识+社会服务+文化的交流与互鉴,2001年9月11日至今)的转变(徐显明,2005;张杰,2010)。**育人,以学术为主旋律的策略育人、以他育和自育为主抓手的方式育人,始终是大学的核心功能和大学的价值所在,古今中外概莫能外。**

1.2 大学之道

道,汉语一级字,最早见于甲骨文。道的本义为道路,其引申意义非常丰富,包括方法、技艺、秘籍、精髓、本质、规律、宗旨、要义和学说等。本书中阐述的某某之道侧重其引申意义。

从上文我们可以清楚地看到,大学是多元的,大学之道也一定是多元的。不同层次和不同类型大学的大学之道,如理工类与人文社科类大学之道,行业性、地方性与综合性大学之道,既有相同之本,也有不同之道。相同之本是都要围绕育人这个中心,形成各自的教学、科研、社会服务和文化传承之道,每个方面又都有其细分之道。"万物得其本者生,百事得其道者成"。**大学之道的本质是学术,学术的灵魂是创新,创新的要义是为社会创造价值,大学学术和创新的重要使命是育人**。就是通过以学术为主导的活动、交流和浸润,为社会、为国家、为人类源源不断地培养和输送"所想要和所需要之人"。中华民族传统文化经典著作《大学》(四书之首),就对大学之道的宗旨——育人,进行了简练的阐述:"大学之道,在明明德,在亲民,在止于至善"(大学的宗旨,在于弘扬高尚的德行,在于造福人民,在于达到最高境界的善)。这12个字蕴含的博大精深的教育思想和智慧,至今仍熠熠生辉。

《大学》不仅阐述了育人(包括自育与他育)的追求(止于至善)和目标(明明德和亲民),也指明了育人的方略(格物、致知、诚意、正心、修身、齐家、治国、平天下),这就是《大学》的"三纲八目"(图1-1)。三纲是育人的目标和追求(明明德、亲民、至善),明明德是育人的起点和基础,是成就"小我";亲民是明明德的实践与扩展(造福),是成就"大我"。两者互为正反馈,明明德和亲民的终极目标是止于至善。八目是育人的方略,即先律己,后方能安人,修身是律己和安人的基础。律己从格物(亲历其事,亲操其物,即物穷理)和致知(探求真知,融通事理)开始,即从学、习、践等外部途径(学术途径)开始,在此过程中和在此基础上,方能实现诚意、正心(思想意念诚实、不矫饰、不自欺、不欺人,心灵安静、心胸坦荡、心地善良),从而实现内在修养的提升,这个过程就是律己修身的过程,是从必然王国向自由王国提升和精进的过程。安人有三个层次:齐家(构建和教养好自己的家庭)、治国(治理国家要德治、法治和施仁政,使人民除旧布新、日新又新)、平天下(布仁政于天下,使天下太平、百姓安康幸福)(图1-1)。

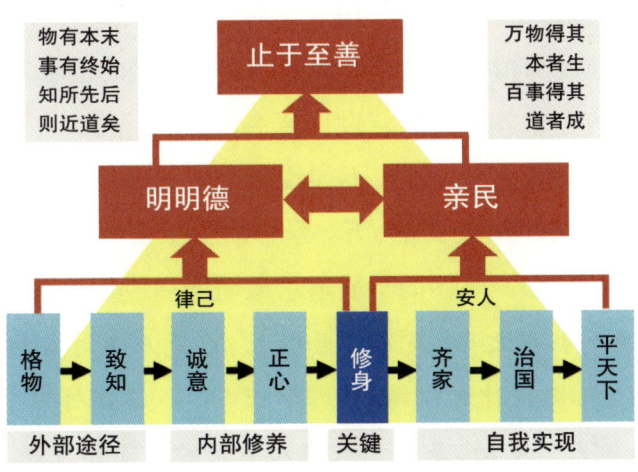

图1-1 大学之道的方略、目标和追求

2000多年前所说的大学之道与当今的大学之道是否大相径庭?否!两者在大学育人的方略、目标和追求的本质上是一致的。如果套用《大学》中的"三纲八目",现代的大学之道可以表述为:大学之道,在明明德,在亲民,在止于至真善美;其实现路径仍然是格物、致知、诚意、正心、修身、齐家(其目的是培养和谐的人和合格公民)、治国和平天下(其目的是培养学界精英、业界翘楚和政界领袖)。

根据教育和大学的属性(有意识地培养高级专门人才的社会实践活

动),我国古代的大学教育起源于春秋时代,因为在春秋时代,由孔子所开创的私学,诸子设帐收徒,培养学生,成为一种社会认可的建制,完全属于高等教育层次的学术研究和人才培养活动(陈洪捷,2022)。但我国的现代大学制度是舶来品(表1-1),它植根于我国博大精深的古代文化底蕴之中,产生于帝国主义列强瓜分中国的危难时刻,经历了跌宕起伏的政权更迭和错综复杂的文化冲突,发展于中华民族重新走向复兴的伟大时代,科学技术早已(工业革命以来)成为推动社会经济发展的第一生产力,也深刻地影响和改变着政治建设和文化建设。因此,现代的大学之道,既要追求至善,也要追求至真和至美,用大学对真善美的追求来引领国家和社会的物质文明建设和精神文明建设及人们对真善美的追求。

真善美是古今中外人类的普世价值追求,具有丰富的内涵,与其说它是道德或伦理层面的专有名词,不如说它是对科学和14个学科门类(哲学、经济学、法学、教育学、文学、历史学、理学、工学、农学、医学、军事学、管理学、艺术学和交叉学科)的本质追求最简明和最入木三分的概括。**自然科学是求真的知世之学,是人与物的互动,是人类对自然的认识与总结**,并通过验证不断优化和创新,如理学和工学。**社会科学是求善的治世之学,是人与他人的互动,是关于人与人关系的规范和理论**,通过实践可以不断优化,包括经济学、政治学、法学、伦理学、社会学、心理学、教育学、管理学、军事学、人类学、民俗学、新闻学、传播学等。**人文学科是求美的处世之学,是人与自己的互动,是人类对自身处境的记述与总结**,只能自圆其说,如文学、历史学、哲学、艺术(图1-2)。德才兼备之人、君子和大先生一定是理智上求真、意志上求善、情感上求美之人。**真善美三者既独立,也密切关联和层层递进。真是基础,回答是什么;善是判断和选择,回答为什么;美是情感鉴赏和感受,回答怎么样**。所谓大先生,就是社会的尊者、心怀国之大者、立德树人的能者(谢维和,2021)。

大学学术和育人目标的达成,在很大程度上取决于大学教师,特别是

表1-1 中国及世界15所大学的起源和演进

校名	创建时间(年)	创建方式	演进及特色
1 澳门圣保禄学院	1594—1762	天主教耶稣会	是一所西式大学,其课程结构、考试方式和人才培养等已经具备了教育性、学术性和专门性
2 之江大学	1845—1952	美国基督教北长老会	崇信义塾(宁波)→育英义塾→育英书院→之江学堂→之江大学→之江文理学院;杭州
3 圣约翰大学	1879—1952	美国圣公会	圣约翰书院→圣约翰学校→圣约翰大学;上海
4 金陵大学	1888—1952	美国基督教会美以美会	汇文书院、宏育书院→私立金陵大学;南京
5 岭南大学	1888—1952	美国基督教会	格致书院→岭南学堂→私立岭南大学;广州
6 武汉大学	1893—	国立	自强学堂→方言学堂→武昌军官学校→国立武昌高等师范学校→国立武昌师范大学→国立武昌大学→国立武昌中山大学→国立武汉大学
7 北洋大学	1895—	国立	天津北洋西学学堂→北洋大学堂→北洋大学校→国立北洋大学→北平大学第二工学院→北洋工学院→天津大学
8 交通大学	1896—	国立	南洋公学→商务部高等实业学堂→邮政部上海实业学堂→南洋大学→交通部上海工业专门学校→交通大学
9 浙江大学	1897—	国立	求是书院→浙江求是大学堂→浙江大学堂→浙江高等学堂→浙江高等学校→国立第三中山大学→国立浙江大学
10 北京大学	1898—	国立	京师大学堂→北京大学→京师大学校→西南联合大学→北京大学
11 清华大学	1912—	国立	清华学校→清华大学
12 博洛尼亚大学(意大利)	1088—	私立→国立	最初是由学生和教师自发组织起来的,主要由学生管理,与当局无关,这种体制延续了100多年。博洛尼亚大学被誉为世界大学之母
13 巴黎大学(法国)	1167前—	教会→国立	1167年前由教师创立→1180年得到法王路易七世认可→1200年正式获得大学身份→1968年分裂成第1~13所独立的大学,如索邦大学等
14 牛津大学(英国)	1167/1096—	天主教本笃会→国立	是英国和英语世界中最古老的大学
15 哈佛大学(美国)	1636—	约翰·哈佛(牧师)	新市民学院→哈佛学院→哈佛大学(1780),是美国建校最早的大学,早于美国建国(1776)
小结			①中国早期的大学均由殖民者的教会创办,大都终结于1952年的院系调整;②国立大学是早期中国大学有别于西方大学最鲜明的特色;③中国大学的起源和演进具有后发外生、政府驱动、自上而下的"计划式"特色,西方大学则具有早发内生、自由发展、自下而上的"市场式"特色

注:据蓝劲松,2005;张楚廷、彭道林,2010;周洪宇、刘训华,2015。

图 1-2 真善美的科学内涵

注:自科,自然科学;社科,社会科学;人文,人文学科。

优秀的大学教师对从教之道的认知、把握和践行。"所谓大学者,非谓有大楼之谓也,有大师(优秀的大学教师)之谓也"。本书将大学教师的从教之道划分为"四道":爱道(loving pith)、教道(teaching pith)、研道(researching pith)和学道(learning pith)。**爱道是从教之魂,教道是从教之本,研道是从教之基,学道是从教之源**(图1-3)。下面将以"四道"为纲,详解大学教师的从教之道,希望能对我的大学同行和大学的"观众",特别是新入职的青年教师有所借鉴。

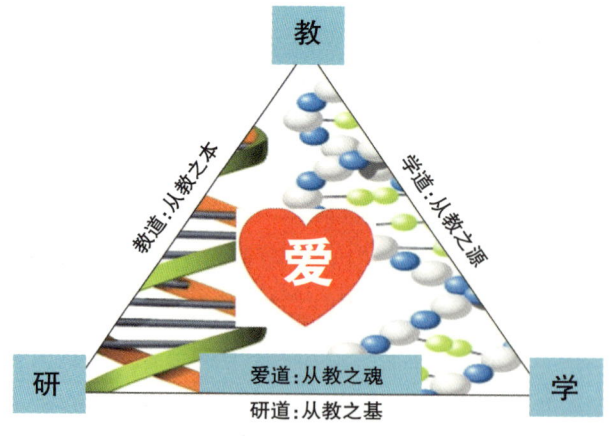

图 1-3 爱道、教道、研道、学道间的关系

大学之道与大学精神和大学文化密切相关,大学之道是以大学精神为灵魂、以大学文化为躯干、以大学治理为血肉、以大学风格为表达的概括,其内核是保守的,外延是开放和与时俱进的(表1-2)。尽管学界对大学精神没有统一的定义,但从大学的起源、近千年的发展历史和现实来看,笔者认为,大学精神似乎可以概括为12个字:独立、自由、理性、求是、创新、责任。这12个字的大学精神既是大学的基本遵循,也是大学从教之道"爱道、教道、研道、学道"的基本遵循。

表1-2 大学之道、大学精神和大学文化的特征及三者间的关系

类别	大学之道	大学精神	大学文化
属性	大学精神是其灵魂,大学文化是其躯干,大学治理是其血肉,大学风格是其表达	是时代特征、社会需求和大学理念的综合体现,是大学的精气神	根植于民族和地域文化及其社会制度,是大学个性与共性的集中体现
内涵	大学理念、精神、治理和文化的体现	独立、自由、理性、求是、创新、责任,其内核是保守的,外延是开放和与时俱进的	是大学精神和大学之道的个性化呈现,校训是其凝练表达
要义	使具有动物属性的自然人成为文明的社会人	人文为基,科学为本	大学治理的柔性呈现,大学风格的个性表达
载体	大学的软、硬环境和文化	大学文化、大学治理、大学风格	学生、教师和校园环境及其呈现的学风、教风和校风
使命	揭示和传承天道、地道、人道	守正与创新、对未来和未知负责	学术与育人
价值	弘扬大学精神、承担大学使命	大学存在的底层逻辑、无为而治的方向指引、学术育人的基本遵循	师生校友的精神家园、学术育人的空气阳光、大学个性的集体名片
关系	是大学精神和大学文化的综合体	是大学之道的灵魂	是大学之道的个性呈现

2000多年前,老子在《道德经》中用13个字概括了世界万事万物的形成之道,这13个字就是"道生一,一生二,二生三,三生万物"。就大学之道而言,"何为道""何为一""何为二""何为三""何为万物",笔者的理解是,"道(大学之道)生一(人),一生二(教学,科研)、二生三(教师,学生,软、硬件办学条件)、三生万物(五彩缤纷的大学类型、大学文化和大学风格)"。大学之道的精髓是培养人(培养独立的人、个性的人、全人,而不是工具人),一切为了人,为了人的一切。大学要紧紧围绕培养人这一个中心,以教学和科研两轮为驱动,以教师、学生和相关的软、硬件办学条件这三个要素的持续优化和卓越为追求,基于这三个要素构建起古今中外五彩缤纷的大学类型、大学文化和大学风格。

第2章　爱道——爱是教育的基因

"爱是教育的灵魂,没有爱就没有教育。"从教的起点、过程和终点都是爱,教师的爱应包括三个维度:知晓爱什么,明晰为何爱,践行如何爱。师爱是比母爱、友爱和情爱更理性、更崇高的爱,是人类文明得以延续的基因。

2.1 概述:没有爱就没有教育

爱是发自内心的喜欢,表现为感兴趣和被吸引,并乐意为爱的对象无条件地付出。爱是人类社会得以延续、运行和发展的基石,"没有爱就没有教育"(苏霍姆林斯基的《爱的教育》),"爱是教育的灵魂,没有爱就没有教育"(《人民日报》,2018-09-26)。**从教的起点、过程和终点都是爱,教师的爱应包括三个维度:知晓爱什么,明晰为何爱,践行如何爱**。对大学教师而言,爱的对象应该包括四种:爱教师职业、爱学生、爱三尺讲台和爱自己。

2.2 爱教师职业

稻盛和夫认为,充实和幸福的人生只有两种选择:做你喜欢的事和喜欢你做的事。前者的概率只有不到千分之一、万分之一,后者才是人生的大概率事件。因此,已经走上教师岗位的每一位学人,应该热爱自己从事的教师职业,因为到某大学从教一定是你自己的选择,是你"过五关斩六将"的结果,即使你所在大学的软、硬件环境和条件有不如人愿之处,也应该珍惜这份来之不易的工作。人都是这样,对于自己喜欢的事情,再苦再累也无怨无悔,也能"忍受"。只要能忍受艰苦、折磨和委屈,并不懈地朝着自己追求的方向努力,任何事情都有可能成功,爱上自己从事的工作,是充实和幸福的人生不可或缺的标配。

热爱教师职业并努力工作带来的结果,不只是成就感和充实感,它还能起到自我修行的作用。日常的教师工作,也许琐碎,也许枯燥,也许平凡,有时甚至恼人,这与僧人通过坐禅获得修炼和境界提升一样。工作单位、工作环境、工作对象和工作过程都能磨炼心智,净化欲望,纯洁灵魂,认真投入地工作本身就是最好的修行,它最能塑造健全、坚毅、高尚的人格,并使人获得幸福的人生。

约翰·阿摩司·夸美纽斯(Jan Amos Komenský,1592—1670年,捷克教育家,西方近代教育理论的奠基人)认为,教师是太阳底下最光辉的职业。教师是为家庭、行业、社会、国家和人类的明天和后天培养人,也是个人社会学基因传承的最佳职业。国内外大数据的调查统计显示,在三百六十行中,教师的幸福指数一直名列前茅,低谷时也位列前三,大学教师更是如此。网络中有人将其原因归结为七个方面:环境优美、气息青春、职业宽松、人格独立、两假带薪、薪水可观、社会地位高。潘基文(联合国前秘书长)、克林顿(美国前总统)、基辛格(美国前国务卿)和独联体国家的多位总统等政要卸任后的第一选择都是想去或去大学当教师。

从当今和可以预见的未来可见,人工智能(artificial intelligence,AI)的发展方兴未艾,三百六十行中的不少职业会不同程度地被AI取代。然而,教师职业是最难被AI取代的职业之一(图2-1)。如此神通广大的AI为何难以取代教师职业?这取决于教师职业的特点和AI的特点(表2-1)。韩愈在其佳作《师说》(本书大约是作者于公元801—802年所著)中,将教师的职责定义为"传道、授业、解惑",即教师是传授道理、教授学业、答疑解惑之人,三者中既有言传,更有身教。传道排位第一,何为传道?就是传授做人的道理、做事的道理、世间万事万物的道理。AI或数字教师可以部分甚至全部替代教师的言传,即传授知识、答疑解惑、演示过程和评阅试卷等机械性、重复性的劳动,但无法对学生进行身教,无法与学生进行个性化的情感交流、心灵沟通和人格互动,而这些才是育人的核心要素,所以有"身教重于言教"的古训。笔者认为,人的教育最终还是需要人,或者说真人的真教育最终还是需要真人,再聪明能干的机器人,如2022年末

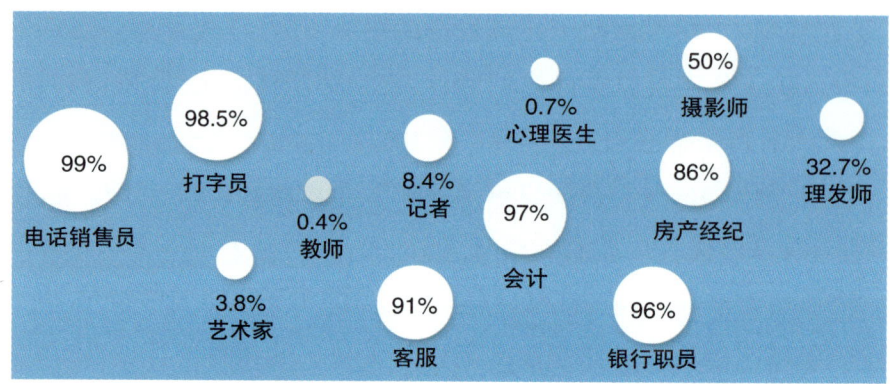

图2-1 人工智能对当前部分职业的替代率预测(数据源自网络)

以来横空出世的ChatGPT,充其量只能搭搭下手。AI的智商可以不断提高,但他的情商、德商、逆商等为零,而这些恰恰是教师育人的利器。因此,AI无法承担教师职业的更重要的职责,教师职业也就无法被AI取代。但教师应该学习日新月异的AI,传承和创新言传的方法与手段,为身教奠定更为坚实的基础。

在当今的中国社会中,能在国内排名前200的大学谋上教职是一件很不容易的事情,博士学位不可或缺,数篇高质量的学术论文、专利或其他使人眼前一亮的成果是标配,本硕博就读的学校及其专业匹配度等也是重要的参考指标。一句网红语给我印象深刻:你是谁并不重要,你与谁在一起很重要。可见,在大学能与你为伍之人都是经过精挑细选之人。

上述的职业选择、职业特点和入职门槛等各个方面表明,大学教师这个职业值得每位大学教师热爱和终生热爱!她上能"顶天"(能最大限度地实现人生价值),下能"立地"(能使自己和家人体面地生活)。

表2-1　ChatGPT的优势与劣势对比

	优势	劣势
特质	集成创新型、生成式、单方对话式、杀手级AI应用，能达意但难传情；属于连接主义路径，机器的深层学习，是深度神经网络的成功个案，其数学基础是概率论；语言文字处理能力强于数学能力，是一位偏文科的"偏科生"；广博有加，专精不足，有时是欺骗外行的高手，而且还大言不惭；不能甄别获取信息的真伪对错，不能"无中生有"	
智商	1→2→3→…→n，有望成为"百事通"	不可能0→1，即不可能提出和定义新概念、新问题和新思想，原创能力等于零
情商	绝对的"一视同仁"	"情商"和"人格"为零
答案	输出的答案是概率值，其质量取决于问问题的质量，服从大数定律	输出的答案不是确定值，基于大数据的答案正确率高，反之正确率很低
服务	提供问题答案的速度很快，能大大减轻人脑的简单、机械、重复性劳动负担，是人人可用、行行有用的信息助理	对答案的对错不自知，也难以溯源。它是一位高科技的"剽窃高手"，容易引发知识产权纠纷和伦理问题
功能	①它是一种通用性强、使用面广的任务助理，具有很强的跨界性和广适性。②使用门槛和成本低，使每个人都能平等便捷地获取和处理人类的现存知识和信息；能促进工业革命以来形成的知识为王的教育教学范式加速变革。③它的诞生意义不亚于PC或互联网的诞生，是AI发展史上的里程碑，是强AI的雏形。④它有望演变成新一代操作系统平台，并改变世界信息化和智能化的格局	①只能解决数字世界可计算问题中AI已经找到解决方法的问题，而人类要解决的问题还有物理世界的问题等，即使是在数字世界中，它有时也会"一本正经地胡说八道"。②无自我意识，无自主决策能力，无情感、个性、社交、自律和价值观念等人类的特质，如它能帮助黑客提高工作效率。③不能主动从外界获取信息，不具备一般性和通用性的逻辑推理能力。④不能发现新知和预测未来，不能突破人类已有的认知边界
作用	能帮人、助人，提高人的做事速度和效率	有时也能坑人，不能百分之百地替人做事，更不能代替人承担后果和法律责任；AI将促进，但永远不会取代学生和教师在课堂上共同完成的工作（比尔盖茨）

注：ChatGPT（聊天机器人程序）一词源自英文Chat（聊天）+GPT（generative pre-trained transformer（生成式预训练转换器），它是2022年11月30日由美国人工智能研究实验室OpenAI发布的风靡全球的第三代聊天机器人程序。ChatGPT是人工智能（AI）技术驱动的自然语言处理工具，能够通过学习和理解人类的语言来进行对话，还能根据聊天的上下文与人互动，真正像人类一样来聊天和交流，甚至能完成撰写邮件、视频脚本、文案、翻译、论文、诗词、商业方案和代码，以及检查程序错误等任务。

如何热爱大学教师这个职业？笔者认为，应该以"三不朽"（春秋时期的史书《左传》）为标杆，即"立德、立功、立言"。胡适先生曾将"三不朽"称为"三W主义"："worth""work""words"。这三个词的涵义与"立德、立功、立言"相近，亦即现代人常说的做人、做事、做学问。"三不朽"旨在追求某种"身后之名"或"不朽之名"，非浮躁短视、急功近利之名，而是对身后不朽之名的追求，正是古圣先贤超越个体生命而追求永生不朽、超越物质欲望而追求精神富足的个性表达。古圣先贤的这种追求对当今的大学教师而言更具有现实意义，值得大学教师奉为圭臬。

2.2.1 立德

立德系指修养高尚的道德操守。"才者，德之资也；德者，才之帅也……君子挟才以为善，小人挟才以为恶；挟才以为善者，善无不至矣；挟才以为恶者，恶亦无不至矣"（北宋司马光的《资治通鉴》）。先哲之言深刻地阐明了修养高尚道德操守的重要性，对教师而言，立德的重要性更是如此。因为大学教师的教育对象正是处于人格成型期的青少年，在学生心目中，教师是吐辞为经、举止为法之人，是学生做人、做事、做学问的榜样，教师的言行举止会对他们人格的塑造产生重要影响。2019年3月18日，习近平总书记在主持召开的学校思想政治理论课教师座谈会上，对思政课教师提出的"六个要"，即"政治要强，情怀要深，思维要新，视野要广，自律要严，人格要正"，就是对德或师德的最好诠释。**大学教师的立德或做人，就是要简单地生活、冷静地思考、执著地进取，直止于真善美的高地，自由地驾驭规律，永葆丰盈的精神、美丽的理想、清淡的高风、凸平的亮节。**

2.2.2 立功

立功系指爱岗敬业、干事创业、成就事业。"立功"不仅限于惊天动地的大事,在平凡的三尺讲台上也可以建功立业。伟大出于平凡,将每一件简单的事做好就不简单,将每一件平凡的事做好就不平凡。大学教师要善待每一位学生,备好、上好每一堂课,做好每一个教学和科研项目,写好每一篇文章,宁坐板凳十年冷,不写文章半句空。教师最显赫的功劳应该是培养出值得自己崇拜的学生,而不是教师本人接受了多少奖赏、获得了多少荣誉、头顶戴有多少五颜六色的光环!

2.2.3 立言

立言系指做人、做事、做学问过程中形成的真知灼见形诸于语言和图文,著书立说,服务、影响、启迪和鞭策后学和他人,传于后世,这是利在当下功在千秋的一件有意义的事,应是大学教师的普遍追求。对当代的大学教师而言,立言应该包括学科专业之言,即取得的新发现、新发明、新创造,提出的新认识、新见解和新概念,创立的新模式、新理论和新学说等。大学教师立言也应包括立教书育人之言,甚至是为人处世、社会和国家治理之言。理工科类大学教师往往对立学科专业之言重视,对立教书育人之言轻视,对立为人处世、社会和家国治理之言漠视。**科学之言济世,让人间多了真;教育教学之言育人,让人间多了情;治理之言兴邦,让人间多了和谐;为人处世之言崇德,让人间多了善**。立言既要有真才实学的能力,更要有追求真善美的精神。在中华民族五千多年文明的历史长河中,在艰难困苦的条件下,卧薪尝胆、坚持立言的佳话不胜枚举,如周文王被拘禁在羑里〔(yǒu lǐ),古地名,在今河南汤阴一带〕时推演了《周易》的六十四卦,孔子受困回鲁后编出了《春秋》,屈原被放逐后创作了《离骚》,左丘明失明后才开始撰写《国语》，司马迁受官刑后编写了《史记》；等等。这些立言之人和立言之事体现出的精神值得大学教师学习。

2.3 爱学生

大学生对大学教师和大学而言，是存在的基础和前提。包括我国在内的绝大多数国家，读大学是要交学费的，尽管学费与其培养费并非都对等。所以，在法律意义上，大学生是"消费者""上帝"，大学和大学教师善待每一位学生，是其应该履行的法律义务。大学生对家庭、社会、国家、民族和人类而言，是未来，是希望，是未来传播和创造精神文明与物质文明的种子，是实现可持续发展的生力军。大学生对大学教师和大学的事业发展而言，是宝贵的资源。由于大学生具备固有的特质，如精力充沛、生龙活虎、敢想敢说敢干等，因而他们是大学教师和大学成就事业、实现自我价值、服务社会和国家的不可或缺的重要资源。

斯坦福大学校长约翰·亨尼斯(John Hennessy)认为，大学里最具创新活力的是大学生，而不是教授。都说名师出高徒，我更相信高徒出名师、出名校。北京大学和清华大学等大学之所以享誉海内外，之所以被高考考生和家长跻足向往，是因为他们为社会和国家培养出了一批又一批的学界精英、业界翘楚和政界领袖，为推进社会和国家的文明与进步做出了重要贡献。所以，大学和大学教师善待学生、关爱学生、培养学生，既是责任，也是义务，更是成就事业的需要。

然而，大学教师也要看到，处于人格成型期的大学生，往往青涩、易冲动、任性，甚至他们中的一部分人不同程度地具有"四不"("对人不感激，对事不认真，对物不爱惜，对己不严厉")(杨叔子，原华中科技大学校长)或"四无"("学习无动力，对真实世界无兴趣，社交无能力，生命无价值感")(《中国青年报》,2021-04-30)的特点。17世纪中后期(1666—1683年),法国著名诗人、文学理论家布瓦洛[尼古拉·布瓦洛-德普雷奥(Nicolas Boileau-Despréaux),1636—1711年],在其著名的作品《诗的艺术》中写道:"青年人经常是浮动中见其躁急,他接受坏的影响既迅速而又容易,说话则海阔天空,欲望则瞬息万变,听批评不肯低头,乐起来有似疯癫。"尽管从17世纪的法国到21世纪的中国,时间跨越数百年,地域、文化背景和社会发展水平也相去甚远,但青年人的人性似乎有惊人的相似之处。

众多爱过的大学教师曾发出过这样的"五恋情书"感叹:"教书是一场暗恋,你费尽心思去爱一群人,结果却只感动了自己;教书是一场苦恋,费尽心思爱的那一群人,总会离你而去;教书是一场单恋,学生虐我千百遍,我待学生如初恋;教书是一场众恋,通过你的牵线搭桥,友情、爱情成片,老师却在原地不曾改变;亲爱的学生,你若不离不弃,我便点灯相依;你若自我放弃,我依然竭尽全力(师恋)。"面对具有这样特点的教育对象,大学教师和大学应该怎样去爱?把握好爱的方法、拿捏好爱的度是大学教师和大学的必修课。**人类的爱可以划分为四类:师爱、母爱、友爱和情爱**(表2-2),下面笔者仅对师爱和母爱的理解稍加展开。

2.3.1　师爱

师爱是老师、导师对学生的爱,师傅对徒弟的爱。师爱是以有形或无形的契约为基础的爱,出于一方对另一方在人品、风范、学识或技艺上的信任、欣赏、崇拜而产生的吸引和追求。师爱在人格和关系上是平等的,在学识和技艺的交流和提供上是不平等的,存在明显的高低、上下、优劣之别,这种差别会随着时间的推移和交流的增进逐渐缩小,甚至会出现反向发展,这就是我们常说的"青出于蓝而胜于蓝"。良性和可持久的师爱通常具有六个方面的特征和方式:立足现在、着眼长远、因材施教、严字当头、动之以情、晓之以理。**师爱与母爱相比的伟大之处在于,理性高于情感、眼前与长远得失统筹兼顾;师爱与友爱和情爱相比的伟大之处在于,无私和不求回报地付出与给予,并乐见"青出于蓝而胜于蓝"**。师爱是人类社会中最理性、最无私和最崇高的爱!所以,老师对学生的爱应是师爱,不应是传统意义上的母爱和友爱,情爱是不能触碰的红线。上文的"五恋情书"中,老师对学生的爱可谓是"调侃版"的师爱,真心、真情、真意中也流露出无奈。

表2-2 爱的分类及其特征比较

	师爱	母爱	友爱	情爱
对象	学生、弟子、徒弟	子代	兄弟姐妹、同学、同事、同乡、战友、朋友等	恋人、配偶
基础	师生情、师徒情	亲情	亲情、友情	爱情
起因	吸引与传承	人性使然	亲情、吸引、利益攸关	吸引、爱慕
维系	学识、技艺、德行的互动	血缘关系	利益攸关、"三观"相符,性情相似、互补	利益攸关、"三观"相符,互补、满足
关系	人格平等	人格平等	人格平等	人格平等
终结	不了了之	没完没了	不了了之	藕断丝连
方式	付出、给予	付出、给予	物质、精神互惠	物质、精神互惠
过程	简单,慢、较快	自然、稳定、持久	慢、较快,简单、复杂	慢、很快,简单、复杂
时长	数日、终生	终生	数日、终生	数日、终生
目的	传承与超越	继承与超越	互帮互助,互利互惠	组建家庭,传宗接代
禁忌	传而不习	溺爱、宠爱	索取、利用、算计、居高临下	索取、居高临下、无责任担当

为何大学师生之间的爱只能是师爱,不能是单纯的母爱、友爱或情爱?这是由师生关系的立足点决定的,即传承与创新(表2-2)。亲其师方能听其言、效其行和信其道。学生亲其师的前提是,老师渊博的才学、丰富的阅历和高尚的人品对学生的吸引,但如果老师对学生给予的敬仰和崇拜表现出冷漠或无视,或在师生交往过程中,老师没有丝毫的师爱流露,学生就会对老师敬而远之,甚至拂袖而去。如果将师生关系及其追求的目标比喻为一条因果链的话,完整和完美的因果链应该是:德艺双馨的老师(因果链的起点)→慕名而来的学生→播撒师爱的老师→亲其师的学生→听其言的学生→效其行的学生→信其道的学生→实现双赢的师生或教学相长(因果链的终点)。这是一条无缝连接的因果链,每个环节都缺一不可,否则就很难达到追求的目标。

2.3.2 母爱

母爱包括父母和祖父母等直系长辈对晚辈的爱。母爱的主要特征是,无私和无条件地付出,无微不至,不求回报;亲代对子代通常是有求必应,重视子代一时一事的满足、快乐,较少用理性和长远的目光考量亲代的付出和给予。这种爱中通常富含宠爱和溺爱的成分。在母爱中也有虎爸(鹰爸)狼妈型的爱,即只是从理性和长远的角度着想,不怎么考虑孩子的现实情况和可接受性,与世俗型的母爱大相径庭,甚至背道而驰。举一则实例,具体如下。

实例:2012年的中国除夕夜,远在大洋彼岸的美国正值清晨,美国纽约法拉盛的街道上,一位父亲正在驱赶一个年仅四岁的小男孩,只见小男孩浑身上下只穿着一条内裤和一双运动鞋,边跑嘴里边呼喊:"爸爸抱抱我!"当时的天气正是暴雪肆虐,气温达到零下13℃,裹得严严实实的大人和小孩都感觉寒风刺骨,在这种寒冷的天气下,小男孩的皮肤冻得通红,而小男孩身后的父亲却面不改色地呼喊道:"用力奔跑,不要停!爸爸会给你力量和温暖!"这段视频传回国内,很快登顶各大网络平台热搜榜首,网友给这对父子分别取名"裸跑弟"和"鹰爸"。先天不足(早产)的"裸跑弟",在伟大"鹰爸"近乎"摧残式"教育的训练下取得了初步的成功,但这种母爱(父爱)和"摧残式"的教育方式不值得仿效和推广。

2.4 爱三尺讲台

亚里士多德说:"我们每一个人都是由自己一再重复的行为所造就的,因而优秀不是一种行为,而是一种习惯。"如果你从入职大学的那天起或从现在起,就认定三尺讲台是值得自己深耕的平台,认真地备好每一堂课,讲好每一堂课,善待每一位学生,并形成自己的职业习惯,你不优秀都很难。

为什么要爱三尺讲台?为什么要深耕三尺讲台并形成习惯?这是由教师的职业本质所决定的。农民需要种地、种好地,工人需要做工、做好工,教师需要给学生上课、上好课,这是天经地义的事,它不会,也不应该因为你职称、头衔和地位的改变而改变,除非你离开了教师岗位。"**大学教师不上课,你干什么?大学教师不做科研,你教什么?**"这句有良知的大学教师之问,入木三分地揭示出,大学教师必须爱三尺讲台、站好三尺讲台,也必须做好科研。

三尺讲台,既是大学教师的布道场,也是其修道场,体现着教师的最大价值和最高尊严。对三尺讲台的爱有三个层次:经师的爱、人师的爱和恩师的爱。经师的爱仅读懂了教材和知识,知道该教什么;人师的爱不仅读懂了教材和知识,也读懂了学生,知晓该如何教;恩师的爱,不仅读懂了教材、知识和当下的学生,也读懂了学生和社会的未来,明晰为何教。卓越的教育和教学既是历史的和当下的,更是未来的。

大学的三尺讲台是大学育人的主渠道,向上肩负着教育强国、为党育人、为国育才的责任担当,向下承载着社会、家长和学生成长、成才的期盼,无论是从常识和法理角度,还是从大学和大学教师事业发展角度,都需要每一位大学教师爱三尺讲台、爱岗敬业。然而,一段时间以来,由于大学评价体系有失偏颇,一部分大学和大学中的一部分教师重科研轻教学的现象凸显。特别是所谓研究型大学里的位高权重的一部分大学教师,基本不上课、基本不给本科生系统上课,将自己的主要时间和精力,甚至全部时间和精力都放在争取科研项目、做项目、写文章、报奖和社会活动等上面,给学生上课成了副业或累赘,这种名不符实、本末倒置的现象必须得到扭转。令人高兴的是,我国近年在国家和学校层面上对大学评价体系进行了有力度的拨乱反正,形势正在好转,"四个回归"(回归常识、回归本分、回归初心、回归梦想)正在逐步落实到位。

爱三尺讲台应该从四个方面发力:思想上,明晰好"一个中心",以立德树人为中心,教学优先;战略上,平衡好"两个抓手",教学与科研两手抓,两手都要硬;战术上,践行好"三个时间节点",用心的课前准备、丰富的课堂过程、及时的课后反思和总结;目标上,统筹好"四个维度",知识传授、能力培养、智慧启迪、人格塑造。 "一个中心"是"知","两个抓手""三个时间节点"和"四个维度"是"行"。"行之力则知愈进,知之深则行愈达"(南宋张栻的《论语解·序》)。

2.4.1 明晰好"一个中心"

明晰好"一个中心"是指大学教师在思想上要以立德树人为中心,教学优先。这是职业之需、事业之本、国家之要、学生之盼。"一个中心"既是从教之道和爱道的要义,也是爱教师职业、爱学生、爱三尺讲台和爱自己的落脚点。**行动上的笃定高效,源于思想上的清晰坚定。**

2.4.2 平衡好"两个抓手"

平衡好"两个抓手"是指大学教师在行动上要做到教学与科研两手抓,两手都要硬。这是大学教师与基础教育教师的主要差别所在。在基础教育阶段,教师教授的和学生学习的主要是人们在长期的生活、学习和工作中积累和沉淀的系统性、普适性的常识、经验和技能,是人们经过系统、全面、反复认识—实践—再认识—再实践获得的,教与学的目标侧重传承与模仿。在高等教育阶段,教师教授的和学生学习的知识主要是"少数人"(学者和专家)在有限时空内和有限条件下认识—实践—再认识—再实践获得的,并非都是颠扑不破的真理,教师和学生都承载着继承、发展和创新的多重使命,没有经过探索未知、发现新知、追求真知曲折过程的摸爬滚打和反复"折磨",是很难承担这些使命的。孙正聿(吉林大学哲学、社会科学资深教授,首届国家级教学名师奖获得者)认为,**小学教育主要是让学生知其然,中学教育重点在于让学生知其然和知其所以然,大学教育不仅要使学生知其然和知其所以然,还需要教会学生对人类的文明、进步和知识积累进行批判性反思和整合性评判,能站在巨人的肩膀上去创造新的文明。**

科学研究以追求真理、创新知识和解决问题为目标,是对未知领域的探索和对存在问题的宣战,在操作层面上受国家意志、社会需求、好奇心、灵感、直觉驱使。然而,发现、发明、创造的取得,在时间、空间、过程、走势和结果方面均具有不确定性。只有在科学研究中经过反复磨炼、摔打的科研人员,才能真正收获新发现、新发明、新创造及其科研过程中的细节和秘籍,才能真正体会严谨、求实、坚韧、质疑和创新等科学精神和科学作风的真正内涵,那些吃别人没吃过的苦、走别人没走过的路、干别人干不了的事的亲身经历和支付了"高昂学费"、刻骨铭心的体验和感悟以及因此而取得的发现、发明、创造甚至失败是使教学和育人丰富、深刻和具有个性特色的关键,也是调动学生学习积极性和主动性,激发学生创造潜能的催化剂(龚一鸣等,2008)。

高质量的教学和育人既需要以有形的教学条件等硬件为基础,更需要以教师所具有的上述"软件"为支撑,没有经过高标准、严要求科学研究历练的大学教师,很难想象能有高质量和个性化的教学与育人能力。**科研能使教学更深刻更富有个性,教学能使科研更系统更富有格局,两者相辅相成,相得益彰。对大学教师而言,科研和教学如同人的左右手、家庭中的夫与妻、航行中的船与水、江河的源与流、一张纸的正反面。**

尽管教学与科研密切相关,但也存在根本的差别。关于科研搞好了教学自然会好,教学搞好了科研也不会差的认识,都是对科研与教学特质的误判。教学的本质是基于人与人之间交流沟通基础上的知识传授、能力培养、智慧启迪和情操陶冶(张杰,2010)。在教学过程中,知识的接受和理解、技能的掌握和运用、智慧的启迪和情操的陶冶是在双方喜闻乐见的交流沟通中潜移默化、耳濡目染地实现的。知识技能本身如同船,教师与学生之间的交流沟通如同水,教师要想把学生渡达期望的彼岸,只有船而没有水是不可能实现的。科研做得好充其量只是造好了船,没有水是不可能将船送达期望彼岸的。水既能载舟,也能覆舟,在"载舟水"的构成要素中,教师的亲和力、感染力、凝聚力和人格魅力以及教学方法和教学艺术至关重要。因此,大学教师的战略定位必须是教学、科研两手抓两手都要硬。

2.4.3 践行好"三个时间节点"

践行好"三个时间节点"是指大学教师在教学过程中要践行好用心的课前准备、丰富的课堂过程、及时的课后反思和总结。

1. 用心的课前准备（课前）

何为用心的课前准备？ 就是四重备课，可概括为"四个一"：一辈子备课、一学期备课、一星期备课和一小时备课这四个阶段。华罗庚曾说："读书要从薄到厚，再从厚到薄。"备课也一样，前面的"两个一"，是备课从薄到厚的过程，是思想和内容从无到有、从少到多、从无序到有序的过程；后面的"两个一"，是备课从厚到薄的过程，是思想和内容从多到少、从少到精、从发散到聚焦、从繁到简的"磨课"和"洗课"过程。

（1）一辈子备课，备什么？积累、搜集、查阅与课程相关的科学、学科和专业的发展历史与现状、问题与未来走势，构建与课程相关的素材库、案例库、文献库和图表库。这些是课程的土壤，只有土壤肥沃，课程这颗种子才能生根发芽、枝繁叶茂。显然，土壤的培育不是一朝一夕的事，需要教师长期耕耘和终身积累，台上一分钟，台下十年功。一辈子备课的另一个重要方面是，逐渐形成自己个性化的教学理念、教学人格或教学哲学。

笔者教学理念的形成经历了三个阶段的变化：知识理念、能力理念和成长理念阶段。知识理念阶段，注重学生对课程知识的接受、理解和掌握。能力理念阶段，注重学生对课程知识掌握基础上的运用，即显性知识（间接知识或二手知识）与缄默知识（直接知识或一手知识）的结合，能理论联系实际。成长理念阶段，不仅注重对课程显性知识与缄默知识的结合，也注重在本课程显性知识与缄默知识结合基础上，能开悟对前修课程知识的深化和对后修课程学习的衔接以及在促进学生成长方面能发挥积极作用，如良好的学习、思维、表达和与人交流等习惯的养成。在一辈子备课阶段要追求两个一致：兴趣与事业一致，教学与科研一致。

（2）一学期备课，备什么？构思本门课程的教学理念、教学内容、教学方法和课程的学时分配与总体安排；梳理、取舍、分割、关联、排序、整合每一讲或每一章教学的知识点、知识结构、重点与难点、疑点与兴趣点；撰写教学设计和教案，完成课程幻灯片和相关教具的选配和制作，将知识传授、能力培养、智慧启迪和人格塑造的教学理念融入教学设计、课程教案和幻灯片（PPT）及相关教具的选配和制作中。无论是初次开课的青年教师，还是多次、长期重复上同一门课的资深教师，这些准备工作都是必要和必需的。显然，初次开课的青年教师任务更重，需要投入的时间、精力更多。多次、长期重复上同一门课的资深教师也非常有必要在已有基础上不断充实、调整、优化、完善上述内容。在一学期备课阶段要实现两个结合：传承与创新结合，轮廓与细节结合。忌拿来主义和大而化之。

（3）一星期备课，备什么？准备下一星期每一讲教学内容的实施方案、进程，以及教学过程中的技艺与细节，进一步优化完善教学设计、课程教案和PPT。如：每一讲的教学内容如何展开？温故与知新的时长怎么安排与衔接？在教学时长和方法上，如何突出教学内容中的重点、化解难点、解惑疑点？不同的教学方式［K型（讲授型或训教型）：孔子型课堂教学，知识驱动、教师主动、学生能动；S型（讨论型或互动型）：苏格拉底型课堂教学，问题驱动、学生主动、师生互动；A型：自主型学习，目标兴趣驱动、自主自觉行动、课内课外联动］如何自然和默契地切换？哪些知识点、教学方法和场景可以潜移默化地体现知识传授、能力培养、智慧启迪和人格塑造的教学设计？在S型课堂教学的前面部分如何充分调动学生的积极性和主动性？在K型课堂教学的后面部分（45分钟左右是成年人注意力能保持的时长均值）如何让学生振奋精神，与老师的教授过程和课程内容同频共振等？在课程教学过程中，如何根据课程内容和学情，合理使用声音语言、肢体语言、设疑、插曲、幽默来深入浅出地深化教学内容,调节课堂气氛,建立合作、互动、积极的课堂氛围?**在一星期备课阶段要牢记两句话:课堂教学量有限质无穷,台上一分钟,台下十年功。**

(4)一小时备课,备什么?对本讲内容和安排进行浏览、快放或默讲,准备好教具、衣着和一杯心仪的茶水或咖啡。在一小时备课阶段要调整好两种状态:精力充沛,心无旁骛。

用心的课前准备的另一层含义是,在课前准备过程中,特别是在重要的时间节点上,要心无旁骛,宁静方能致远,尽情享受获取知识、积累知识、梳理—整合—传授知识和创造知识及其过程中的快乐。**备课如同谈恋爱,上课如同走进婚姻的殿堂,没有多次的约会和磨合,很难愉快和谐地走进婚姻的殿堂,用心的课前准备的必要性和重要性完全不亚于谈恋爱对于婚姻的重要性。**

需要指出的是,备课忌走捷径。若新入职的青年教师或上新课的教师,将口碑不错的年长教师或优秀教师的同名课程教案或PPT直接拷贝过来,在上课前稍加熟悉,就拿着这份"成熟或优秀的教案或PPT"给学生上课,基于这种走捷径备课的课堂教学一定不会是高质量的教学。要知道,再优秀的教师为自己准备的再优秀的教案或PPT只适合他自己,在准备教案或PPT的过程中历经的思维推敲、逻辑架构、案例关联和埋下的伏笔,只有原创者自己清楚,并能得心应手地在课堂教学中体现,但拷贝者不可能深谙其道。**别人脚上穿着的鞋再漂亮、再好,你拿来穿,不一定合脚。**要知道,**唐僧之所以能成为名流千古的得道高僧,不是因为他获得的经书,而是他历经千难万险、千磨百折、荆棘丛生的取经过程和次次阴险、招招致命、件件锁喉而又峰回路转的八十一劫难。**

🖊 2. 丰富的课堂过程(课堂)

丰富的课堂过程至少应包括七个方面的要素("七有课堂")。

(1)有感染力(教态)：衣着得体、状态投入、精力充沛、激情洋溢。教态对学情的带入感具有立竿见影的作用。很难想象，一个不修边幅、无精打采、有气无力、面无表情的教师能调动学生的学习热情并能上出一堂好课。常言道，"先敬罗衣后敬人，先敬皮囊再敬魂"，话糙理不糙。心理学教授马瑞·比恩也曾通过研究得出结论：两个人相互给对方留下的印象，55%取决于外在形象，38%取决于声音，只有7%取决于当时的说话内容和背景。尽管得体的衣着、形象和教态不一定是成功课堂教学的保证，但不得体的衣着、形象和教态一定会给课堂教学添加负面影响。

(2)有定力(内容)：烂熟于心的教案、多媒体、板书和教具的灵活使用。熟能生巧，巧能生绝、绝能生悟。在内容上，能催生学生思维，特别是批判性思维和创造性思维的不仅仅是教师对教学内容的知晓和熟悉，还有情理之中、意料之外对内容阐释的角度、技艺和对内容讲授的逻辑。"思维始于疑问和惊奇"(亚里士多德)。

(3)有穿透力(语言)：六种语言艺术的有机融合方能打造出直逼学生心灵的课堂：切题中肯的语句、清晰流畅的语音、不疾不徐的语速，抑扬顿挫的语调、声情并茂的语姿和黄金分割点的课堂站位[①]、温润如玉的语气。语句、语音和语速是达意之基，语调、语姿和语气是传情之钥，情投方能意合，学生喜欢你才会喜欢听你的课。众多的教育大家对课堂上教师语言艺术重要性的刻画都深刻地说明了这个道理。"一个好老师，三分靠内才，七分靠口才"(徐特立，1877—1968年，革命家和教育家，毛泽东等的老师)。"教师的语言修养在很大程度上，决定着学生在课堂上脑力劳动的效率"(苏霍姆林斯基，1918—1970年，前苏联教育家)。"教师的嘴，就是一

---

① 黄金分割点的课堂站位，是指坐在教室不同位置的学生，都能分享到教师视线直射时教师的站位点。

个源泉,从那里可涌出知识的溪流"[约翰·阿摩司·夸美纽斯(Jan Amos Komenský),1592—1670 年,捷克教育家,西方近代教育理论的奠基人]。这里所说的"口才""语言修养"和"教师的嘴"就是指课堂上教师的语言艺术。

(4)有吸引力(教艺):交互式的设疑、问答和情景创设,画龙点睛式的插曲和幽默分享,抓牢学生的注意力。

(5)有魅力(个性):**从四个不同维度方可打造出个性鲜明的教授风格,即看的角度、思的逻辑、达的方式和讲的内涵**。板书是彰显教师授课个性和课堂魅力的重要举措之一,即使是在多媒体盛行的当下,也不容小觑或忽视(表2-3)。板书起源于我国宋代(1011年前后),成语故事画荻教子(宋代大文豪欧阳修童年时家境很贫穷,其母用植物的茎秆在沙地上教他识字和写字)被认为是世界上最早的板书,16世纪欧洲的班级制教学和1862年(清朝同治元年)我国创办的京师同文馆是板书广泛使用的开始。需要指出的是,胡乱板书、随意板书、为了板书而板书是多媒体普及时代课堂教学的禁忌,因这类板书会误导学生的注意力、干扰学生的思维、耽误宝贵的课堂教学时间。有效板书需要从六个方面进行设计和打磨,即**板书六要:内容之纲、逻辑之魂、重点之窗、难点之钥、过程之序、亮点之秀**。

(6)有调控力(教法):依据课程内容和学情,随机应变地切换课堂教学范式(K型、S型和A型)。教法如同中医看病的医法(望闻问切)和厨师办宴席的烹饪方法(烧、烤、蒸、煮、炸、氽等),单打一和没有针对性的教法打造不出魅力课堂。

(7)有魔力(匠心):讲好绪论课与结束语课,会产生一学期,甚至一辈子的恒久吸引力。

表2-3 多媒体教学与板书教学比较

类别	多媒体教学	板书教学
起始	始于20世纪90年代或21世纪初	始于画荻教子的宋代(约1011年前)、1862年的京师同文堂或16世纪班级制教学(欧洲)
技术	融丰富性、多样性、整合性于一体,对教学环境和设施的要求较高	简单、成熟、入门门槛低,对教学环境和设施的要求低
容量	信息量大、密度大、丰富多彩,易于吸引学生的注意力和激发兴趣	信息量小、密度小、较单一,不易吸引学生的注意力和激发兴趣
速度	快,驻留时间短,更适合图示与展示	慢,驻留时间长,更适合思维与推理
便捷	传承、优化、交流和分享便捷,"拿来主义"易,做到易、做好难	传承、优化、交流和分享不便捷,"拿来主义"难,做到易、做好难
教法	交互式的教与学、翻转课堂易于进行	交互式的教与学、翻转课堂难于进行
效率	易复制、易迭代,有利于提升教学效率,降低教师的劳动强度	难复制、难迭代,板书较费时费力,掌控不好会降低教学效率
个性	能彰显教学个性、技艺和教师的人格魅力,生成性弱	更能彰显教学个性、技艺和教师的人格魅力,生成性强
关系	是相辅相成关系,不是你死我活关系,但需平衡好"暴饮暴食"(多媒体教学)与"慢嚼细咽"(板书教学)的关系	
建议	遵循"三求原则":不必强求,依据需求,贵在苛求(板书六要)	

丰富的课堂过程做到了、做好了,其呈现的课堂状态一定是静而不死或活而不乱的。所谓静而不死,是指课堂上虽然鸦雀无声,师生脑海里却在风起云涌和同频共振;所谓活而不乱,是指课堂上虽然七嘴八舌,师生脑海里却是处于宁静致远和问题聚焦状态。下面仅以第七要素"讲好绪论与结束语"为例稍加展开。

绪论课是一门课中最难讲和最重要的一堂课,也是学生到课率、听课率和关注度最高的一堂课,必须下功夫讲好。乏味的绪论课课堂教学必然使学生对该课程的学习失去兴趣、丧失信心,为后续的课堂教学埋下隐患。绪论课难讲的原因在于,教师必须站在学科与专业、跨学科甚至跨领域、理论与应用、历史－现实－未来的角度,高屋建瓴地统揽课程内容的全貌,点评课程的形成与发展、内容与特色、矛盾与问题、功能与意义、现状与前景以及该课程与前后课程的联系,即要把握好"五度"才能讲好绪论课:领域的宽度、学科的高度、专业的深度、方向的长度和课程的关联度。绪论课有三个必答之问和需达之的,以地质学中的"地史学"课程为例,该课程的绪论课有三个必答之问:什么是"地史学"?为什么要学习"地史学"?如何学好"地史学"?另外,绪论课还应言明授课教师的联系方式、课程的进行方式、课程和课堂教学纪律、成绩评定方式及其权重等,要让学生觉得学习该课程有趣、有谱、有用、有矩。绪论课质量的好坏直接决定课程目标的实现度、学生对课程的关注度、课程进程的顺利度和师生交流的融洽度。

除了设计好和讲好绪论课的内容外,以下三点也是使教师和教师教授的课程成为"双粉收割机"不可忽视的要素和教授技艺。其一,使自己始终保持充沛的精力、饱满的激情、心无旁骛的教态,整洁、得体的衣着与和蔼可亲的形象。要知道,学生不会从他们不喜欢的人身上学知识、学技能、学智慧、学人格,学生喜欢你才会喜欢听你的课。其二,恰到好处地、水乳交融地展示与课程内容相关的你的成就、你的故事、你的"隐私"、你的自信、你的自律、你的自强,以此吸引学生、打动学生、感染学生,让学生觉得这个老师、这个课程不仅可亲可爱,而且可敬。其三,用与课程内容密切相关的特别体验(如学长连线,学长谈体验和感受)、机会(课程计划中将要进行的实习、实训、演讲、参观、名人名家访谈、互动等)和石破天惊的案例激发和保持学生的好奇心和求知欲,让学生对课程充满期待。

如果说讲好绪论课是为了吸引学生能积极、主动和以饱满的热情来上课,不缺课、不逃课的话,讲好结束语则是为了用一双无形的手抓住学生,使学生在课程结束后仍能对课程的主要内容、方法和思想精髓"不离不弃",甚至与课程或课程中某些内容"终身为伍"。绪论课的教授中如果存在瑕疵的话,还有机会在后续课堂教学中纠正和弥补,结束语课中如果留有遗憾就根本没有机会弥补。因此,讲好结束语课更难,对教师的要求更苛刻,追求的目标更高远。好的结束语课应具备两方面的特色:以梳理课程内容(类似于盘点珍珠)、提炼课程知识点(类似于分类珍珠)、总结课程内容和知识点间的关联和特征(类似于设计、造型、制作珍珠项链)为切入点,揭示课程内容、知识点、概念、方法和价值上的完美和不完美之处,展望课程进一步探索和发展的方向,使学生从直觉与理性的冲突中、回顾与展望的交互中产生反思、质疑和顿悟,甚至自责(我为什么没能发现这些特征、规律和问题),从而使学生产生课已尽学无止的强烈震撼感!绪论课如同撒网,结束语课如同收网,撒网不易,收网更难。

3. 及时的课后反思和总结(课后)

"未经反省的人生是不值得过的"(苏格拉底),同理,未经反思的教学是不可能与时俱进,难以更上一层楼,达到教书与育人、传道与授业解惑目的的。对课堂教学而言,课后需要反思和总结的方面主要包括:教学内容的取舍是否得当;教学内容的多少是否适宜;知识点、重点与难点、疑点与兴趣点的提炼、聚焦和剖析是否切题中肯;教具、教学方法、教学技艺的运用是否得当;课堂插曲、课堂幽默的安排是否有喧宾夺主和哗众取宠之嫌;在课堂上,在哪几处内容和时间节点上引起过学生的共鸣、沉思、遐想和质疑,学生的这些反响是源于课程内容的触动,还是起因于得体的教具、教学方法和教学技艺的运用等。课后的反思和总结不仅仅针对上课时教师和学生的状态、行动与互动,更应该复盘备课阶段的点点滴滴。习惯性地在一堂课、一门课、一学期和一学年课后进行反思和总结,一定能将爱岗敬业的教师带进更高境界和高层次的课堂教学。何为及时? 就是在每次下课途中或上课路上或结课后一周内对课前、课堂和课后进行反思和总结,不断优化和提升课堂教学效果,以及课程教学与育人的质量。

4. 统筹好"四个维度"

统筹好"四个维度"是指在教学过程中,要统筹好知识传授、能力培养、智慧启迪和人格塑造这四个维度,即"课以四教"(详见第3章),实现知识传授、能力培养和价值引领的统一。

2.5 爱自己

所谓爱自己就是作为高校教师,要明晰自己在大学和大学教育中的重要地位和作用,担当起国家、社会和大学赋予大学教师为党育人和为国育才的责任和使命。"大学之大,非谓有大楼之谓也,乃谓有大师之谓也"(梅贻琦,原清华大学校长)。"假如有一根圆木,你坐在一端,霍普金斯先生坐在另一端,这就是大学"[威廉·詹姆斯(William James),1842—1910年,美国哲学家]。这些至理名言都深刻地揭示了大学教师在大学教育中的作用和地位。对大学教师而言,自省、自律、自强,慎独、慎微、慎始、慎终和慎欲是爱自己的最好方式,具体途径是格物、致知、诚意、正心、修身,将自己修炼成人格高尚、学养和教艺深厚、吐辞为经、举足为法之人。

第 3 章　教道——教之以事而喻诸德

大学课堂应该教知识、教能力、教智慧和教人格,即"课以四教"。教什么如同提供食材,怎么教如同烹调技艺,对学生的培育和成长而言,怎么教比教什么甚至更为重要。"教之以事而喻诸德"应成为教育教学的圭臬。

3.1 概述：怎么教比教什么更重要

这里所说的教道是指教学之道，特别是课堂教学之道，主要包括在大学课堂上教师应该教什么、怎么教、为何要教和如何评价教学效果。教什么如同提供食材，怎么教如同烹调技艺，对学生的培育和成长而言，怎么教比教什么更为重要。

课堂教学是以知识传授为载体的认知交流和人格互动，其目标是培养学习兴趣、提升知行能力、启迪潜在智慧和涵养健全人格。课堂教学是学校育人的主渠道，在大学课堂上教什么、怎么教直接影响和决定大学生在课堂内外能学到什么，甚至能影响和决定大学生成长为什么样的人。因此，在大学课堂上教什么、怎么教是大学教师和大学管理者必须明晰的第一要务。教大学与读大学的关系如同市场经济中的供给侧与需求侧的关系，需求侧决定供给侧，供给侧也深刻地制约和影响需求侧，两者的良性互动是课堂教学的不懈追求。

需求侧（学生）的本源是国家意志和社会需要，它的终端体现是不同学生对自我发展和健康成长达成的个性化需求，这种个性化需求能否充分体现国家意志和社会需要，在很大程度上取决于供给侧的作用，即老师在大学课堂上教什么和怎么教。近千年大学发展的历史告诉我们，供给侧的作用更容易体现国家意志和社会需要，在宏观层面也更具有可规划性、可调控性和可操作性。自20世纪90年代以来，在我国高等学校实施的"211工程"（面向21世纪、重点建设100所左右的高等学校和一批重点学科的建设工程，始于1995年11月）、"985工程"（1998年5月4日，时任国家主席江泽民在庆祝北京大学建校100周年大会上，代表中国共产党和中华人民共和国中央人民政府向全社会宣告："为了实现现代化,我国要有若干所具有世界先进水平的一流大学")、"双一流建设"(世界一流大学与一流学科建设,始于2017年9月21日)和课程思政建设(2020年5月28日教育部发布的《高等学校课程思政建设指导纲要》)等项目和工作就是国家意志的具体体现。其目标都是提高我国高等教育的质量、国际竞争力、影响力,为实现"两个一百年"奋斗目标和中华民族伟大复兴的中国梦提供人才、智力和科技支撑。尽管提高高等教育质量的抓手是多渠道和多方面的,但是课堂教学一定是其主渠道和关键方面。从世界上第一所正规大学创立(意大利的博洛尼亚大学,始建于1088年)至今,课堂教学一直是大学育人的主渠道,古今中外概莫能外。

由此可见,大学课堂教什么和怎么教既关系学生个人的发展和健康成长,也关系国家的富强、民族的振兴、社会和学校的良性循环与可持续发展。在我国对高质量高等教育迫切需要的今天,供给侧(大学课堂教什么、怎么教)的重要性更加凸显。

一方面,大学不同于其他组织机构,其本质属性是育人,通过教书实现育人的目标,教什么和怎么教必须服从和服务于育人这个终极目标。什么样的人才是国家与社会想要和需要之人? 一定是有知识、有能力、有智慧、人格健全之人。因此,教大学和读大学必须是四维的(知识、能力、智慧、人格),不是一维的(知识维)。另一方面,就大学生的个人修行而言,"大学应该永远以此为目标,学生离开学校时是一个和谐的人,而不是一个专家"[阿尔伯特·爱因斯坦(Albert Einstein),1879—1955年,世界著名的物理学家]。中国现代作家、文学翻译家、外国文学研究家杨绛先生在《一百岁感言》中提到:"人生最曼妙的风景是内心的淡定与从容。"从事量子通信的科学家潘建伟也有类似的表述。具有怎样特质之人才是"和谐之人"、才是"淡定与从容之人"? 笔者认为一定是"四不"之人:不惑、不忧、不惧、不朽之人。有学富五车知识之人才有可能不惑,有鹤立鸡群能力之人才有可能不忧,有卓尔不群智慧之人才有可能不惧,有高尚人格之人才能不朽。所以,大学课堂教授的(供给侧)不能仅仅是知识,而应是教知识、教能力、教智慧和教人格("课以四教")的深度融合,即融知识传授、能力培养、智慧启迪和人格塑造于一体。**教知识和教能力是教学的基础,是显性的、形而下的教学活动,易于考核、评估和量化;教智慧和教人格是教学的灵魂,是隐性的、形而上的教学活动,难于考核、评估和量化;显性教学和隐性教学的水乳交融才是育人应该追求的课堂教学。**

在当今知识大爆炸、信息满天飞、技术迭代不断加速、新业态层出不穷和价值追求愈加多元的时代,大学课堂教育的重心必须从具体知识获取转移到获取知识的方法和途径上,必须从对信息的获取和存储转移到对信息的甄别和选择上,必须从对技术的熟悉和崇拜上转移到对技术的娴熟运用和创新上,必须将就业创业的固守思维转移到变通思维上,必须将价值追求取向从随大流、重功利转移到独立思考、向上向善上。

世界经济论坛的发起人克劳斯·施瓦布(Klaus Schwab)先生认为,第四次工业革命(工业4.0/智能化时代,2013年以来)将与人类以往任何一次转型截然不同,它将日益消除物理世界、数字世界和生物世界之间的界线。前三次工业革命(工业1.0是蒸汽机时代,18世纪60年代至19世纪中期;工业2.0是电气化时代,19世纪后半期至20世纪初;工业3.0是信息化时代,20世纪后期至2013年)都是单一领域率先突破,进而推动经济社会全面发展,是由量变到质变循序渐进的过程,而第四次工业革命将是涉及所有学科、所有领域、所有行业的全方位的爆发,是一场席卷世界的社会大变革,完全是一个质的跃升。面对新一轮科技革命和社会大变革,我们的高等教育和课堂教学必须"课以四教":教知识、教能力、教智慧和教人格。而知识教育和教学更应强调和践行跨专业、跨学科、跨领域和跨界的跨越性与能力的变通性。

3.2 教知识与教能力

3.2.1 教知识

知识是人类对物质世界与精神世界探索结果的总结,并不能代表物质世界和精神世界本身。柏拉图认为,能称得上知识的陈述必须满足三个条件:被验证过的、正确的、被人们相信的。文化和文明的基础是知识,知识的本质是科学,科学的本质是可质疑、可验证、可重复。知识是人类物质文明和精神文明的沉淀和积累,也是人类文明进步的阶梯。一方面,从育人的角度看,知识也是构成人的能力、智慧和人格的基础要素。获取知识的途径多而复杂,主要有实践(包括实验、观察、感知等)、交流和逻辑推理。知识的价值判断标准在于实用性,以能否让人类创造新物质、得到新力量和权力等为考量。人们通常将知识划分为有用知识和无用知识,但有用和无用是相对的,特别是对大学生个体而言,此时此刻、此情此景的有用并不能保证彼时彼刻、彼情彼景的有用,知识的有用性与时间、社会需求和个人追求密切相关。中国人民大学已故的泰斗级哲学家苗力田先生认为,中国哲学和中国文化的特点是"重现世、尚事功,学以致用",而西方哲学和西方文化的特点恰恰相反,是"重超越、尚思辨,学以致知"。能改变和改善客观环境及处境的知识有用,如物理学、化学和地球科学等;能改变及改善人的主观意识、精神状态和心理素质的所谓"无用知识"可能更有用,如哲学和心理学等。

另一方面,即使是从实用和有用的角度来看,在科学史上,不乏"睡美人"现象,即学者发表的学术论著中的新知识(如新概念、新思想和新方法)长期无人问津,一旦被具有慧眼的学者"激活",会很快形成新的研究和应用领域,如大陆漂移、X射线和超导体的发现等,在它们被发现和提出时,人们并不知道它们有何用途和意义,若干年后直至现在乃至未来,它们对人类的意义是巨大的。因此,硬性地将知识分为有用知识和无用知识是武断和非理性的。从知识形成的时间和特点来看,知识可以划分为经典知识和新知识。经典知识是指成型时间较早、被反复验证是正确的、被世人公认的知识,如加减乘除运算法则、牛顿力学、元素周期表、日心说和进化论等;新知识是指成型时间较晚、其科学性有待在更大的深度和广度上进一步验证、目前基本被人们接受的知识,如宇宙大爆炸理论、暗物质和暗能量、板块构造、基因的横向水平转移理论等。

因此,在理工科类的课堂教学中,公共基础课的课堂教学内容应该侧重经典知识,专业课和专业基础课的课堂教学内容应该兼顾经典知识与新知识的合理配置,"过时知识"或"错误知识"需要及时被更新和淘汰,这都需要教师有丰厚的知识储备、广博的学术积累,并不断学习和与时俱进。用"过时知识"培养明天或后天的人才不仅误人子弟,甚至祸国殃民。知识的海洋有深浅之别,其课堂教学有层次之分,教师在知识海洋中所能到达的深度和广度,会直接影响其课堂教学所能到达的层次。根据教师和学生涉足知识海洋的深浅不同,课堂教学可划分为四个层次和四种境界:念书(教坏了)、讲书(教死了)、侃书(教活了)、品书(教化了)(表3-1,图3-1)。

1. 知识的传承(知识的滨海和浅海)

知识的传承是大学课堂教学的基本功能,以介绍、阐述、说明和践行知识的基本内容为特色。在以知识的传承为主要目标的课堂教学中,教师往往注重概念、定律、理论、方法的表达、理解和掌握。教学大纲、教材和教案(包括教学设计、教具和PPT等)是教师和学校实施、检查、考核课堂教学,以及学生学习课程效果的"三剑客"(有法可依、有据可查、有章可循)。教师教授的内容和采取的教授方法,如"喂食"与"吊胃口"(李志义,2008),

表3-1 课堂教学的四个层次和境界比较

类别	念书 (照本宣科)	讲书 (按部就班)	侃书 (信手拈来)	品书 (常讲常新)
爱与理解	肤浅	一般	深刻、独到	深刻、独到
角色定位	经常错位	不够准确	到位、偶有越位	到位而不越位
知识海洋	滨海	浅海	半深海	深海
传承与创新	缺位、错位、越位	不到位	到位	到位不越位、不错位
投入	被动投入	被动投入	主动投入	乐于善于投入
教学与科研	起步阶段	浅表、不平衡	并重	相辅相成
幽默与设疑	无或很少	不多或生硬	娴熟	娴熟、入木三分
语言六艺	知少行更少	知易行难	知行合一	知行合璧
师生互动	教师主动、学生被动	教师主动、学生能动	教师主导、学生主动	教师主导、引导、指导，学生能动、主动、互动
课堂特色	教乏味、学无趣沉寂或失控	沉闷或失控	K型、S型、A型有机配合	K型、S型、A型有机配合，享受教与学
学习状态	要我学	要我学	我要学	我要学
课堂境界	教得不多、学得更少→教坏了	教得多、学得少→教死了	教得多、学得也多→教活了	教得精、学得好→教化了

注1：语言六艺，切题中肯的语句、清晰流畅的语音、不疾不徐的语速、抑扬顿挫的语调、声情并茂的语姿和黄金分割点的课堂站位、温润如玉的语气。语句、语音和语速是达意之基，语调、语姿和语气是传情之钥，情投方能意合。

K型，孔子型课堂教学，知识驱动、教师主动、学生能动；S型，苏格拉底型课堂教学，问题驱动、学生主动、师生互动；A型，自主型学习，目标兴趣驱动、自主自觉行动、课内课外联动。

注2：据龚一鸣等，2012，有修改。

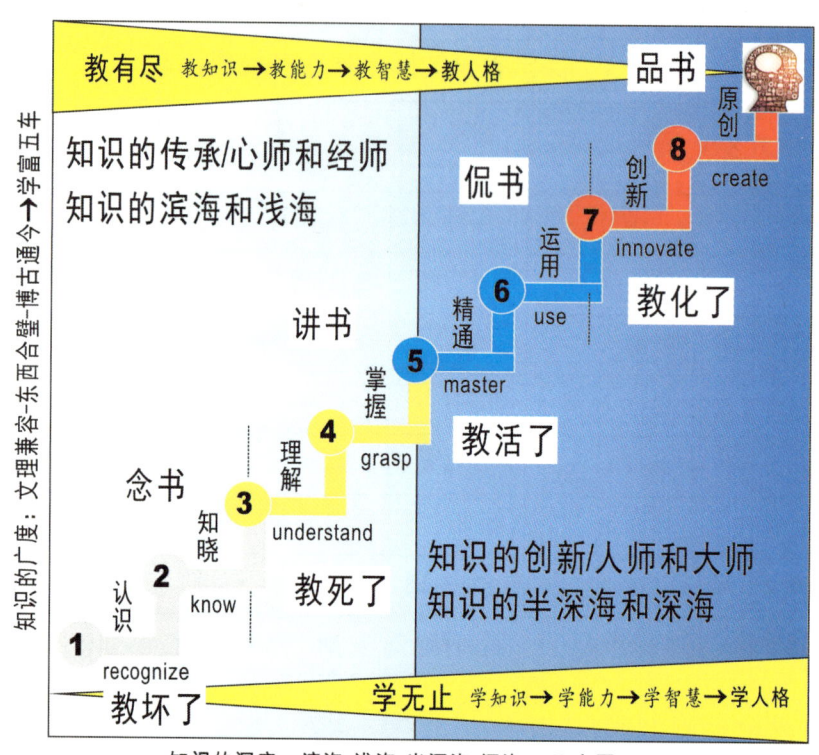

图3-1 教师学养教艺的广度和深度与教学层次的关系(据龚一鸣等,2023)
注:1~8:知识的海洋可划分为两层、四阶和八级。1~2级,对应知识的滨海和教学层次的念书级;3~4级,对应知识的浅海和教学层次的讲书级;5~6级,对应知识的半深海和教学层次的侃书级;7~8级,对应知识的深海和教学层次的品书级。

对学生所学知识的掌握程度能发挥关键作用。以知识的传承为主要目标的常用教授方式是"孔子型(K型)课堂教学",即知识驱动、教师主动、学生能动(表3-2)。K型课堂教学的表现形式是:教师讲,学生听与思;教师写,学生记与辨;教师考,学生背与答。学生对知识的接受、理解和掌握是教师课堂教学的主要追求,在学生心目中教师通常被认为是真理的化身(龚一鸣,2014)。

表3-2　孔子与苏格拉底及其教育教学范式比较

	孔子	苏格拉底
教育思想	有教无类	教育平等
教育目标	传授知识,教人以信	催生思想,教人以疑
教育方法（口传媒介）	讲授法(吾语汝)、因材施教、诲人不倦、启发式、学思行结合等;传授知识,提供答案;→接受、领悟、传承	反诘法(反问、追问法)、问答法、讨论法、产婆术、启发式等;催生思想,不提供答案;→思辨、质疑、主张
弟子/效果	72贤人(3000弟子),如颜回、冉求、仲由、曾参等;弟子逊于老师	柏拉图(亲学生、重理性)、亚里士多德(孙学生、重实践)、亚历山大大帝(曾孙学生);弟子胜于老师
美誉	师圣、万世师表、儒家学派创始人、世界教育的始祖	西方的孔子、古希腊三贤之一、西方哲学的奠基者
出生	平民子弟,公元前551年—公元前479年	平民子弟,公元前469年—公元前399年
比较结论	两者及其教育教学范式有同更有异	

K型(孔子型)课堂教学有四个层次：面面俱到、串讲留疑、选讲留白和精讲留趣。

(1)面面俱到。教师是教学大纲和教材的机械执行者,生怕越雷池一步,认为讲得多学生才能学得多。

(2)串讲留疑。教师是教学大纲和教材的忠实执行者,通过设疑来深化串讲的内容,并不完全认同讲得多学生才能学得多。

(3)选讲留白。教师是教学大纲和教材的个性化执行者,尊重但不迷信教学大纲和教材,有选择性地教授教学大纲和教材中的内容,认为个性化的案例、感悟、留白和留疑更能唤醒和激发学生的自主学习热情。

(4)精讲留趣。教师是教学大纲和教材的改革者和创新者,博采众家之长的积累、深入浅出的教授艺术和与时俱进的教学内容,使课堂教授出神入化,留疑、留白、留趣恰到好处,课堂教学妙趣横生,学生学习的积极性和主动性高涨。在K型课堂教学中,应尽量避免在面面俱到的K型课堂教学层次中徘徊,努力提升K型课堂教学层次。

其一,知识滨海(念书/照本宣科)。教师对所教授知识的把握仅处于了解和熟悉层次,对所教授知识的其然和其所以然知之较少,课堂教学只能是照本宣科,希望到位,又唯恐错位和越位,不知道该知识点的边界在哪,课堂教学方式只能是照本宣科式地满堂灌,教师越教越胆怯、越教越没有底气,没有获得感和成就感,学生越学越觉得枯燥乏味,如此恶性循环,学生对学习失去动力、对知识丧失兴趣、对自己没了信心,甚至怀疑读大学是否值得,这就是课堂教学的念书层次和教坏了的教学境界(表3-1)。这种课堂教学层次和境界,不仅无法实现教知识的基本目标,甚至还可能将学生教坏、使学生误入歧途。

其二,知识浅海(讲书/按部就班)。教师对所教授知识的把握处于理解和掌握层次,对所教授知识的其然和其所以然有一定的知晓,也能解答学生在学习知识方面的一些疑惑,课堂教学只能是按部就班和以填鸭式教学为主,教师从课堂教学中和学生的反馈中收获的获得感和成就感不多,教学动力主要源自外界的硬性要求和规定,如教学工作量要求、职称晋升规定,甚至仅以挣工作量或业绩点为驱动。在教师按部就班的工作态度和工作方式的牵引下,学生也就按部就班地学习,学习动力主要源自学分要求和分数,"要我学"的阴云始终挥之不去,这就是课堂教学的讲书层次和"教死了"的教学境界,这类教师可称为经师(表3-1,图3-1)。

2. 知识的创新(知识的半深海和深海)

知识的创新是大学课堂教学的卓越功能。以知识的创新为追求的课堂教学,是指基于教授和学习存量知识,使师生从通晓某些知识的存量到创造出知识的增量,即以创造出新知识或使学生习得创造新知识的潜能为目的的课堂教学。就以知识的创新为追求的课堂教学方式而言,S型课堂教学比K型课堂教学更有利于目标的实现。S型课堂教学是问题驱动、学生主动、师生互动模式。其呈现形式与过程是:教师与学生围绕课堂教学中的某些重要问题,基于课前一定的学习和准备,在课堂上进行报告与聆听、提问与回答、质疑与反驳。尽管共识和标准答案的达成也是可能的,然而,更多时候是形成对同一问题的开放性认识和非共识性理解。在S型课堂教学过程中,教师与学生站在同一起跑线上,共同探究学术、追求真理。追求知识创新的课堂教学对教师的要求是:精心设计课程和课堂教学,对学生的学习状态、学习能力有充分的了解和把握,对课程内容、问题的深度与广度和课堂氛围有很强的掌控能力。对学生的要求是:对课程有浓厚的学习兴趣,具有较强的自学和表达能力,有打破砂锅问到底以及不迷信老师和书本的精神。

S型(苏格拉底型)课堂教学有三个层次:师生互动、生师互动和生生互动。

(1)师生互动。在S型课堂上,教师主动,学生被动,教师既是互动问题的设计者,也是该问题"标准答案"的提供者,学生始终没有跳出教师的认知和思维边界。

(2)生师互动。在S型课堂上,教师主动,学生积极,教师虽然是互动问题的设计者,但并非该问题标准答案的唯一贡献者,不少学生能跳出教师的认知和思维边界,教师能感受到教学相长的乐趣。

(3)生生互动。在S型课堂上,教师主动,学生积极,教师和学生是互动问题的共同设计者与标准答案和开放性答案的共同贡献者,在互动中,师生和生生的认知和思维边界交织、融合并得到扩展,学生的学习积极性、主动性和创造性得到了充分的发挥,教师和学生都能享受到教学相长的乐趣,以学生为中心的教育教学理念得到完美呈现。

K型和S型课堂教学方法的运用取决于课程内容和教师与学生追求的目标。K型课堂教学更适宜于知识的传承,所能达到知识海洋的深度以滨海—浅海为主,知识层级通常是二阶四级,教师的教授对学生所学知识的掌握程度能发挥重要作用。S型课堂教学更适宜于追求知识的创新,所能达到知识海洋的深度以半深海—深海为主,知识层级可达到四阶八级(图3-1,表3-1)。知识的创新既需要教师启迪性的教授,也需要学生主动追求、独立思考、自由表达,更需要认识、实践、再认识、再实践和不达目的誓不休的精神。教有尽,学无止。

传道是教授的灵魂,授业和解惑是教授的基础,经师(授业和解惑)易得,人师(传道)难求,这句话道出了教与学的层次和精髓。教师的教学理念、教学方法和学术积累(学养和教艺)的提升是实现教师从心师、经师到人师的重要抓手,也是大学生从学生、学霸到学者的催化剂。学习金字塔理论[美国学者埃德加·戴尔(Edgar Dale)于1946年率先提出]表明,教师的教授和学生的学习方式对学习者知识的学习与掌握会产生重要影响(图3-2)。

在教知识的过程中,无论是S型还是K型课堂教学,都应遵循"四讲"原则和倡导"四不讲"追求。**"四讲"原则是指,不讲就会的免讲,一讲就会**

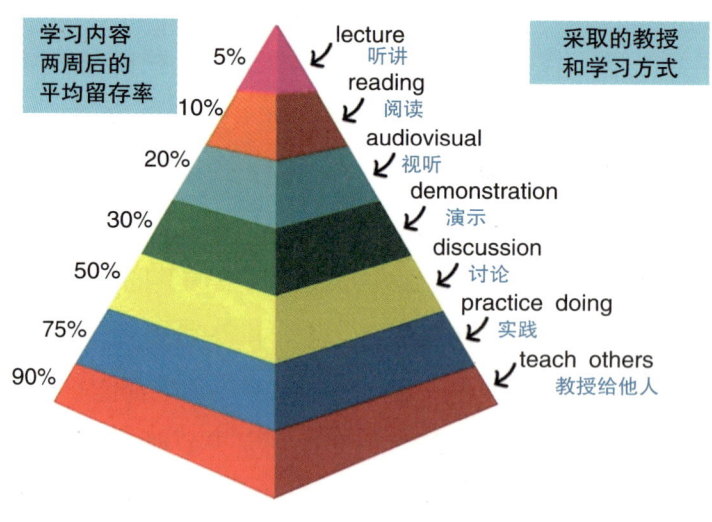

图3-2 学习金字塔模型(据Dale,1946修改)

的少讲,需要讲的精讲,怎么讲也不会的不讲。什么内容需要讲、需要精讲? 答案应该是,学生可能没有看到、没有想到、没有悟到、没有做到的内容。这就需要教师对学生和学情、对班风和学风有充分的了解和把握。"四不讲"是指,前人讲过的,不讲;近人讲过的,不讲;外国人讲过的,不讲;自己讲过的,也不讲。只讲不曾有人讲过的。"四不讲"是国学大师陈寅恪(què)对自己讲课的要求,是对课堂教学常讲常新的最好诠释。对绝大多数教师而言,别说"四不讲",能做到一个"不讲"就不容易。

当教师学养教艺的广度与深度处于知识的半深海和深海[侃书和品书(信手拈来和常讲常新)]境界时,教师对所教授的知识不仅融会贯通了,还能娴熟地付诸实践,甚至不乏有批判性反思和整合性的评述。课堂上,教学方式切换自如、教学过程丰富多彩,学生不仅被教师深入浅出的课程内容吸引,也被教师抑扬顿挫的声音语言、声情并茂的肢体语言和全身心投入的敬业精神所感染,教学过程中不时插入的切题中肯、入木三分的小插曲、小幽默、提问和质疑,牢牢抓住着学生的注意力。课堂上,老师的言行举止就像一根无形的线,始终既放飞着学生的心、脑、神,又牵引着学生的眼、耳、手,教的内容信手拈来、出神入化,学的状态聚精会神、宁静致远。课堂上,时而鸦雀无声、沉思无语,时而七嘴八舌、同频共振,润物无声的教始终牵引着潜移默化的学,这就是课堂教学的侃书、品书层次和教活了、教化了的教学境界,这种教师可称为人师或大师(表3-1,图3-1)。这种课堂教学的层次和境界,不仅能教授学生以知识,也一定能教授学生以能力、智慧和人格!

3.2.2 教能力

能力是指完成某项工作或任务所展现出来的素质。能力总是与具体做某项事情、完成某项任务密切相关,离开了做、离开了行动就无从表现和评价一个人的能力。完成了学业后走出校门的大学生,应该具备六个方面的基本能力:学习能力、动手能力、交流能力、合作能力、思维能力和自律能力,即会学习、会动手、会交流、会合作、会思维、会自律(图3-3)。**谋事、干事、成事的推进器是会学习和会动手,加速器是会交流和会合作,导航器是会思维和会自律**。课堂教学在通过知识的传授培养和训练学生的"六会"能力时,需要教师精心地教学设计(包括课程设计和课堂设计)和付诸实践。思想是行动的种子,只有想到了才有可能做到,尽管也存在"意想不到"这样的小概率事件。

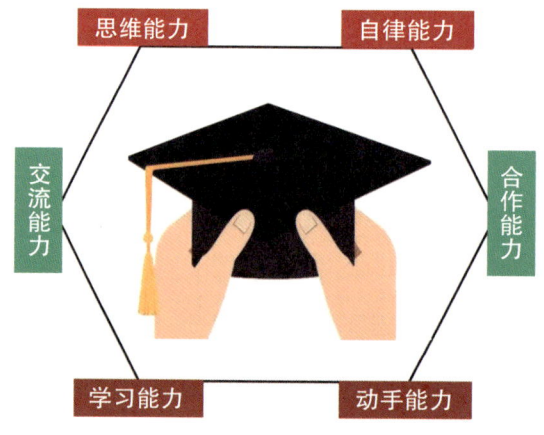

图3-3 大学毕业生的能力六边形

1. 学习能力

学习能力涉及三个基本要素:学习资源、学习速度(包括快学习与慢学习)和学习效率。学习资源的获取是学习的基础,巧妇难为无米之炊。只有了解、熟悉不同知识的获取渠道和方法,才能为完成某项任务提供必要的参考借鉴。任何工作任务的完成都会有时间约束,当在较短的时间内需要完成大任务、复杂工作时,学习速度和学习效率的把握就显得非常重要。如果读大学时只受过按部就班的慢学习训练(2~3个月学完一门

30~60学时的课程),没有受过快学习(应急学习)的系统训练,那么在面临短时间内完成大任务、复杂工作的情况时,就会手忙脚乱、不知所措,无法完成任务。就这种情况而言,完成比完美更重要,做正确的事比正确做事更重要。因此,在课程和课堂教学过程中,教师需要依据课程时长、课时量和内容,精心组织训练学生快速、专业地获取教材之外、与课程内容密切相关的学习资源的技能;对不同的课程内容和知识点合理安排快学习和慢学习环节,推荐或示范提高学习效率的方法和"秘籍"。这样就能使学生在学习某门课程知识的同时,得到学习能力的系统训练。学习能力培养的重心不是学会,而是会学,通过学会,提升、升华到会学,实现闻一知十、触类旁通的跨越。

2. 动手能力

"纸上得来终觉浅,绝知此事要躬行"。南宋诗人陆游晚年(1199年)的这句教子名言深刻地诠释了动手(躬行)对获得真才实学的重要性。动手能力包括多样和娴熟,具有专业背景、走出校门的大学生应该具备一专多能的动手能力。教师在课堂教学过程中不仅要注重学生聆听、记忆、理解、思辨能力的训练,也要注重学生观测、动手、体验、设计、模仿和制作能力的培养,对实践性强的理工科类学生的课堂教学更应该如此。**在课堂教学过程中,特别是在实践课、实习课、现场教学课的教学过程中,教师的教学设计和教学过程要充分体现精讲多练、以身示范的原则,将主要时间留给学生去体验、去观测、去模仿、去制作,让学生有充足的时间去试错、犯错、知错、改错,失败是成功之母。**某项工作、运动娴熟的高手,世界级大师的成长过程服从一万小时定律:一万小时的锤炼是任何人从平凡蜕变成世界级大师的必要条件[马尔科姆·格拉德韦尔(Malcolm Gladwell)]。**所谓大师、大家、权威人士、专家就是能将一件普通的事做到极致的普通人。**知识可分为显性知识(explicit knowledge,EK)和缄默知识(tacit knowledge,TK),前者可通过言传、阅读、逻辑推理习得,后者只能通过躬行(亲自做、干、练等)习得(表3-3,图3-4)。一个读过万卷游泳书籍、听过世界级游泳高手传授"游泳秘籍"的人,如果不下水练习游泳,他永远都不会游泳。动手能力是缄默知识的重要组成部分,是一个人的不可替代性和核心竞争力之所在。

表3-3 显性知识与缄默知识对比

类别	显性知识 (explicit knowledge,EK)	缄默知识 (tacit knowledge,TK)
别称	言传知识、明言知识、二手知识、真实知识或命题式知识	意会/默会知识、隐性知识、一手知识、暧昧知识或行为性知识
要义	EK是关于事实及其原理的知识,回答是什么和为什么,其本质是对自然和人类的认识和刻画,其精髓是知	TK是关于怎么想、怎么做的知识,其本质是感知力、领悟力和行动力,包括认知和技艺两个方面,其精髓是行
内涵	事实、概念、定律、规律、原理、技术、方法等	态度、精神、作风、信仰、人格、情怀、精气神,诀窍、技巧、秘籍、绝活等
特征	具有言明性、逻辑性、结构性、普适性、跨文化性和共享性;习得快,忘却也快;是人的共性之母	具有默会性、实践性、个体性、情境性、文化性、内隐性和层次性,不具备共享性;习得慢,忘却也慢;是人的个性之母;有正面与负面之别
交流	能够以文字、图符和公式等表述、交流和传递	难以用文字、图符和公式等表述、交流和传递,通过示范、展示和竞技等方式交流
教授方式	能通过语言、文字、图符和公式等方式教授,言传胜于身教,大班制、小班制教授均可	难以通过语言、文字、图符和公式等方式教授,倾听、静观、示意、以身示范胜于言传,宜师徒制和小班制教授,不宜大班制
习得方式	听、看、观、思或逻辑推理	做、练、悟或镜像、意像和离像模仿
关系	没有一种显性知识不含缄默知识的成分,没有一种缄默知识不含显性知识的成分。"道,可道,非常道;名,可名,非常名。"	
由来	缄默知识的概念最早由英籍犹太裔物理化学家和哲学家波兰尼[迈克尔·波兰尼(Michael Polanyi)]于1958年提出,并认为:每个人的知识都由EK和TK构成,我们知道的多于我们所能言明的	

注:据石中英,2004;吴晓义,2005;蔡华,2013;吕成、张棉好,2021。

第 3 章　教道——教之以事而喻诸德

图 3-4　人类的知识结构及其星空模型
注：亮色代表显性知识；暗色代表缄默知识。

3. 交流能力

　　口头和书面交流是从事各类工作和成就各类事业不可或缺的底层能力，其形式包括一对一、一对多、多对一的口头交流与书面交流。在课堂教学过程中，教师根据教学内容需要，有目的、有计划、有针对性地创设不同形式的教学情境，让学生在学习知识的同时受到不同形式交流能力的训练，既丰富了课堂教学的方式与内容，也训练了学生的交流能力，还能增进学生间和师生间的情感，是一箭多雕的教学艺术。在教师和学生英文基础比较好、学生来源构成较为多元的情况下，也可进行跨文化交流能力的训练。

　　如在 S 型课堂教学中，可安排几位同学（兼顾口头和书面表达能力偏强与偏弱的同学）围绕某一个问题制作 5~10 分钟的 PPT，在课堂上给全班同学阐述该问题并报告他们各自对该问题的理解，再围绕同学的主题报告，安排 20 分钟左右的师生互动时间，互动可采用质疑与反驳、点评与补充等交流方式(龚一鸣等,2012)。在一门32～64学时的课程教学中,如以地质学中的"地史学"课程为例,可在课程的绪论(首次课)课上,布置两次大型书面作业——"课程学习设计1"和"课程学习设计2",前者要求一周内完成,后者要求在结束语课(末次课)的课后时间完成。课程学习设计作业要求如下。

(1)内容。①课程内容概括与分类;②你认为本课程应该回答的三个最重要的科学问题(按照重要性递减排序);③本课程拟采取的学习方式与方法(要求:个性鲜明,重点突出,可操作性强,易于自律和他律);④预期的学习目标和效果及质量监控措施(要求同上)。

(2)形式。word格式,A4页面尺寸;5000～10 000字(包括文、图、表);参考文献不少于4篇/部,严格遵照《地球科学》[中国地质大学学报(自然科学中文版)]或其他自然科学或社会科学杂志的格式体例规定。

(3)其他。通栏排版,图文并茂,引用他人资料务必注明来源。

教师在课程进行过程中和在考试前对"课程学习设计1"和"课程学习设计2"进行点评,并要求学生先自我评判和比较。

这种大型作业不仅能使学生的书面表达交流能力、快学习与慢学习能力得到训练,也能使学生在学知识(课程的知识体系与知识点)、学能力(学习资源的搜寻、获取、整理与综合提炼,提出问题与解决问题)、学智慧(如何合理安排时间、如何拿捏好学习速度与学习效率之间的关系)和学人格(未雨绸缪、遵章守纪、言行一致、反省与自律等)等多方面得到训练和提高。

4. 合作能力

每个自然人都是社会中的人,合作能力作为情商的重要组成部分,直接影响和决定一个人的学习和工作的效率,甚至人生的成败。在教学过程中,教师可设置如下教学环节,有意识地培养学生合作学习的能力。

(1) 在教学班范围内,构建合作型学习小组。在班干部的协助下,将一个教学班拆分成若干个3～6人的课程学习小组,分组时兼顾性格(内向与外向)、性别(男生与女生)、学习能力(强与弱)等因素,进行合理配置。

(2) 定期或不定期布置合作型课程学习任务,这里以"地史学"课程为例:以"早古生代重大生物-环境事件及其特征与问题"为题,要求每个小组选派一位同学代表本组,以PPT形式演示,在课堂上演讲10分钟。要求选派出的每位同学至少在小组内彩排一次,群策群力、集思广益。

(3) 合作学习结果展示与评比。各小组代表在课堂上演讲10分钟,演讲结束后,在老师的组织和引导下,由老师和学生对各小组的演讲进行20～40分钟的研讨,研讨形式有评述、质疑、提问、回答和总结。最后,通过老师和同学投票产生1～2个本次S型(互动)课的最佳学习小组,并给予最佳学习小组每人1～5分的课程成绩奖励,连续3次获此殊荣的合作学习小组的每位组员可获得5～10分的课程成绩奖励和一份精美的化石小礼品或学习用品(由老师提供)。这种学习方式或其他类似学习方式,既能增强师生间和学生间合作学习的意识、能力和情感交流,也能训练协调沟通能力(如PPT制作和彩排过程中如何分工协作,如何充分调动每位同学的积极性和创造性)、领导(小组长或演讲者)与被领导(其他同学)能力、当好"红花"(如演讲的学生)和"绿叶"(本次没有演讲任务的其他学生)的能力等。"独行快,众行远"(阿拉伯谚语)。

5. 思维能力

大学教育的目的和价值不是学会一堆知识,而是学会一种思维。这是众多中外大家和教育名家的共识,如爱因斯坦提出"The value of a college education is not the learning of many facts but the training of the mind to think"[大学教育的价值,不在于学习很多事实(知识),而在于训练大脑会思考]。还有顾明远(北京师范大学资深教授)、钱颖一(清华大学资深教授)、凯瑟琳·德鲁·吉尔平·福斯特(Catharine Drew Gilpin Faust,女,原哈佛大学校长)、理查德·莱文(Richard Charles Levin,原耶鲁大学校长)等都相继提出类似的论述。顾明远认为,培养思维的最好场所是课堂。思维有多种类型:直觉思维、形象思维、抽象(逻辑)思维、逆向思维、定向思维、线性思维、发散思维、聚合思维、批判性思维和创造性思维等。在这些思维类型中,批判性思维和创造性思维是中外大学教育和教学最为推崇和认为最应该培育的思维能力,也是大学与中学的根本差别所在(钱颖一,2018)。下面主要以批判性思维和创造性思维为例展开讨论。

1)批判性思维(critical thinking)

批判性思维的起源可以追溯到苏格拉底所处的时期。批判性思维是指依据一定的评判标准(知识与理论),审慎思辨、评价和改进自我的思维方式和结果,从而确保自我的假设、观点、决定的理性和科学,行动能实现预期的结果。**简言之,批判性思维就是你为你自己决定对外界或他人的观点或行为是反对或赞成、怀疑或信任、拒绝或接受而进行的思辨、权衡和评判**。批判性思维既是一种思维方式和思维能力[能力层次(skill-sets)],也是一种为人处世的态度和一个人"三观"(人生观、价值观和世界观)在思维上的体现[人格和心智层次(personality & mindsets)]。具备批判性思维能力,除了能够帮助我们避免做出糟糕的决定外,还有助于提高自己的创新能力和自尊水平,将自己的选择和命运牢牢地掌握在自己手上,不会轻易地迷信权威、迷信书本或人云亦云。由于批判性思维能力不受学科和专业限制,因而能在不同学科和专业之间迁移。因此,培养批判性思维能力对大学生在当下的学业与成长和在进入社会后的事业发展、成才和成功,都具有非常重要的作用。正因如此,培养学生的批判性思维能力被普遍地确立为教育特别是高等教育最重要的目标和价值之一,是创新和拔尖人才思维能力的标配。

需要指出的是,**批判性思维不是批判别人,而是批判自己,是自己对他人或外界的观点、认知和决定等是反对或赞成、怀疑或信任、拒绝或接受而进行的审慎思辨、权衡和评判。批判性思维并非怀疑和否定一切,而是一种有扬有弃的辩证思维方式,在思维过程中,善于实事求是地、理性地、审慎地研判是非、正误、曲直、利弊、真假、美丑和善恶及事物与事理的度。

批判性思维的核心要义是:理性的精神、严谨的作风和开放的心态。 批判性思维能力通常由八种要素构成。①知识(也包括经验)积累:包括专业、学科和领域知识,特别是跨专业、跨学科、跨界知识积累;②调研和分析能力:搜集、查证、整合、评价支持性证据的能力,能为自己的观点和决定提供逻辑支持,而不只是武断地相信和认定自己的观点和决定;③沟通能力:包括倾听和表达,不仅要清楚自己的沟通风格,而且要知晓和尊重文化和个性不同导致沟通风格上的差别,这对于促进人际关系大有裨益;④具有灵活性和包容性:不少人之所以对有争议的问题不能坚持自己的观点和立场,仅仅是因为自己没有能力评价不一致,甚至相互矛盾的观点,不能在不确定的情况下做出自己的决定;⑤心态开放:具备反思和反省的习惯,敢于、善于、乐于克服个人偏见,不会武断地对某个问题或观点直接得出结论;⑥习惯于从多视角和多维度审视问题,并提出独创性的解决方案;⑦具有好奇心和专注力,能不断寻求和优化优中之更优、卓越中之更卓越、智慧中之更智慧;⑧具有合作学习、分享和交流能力。

哈佛大学前校长德雷克·博克(Derek Bok)在2008年出版的《回归大学之道:对美国大学本科教育的反思与展望》一书中,把大学本科生的思维能力的形成分为三个阶段:第1阶段,无知的确定性(ignorant certainty)阶段,这是一个盲目相信的阶段。刚从高中毕业进入大学的新生,往往都处于这个阶段。在中学,学生认为学到的知识是千真万确的,这个确定性来源于学生知识的局限性和片面性,因此,是一种无知下的确定性。第2阶段,有知的混乱性(intelligent confusion)阶段。学生上了大学之后,接触到各种各样的知识,包括各种对立的学派、学说和观点。虽然学生的知识量增加了,但是他们往往感到各种说法似乎都有道理,"公说公有理,婆说婆有理",而无法判断出哪种说法更有道理。第3阶段,批判性思维(critical thinking)阶段,这是思维的成熟阶段。在这个阶段,学生可以依据所学知识和积累的经验与教训,通过分析、思辨、取证、推理等方式,对各种不同说法做出判断,论说出哪一种说法更有说服力(钱颖一,2018)。博克观察到大多数本科生的思维能力都停留在第2阶段,只有少数学生的思维能力能够进入第3阶段,这种现象不仅存在于哈佛大学的大学生中,也存在于中国、印度和俄罗斯的大学生中。有数据表明,在中国、印度和俄罗斯的理工科类大学生中,大学生的批判性思维能力并没有随着年级的增长而增强,大一和大二阶段有所增强,大三和大四阶段反而减弱了,相比较而言,美国大学生的情况较好(图3-5)(Loyalka etal.,2021)。因此,从大学新生入学开始,教师就应该注重通过每门课的课堂教学培养学生的思维能力,在大三和大四阶段,更应加强大学生批判性思维能力的训练。

批判性思维能力不仅与受教育时长和知识积累有关,也与受教育和知识积累的类型和数量有关,过于注重专业知识的教与学不利于高效地培养学生的批判性思维能力(图3-6)。在课堂上,培养学生批判性思维能力的路径可分解为六步:①激发思考的兴趣,就是用能与学生的学习、生活、经历、经验产生关联的事例、场景和情节,激发学生对概念、假设、定律和案例等的思考;②提炼假设(提出问题),就是揭示影响自己思维和行动方式的假设,凝练和明晰自己反对、怀疑、信任或遵从的假设是什么;③检验假设,审慎地分析、取证、推理和评价假设是否合理和可靠;④多角度地看问题,就是从多方面、多维度考察自己的假设和行为的合理性,博观而约取;⑤保持开放的心态,对支持或反对自我假设的事实、观点和案例持开放的心态,不是采取"择优录取"或"顺我者昌,逆我者亡"的方式证实或证伪假设和看待问题,兼听则明、偏听则暗;⑥做出明智的选择,批判性思维

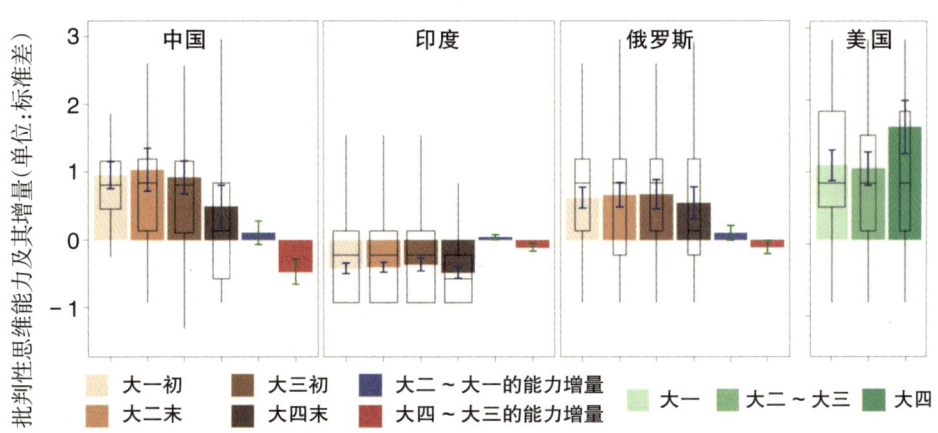

图 3-5　中印俄美大学生批判性思维能力及其增量比较（据 Loyalka 等，2021，有修改）

注：蓝色和绿色的误差条均代表95%的置信区间；箱线图表示每个国家大学生批判性思维能力及其增量的分布情况；箱线图中的水平实线代表中值；箱线图上和下的线（须）代表最大值和最小值；箱线图代表四分位数的范围。

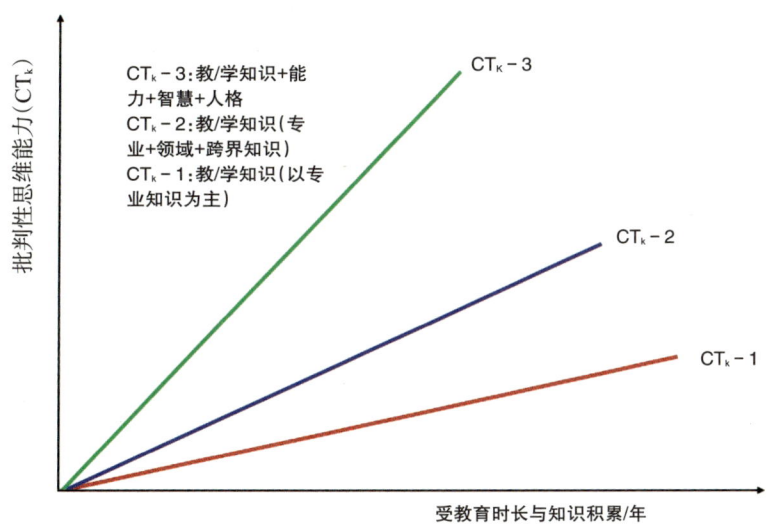

图 3-6　批判性思维能力与受教育时长、知识积累类型和数量的关系

不是折腾自己，不是自我纠缠和内耗，更不是与自己的思想和行为过不去，而是为了做出正确的选择和决定，真正活出自我、活出精彩，爱我所

爱、乐我所乐、忧我所忧。

梁漱溟先生曾将思维分为八个层次：形成主见（偏见）→发现问题→融会贯通→知不足→以简驭繁→运用自如→一览众山小→通透。细品梁漱溟先生的思维层次论不难看出，提升思维层次的钥匙就是批判性思维意识、方法和能力的养成。**只有具备了批判性思维这种能力，才能真正实现学我所期、言我所思、行我所愿、追我所求**，让严谨更严谨、让明智更明智、让理性更理性、让智慧更智慧，成就真正自我主宰的人生。

2）创造性思维（creative thinking）

创造性思维是一种探索未知事物和事理的、高级的和复杂的开创性思维。创造性思维的最大特征是求新、求异、求真，即发现新规律、发明新工艺、创造新产品、运用新方法和解决新问题，追求与大众、与已有、与以往的不同，也就是追求新、奇、特。创造性思维是创新和拔尖人才的核心竞争力之所在，也是创新型国家和社会的原动力。创造性思维主要由四个要素构成：好奇心和想象力、知识积累、价值取向（钱颖一，2018）和批判性思维。**如果将创造性思维比喻为一个人的话，好奇心和想象力是其灵魂，知识结构和知识积累是其骨架和血肉，价值取向是其行动的导航仪和原动力，批判性思维则是使其成长和成熟的催化剂**（图3-7）。

第一要素：好奇心和想象力（curiosity and imagination，CI）。通常由感性的和理性的两部分构成。感性的好奇心和想象力（perceptual curiosity and imagination，PCI）是与生俱来的，不受现有知识体系和科学范式约束，具有无拘无束、我行我素、天马行空的特点，人从婴幼儿期到成年期，随着受教育程度的提高，PCI会逐渐降低，因为在绝大多数情况下，PCI是挑战现有知识体系和科学范式的，大概率会是异想天开和错误的。但科学史告诉我们，人类社会革命性的文明和进步主要依赖于那些基于感性好奇心和想象力的小概率甚至极小概率成功事件引发的颠覆型创新（从0到1），如牛顿力学、爱因斯坦的广义相对论、量子力学的创始人普朗克（Max Planlk）的

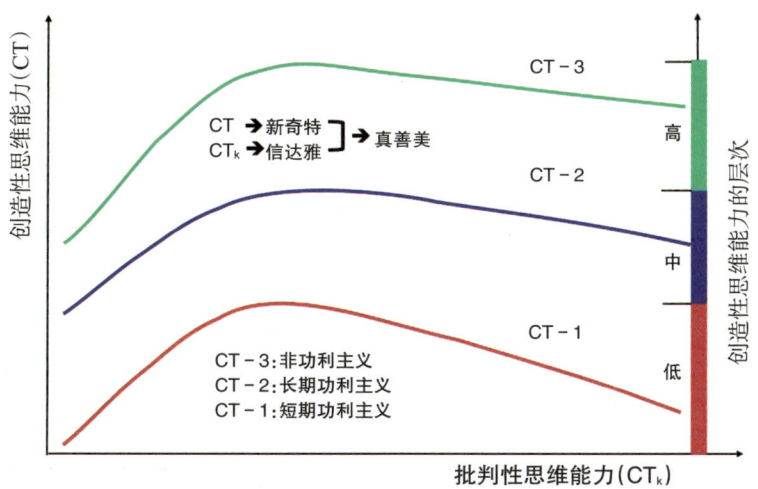

图3-7 创造性思维和批判性思维能力与价值取向的关系
注：CT-1，短期功利主义，如发文章、申请专利、拿项目；CT-2，长期功利主义，如创优争先、填补国内外某些研究领域的空白；CT-3，非功利主义，如追求真善美、造福世界，典型代表人物如马克思、牛顿、爱因斯坦、普朗克、乔布斯等。

量子力学和魏格纳（Alfred Lothar Wegener）的大陆漂移说。

理性好奇心和想象力（rational curiosity and imagination, RCI）是后天习得的，介于无拘无束、我行我素、天马行空与循规蹈矩、合情合理、规行矩步之间，基于但不完全拘泥于现有的知识体系和科学范式，RCI的强弱极大地依赖于教育环境和教育方法，优、良、中、差的教育环境和教育方法将会分别培养出具有极强、强、中、弱RCI的人（图3-8），分别对应图3-8的蓝色直线RCI-4、RCI-3、RCI-2、RCI-1。宽松、民主、开放、多元和自律的教育环境和教育方法有利于理性好奇心和想象力的培养，并使它的层次不断提高（图3-8）。

爱因斯坦说："我没有特殊的天赋，我只是极度地好奇。"他还说："想象力比知识更重要，因为知识只是局限于我们已知的一切，而想象力既可以包括整个的已知世界，也可以包括整个已知世界之外的那些未知的一

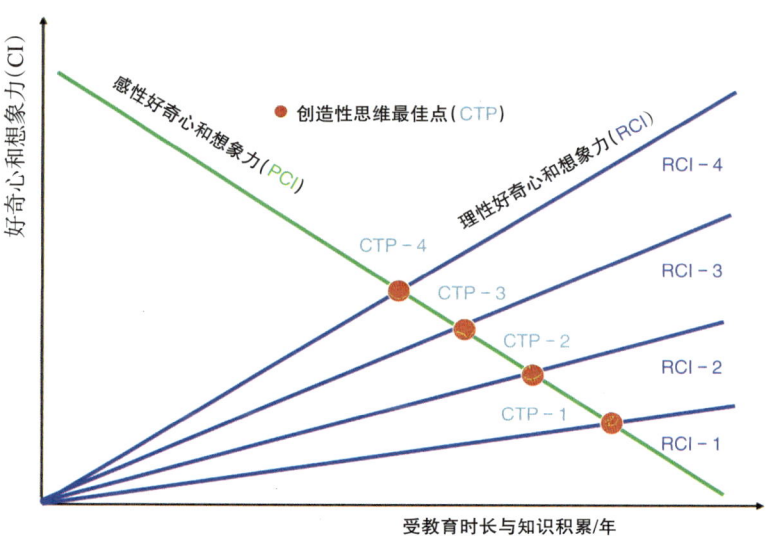

图 3-8　感性和理性好奇心、想象力与受教育时长和知识积累的关系

注：RCI-4、RCI-3、RCI-2、RCI-1，分别代表优、良、中、差教育环境和方法下的理性好奇心和想象力直线（蓝色直线）；PCI，感性好奇心和想象力直线（绿色直线）；CTP-4、CTP-3、CTP-2、CTP-1，分别代表创造性思维最佳点（红色点）到来的层次和时间，即分别代表最高—最早、高—早、中、最低—最晚。

切。"创新（1→100），特别是颠覆型的创新（0→1）主要来自已知世界之外的那些未知的一切。从这个意义上讲，单纯的以知识为中心的教育、应试教育、以追求标准答案为目标的教育和模式化的教育不利于好奇心、想象力的培养与保护。

笔者认为，爱因斯坦所说的好奇和想象力应该是感性、理性好奇心和想象力的混合。感性好奇心和想象力会随着受教育程度加深及知识积累的增加而逐渐减弱，而理性好奇心和想象力与受教育程度和知识积累的关系比较复杂，为了便于研究，这里将其关系简约为线性关系，即理性好奇心和想象力随受教育程度加深及知识积累的增加而增强。在 PCI 与 RCI 的交会处，即图 3-8 的创造性思维最佳点（creating thinking of optimum point，CTP）处，PCI 和 RCI 的双翼能使创造性思维飞得更高、更自由、更稳。良好的教育环境和教育方法能促进创造性思维最佳窗口期CTP更早到来,而且到达更高层次。

第二要素:知识积累。无论是对批判性思维还是对创造性思维而言,知识积累都是不可或缺的,知识积累的基础性和重要性不言而喻。需要强调的是,这里所说的知识积累不仅是专业和学科知识的积累,跨专业、跨学科、跨界知识的积累和多元知识结构更重要。所以,在大学本科阶段,对大学生实施通识教育(general education)或素质教育(quality education),对大学生批判性思维和创造性思维能力的培养至关重要(表3-4)。

一段时间以来,教育教学工作者对通识教育、博雅教育、通识博雅教育和自由教育以及素质教育和文化素质教育有不同的理解和解读,这里以两种代表性的观点为例作简要介绍。其一,原武汉大学校长刘经南认为,通识教育与博雅教育(自由教育)不同。博雅教育,侧重能力和素养教育,如品性、德行、人格修养的教育,责任、担当和人文精神的教育,最早由亚里士多德提出。通识教育,侧重知识结构及其广泛性,强调自然科学、人文和社科教育的结合,最早由美国耶鲁大学于1828年在《1828年耶鲁报告》中提出,但其内涵至今已经发生了很大变化。其二,原复旦大学和英国诺丁汉大学校长杨家福认为,通识教育与博雅教育同义。他对博雅教育的解读是:"博:文理融合,学科交叉,在广博的基础上求深度,博学多闻,博古通今;雅:做人第一,修业第二,君子以厚德载物,明大德,守公德,严私德。"素质教育或文化素质教育似乎能涵盖这两种认识的要义(表3-4)。

第三要素:价值取向。所谓价值取向就是人把某种价值作为思维和行动的准则和追求的目标。它是在个体或群体的活动或意识中所渗透的价值追求。因此,价值追求是创造性思维的导航仪和原动力,决定着创造性思维的层次、高度和可持续性(图3-7)。价值取向可分为三类:短期功利

表3-4 通识教育与素质教育的特征对比

	通识教育 (general education, GE)	素质教育 (quality education, QE)
术语	GE又称自由教育、博雅教育(liberal education/liberal arts education)或通识博雅教育,也称全人教育或通才教育	QE又称文化素质教育(cultural quality education),强调人文在素质教育中的重要性
缘起	GE兴起于20世纪初,美国部分大学针对博雅教育和专业教育的不足提出,具有西方自由教育(公元前300多年前亚里士多德最早提出)或博雅教育的遗风或胎记	QE源于中国,始于1985年5月邓小平在第一次全国教育工作会议上的讲话。20世纪90年代,华中科技大学的杨叔子率先提出CQE的概念,针对在计划体制和苏联模式下过度偏重专业训练的缺憾,强调人文教育的重要性。1995年,教育部开始在高校推广实施
演变	①人文教育:公元300多年前至1828年(或工业革命以前),以"自由七艺"教育为特征;②科学教育:1828年(或工业革命以来)至1945年,分别以《1828年耶鲁报告》和哈佛大学发表的《自由社会中的通识教育》报告,即"哈佛红皮书"为标志,专业教育盛行;③人文教育与科学教育:1945年以来,强调本科教育应是通识教育与专业教育的融合	①人文教育:1952年以前,以重做人、修身,重"形上""本""道"的教育为特征,如孔子倡导的"绘事后素"和庄子倡导的"得意忘言";②科学教育:1952年至1995年,以重视专业教育,"重现世、尚事功、学以致用"为特征;③人文教育与科学教育:1995年以来,倡导和践行文化素质教育,强调本科教育应是人文教育与科学教育的深度融合
评价	①GE主要涉及教学内容和课程体系的构建,GE不是国际通行的范式,即使在美国大学也存在多种特征和样式;②GE在制度上具有更强的结构性,是"文理教育+专业教育"的组成部分;③GE起因于工业革命以来的专业教育导致了人文教育的弱化和知识整体性的分割;④GE不是各学科浅显通俗知识的拼盘,注重知识的广泛性、跨学科性和整体性	①QE涉及教学内容、课程体系、校园文化和社会实践活动等,我国高校有倡导、也有践行,但不广泛、不深入、不系统;②QE在涉及的内容和范围上较GE更具灵活性、多样性和弥散性;③QE根植于中国的教育哲学思想:重视做人和修身,崇尚天人合一,主客一体;④QE注重立德树人和人的德能才,包含、超越且不止于专业教育和GE
特色	美国大学教育的本土化创新	中国大学教育的本土化创新

注:据杨叔子、余东升,2007;龚克,2015;阎光才,2021。

主义,如多发文章、发好文章、发高被引文章,以获得最快和最大的名利回报;长期功利主义,如为自己、为团队、为单位和为国家创优争先,填补某些研究领域的空白;非功利主义,如追求真善美和造福世界,代表性的人物有牛顿、爱因斯坦、普朗克。与好奇心和想象力以及知识积累相比,价值取向的引导和培养更复杂、更具有不确定性。学校教育一直倡导的教书育人与目前正在大力推进的立德树人和课程思政对大学生价值取向的引导和培养都会有积极的促进作用。需要指出的是,功利心和欲望不都是洪水猛兽,也有其积极的一面,适度、适宜、适当的功利心和欲望也是个人、集体和组织发奋、进取、拼搏和追求卓越的原动力之一。古训有言,欲不可纵,纵欲成灾。

第四要素:批判性思维。好奇心和想象力虽然能孕育"大胆假设",但它们的证实或证伪,即"小心求证",需要批判性思维来保驾护航,从而生根、开花、结果。否则,奇思妙想型的"大胆假设"只能是昙花一现。

在明晰了创造性思维的构成要素后,需要有针对性地围绕上述四个要素,通过课堂教学这个主渠道,培养、训练和提升学生的创造性思维能力。大一和大二阶段,可实行通识教育或素质教育。大三和大四阶段可侧重专业教育和就业创业教育,将课程思政和专业思政融入课程教学的全过程,稳妥推进学生创造性思维能力的培养和提升。

6. 自律能力

"金无足赤,人无完人",成长中的大学生更是如此。**大学生最糟糕的状态是什么?我的回答是:旧错不断,新错不犯。**改变这种糟糕状态的方法和途径就是"吾日三省吾身",即自省成就自律,自律收获自由。所谓自由,不是随心所欲,而是自我主宰(康德)。**自省是自律的前提,自律是不犯旧错的守门人。自律与自由之间的关系,就好比线与风筝的关系,看似线在束缚着风筝,实际上正是因为有了这根线,风筝才能自由自在地高高**

飞翔,离开了线的风筝只有两种可能:飞不起来或坠落!

可以断言,每位大学生的初心都是希望能将课程学好、将大学读好,不希望自己在课程的学习上和在与同学、老师和朋友的交往中犯重复性的错误。但总是有一部分学生在学习上、在学习的行为习惯上累错累犯,例如不愿意对课堂教学内容进行必要的预习与复习,或把握不好预习与复习的时间节点、时长和温故而知新的复习规律;在45分钟或90分钟的课堂教学时段注意力不集中,跟不上课程的节奏或不时地被手机信息等干扰。在课堂教学过程中,教师可以通过设计有针对性的教学环节和场景,如设疑、提问、回答、上讲台展示、课后个别交流等,让学生从情景和结果的反馈中,不断反省自己课前、课堂和课后在学习态度、行为、方法上存在的问题和不足,积极、主动、习惯性地反省自己,养成"吾日三省吾身"和"前事不忘后事之师"的好习惯。

3.3 教智慧与教人格

3.3.1 教智慧

智慧是指用系统的知识和经验快速而准确地理解和解决大问题的能力。被林肯誉为"美国孔子"和"美国文明之父"的爱默生认为,智慧的可靠标志就是能够在平凡中发现奇迹。尼采认为,智慧的增长可以用痛苦的减少来精确地衡量。智慧属形而上之道。智慧由知识、能力和品德三要素组成(图3-9)。智慧的呈现既具有必然性,也具有偶然性。没有与需要解决的问题相关的系统知识和经验,就没有智慧大树产生的土壤,只有土壤没有种子,也不可能孕育出智慧大树。这颗种子就是悟,悟的过程就是本来不知道却突然知道了,所以有恍然大悟的说法。悟的方法有冥思苦想、举一反三、由此及彼、由表及里。悟的表现既有无师自通、一点就通、闻一知十、触类旁通,也有踏破铁鞋无觅处、得来全不费功夫的顿悟。在课堂教学过程中教智慧,就是要依据智慧的构成和特征(图3-9),在传授知识的过程中,根据不同的课程内容和知识点,设计孕育和启迪智慧的问题、案例、场景和环节,调动学生的积极性、主动性和创造性。**通过课程的学习和实践,在收获知识、训练能力和涵养品德的同时,努力将学生提升为敏于谋事、敢于干事、勤于做事、善于成事的有大智慧之人。**

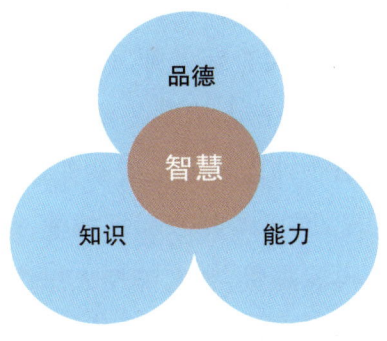

图3-9 智慧的三要素

3.3.2 教人格

人格是指人的特殊和稳定的个性品质,一般20岁左右基本成型。所谓江山易改、秉性难移说的就是这个道理。大学阶段正是大学生人格成型的窗口期,如果每位大学教师和每门课程都能基于知识的传承与创新,将重视大学生健全人格要素的养成的意识融入课程教学之中,对大学生的成长和成才都将发挥其他教育不可替代的作用。

俄罗斯教育学家康·德·乌申斯基(K. D. Wushenski,1824—1871年)认为:"在教育中一切都以人格为基础……只有人格才能影响人格的发展和形成,只有性格才能形成性格。"可以毫不夸张地说,教师和教育者的人格就是教育事业中的一切,它对于年轻学子的心灵来说,就如阳光和雨露,教师对学生的影响,是学校中任何大纲和组织都不可替代的力量(刘道玉,2016)。

  人格的基石是道德,两翼是智慧和意志(图3-10),道德决定人格的取向(造福与造孽),智慧和意志决定人格的高度和影响力,三者均等(等边三角形的三条边)就是所谓的金三角人格。道德沦丧(等于零或缺德),人格力量就等于零(图3-10)。现代人需要的人格要素应该包括三个方面:君子人格、法权人格和领袖人格(图3-11)。所谓君子人格就是要修炼好自己,努力使自己成为"四有好老师"(对教师而言)和德智体美劳全面发展之人(对学生而言);法权人格就是要约束好自己,遵法守纪,做到做人有底线、做事有红线;领袖人格就是要涵养好自己,理性多元,包容大度,干净利落(图3-11)。德智体美劳五育并举,是培养学生君子人格的不二方略。德育能使人灵魂高贵,智育能使人思维深刻,体育能使人体魄强健,美育能使人心灵丰盈,劳育能使人身心和谐。

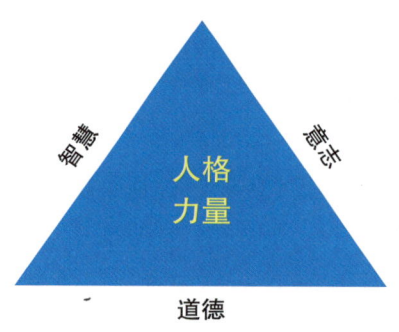

图3-10 人格力量与道德、智慧和意志成正比

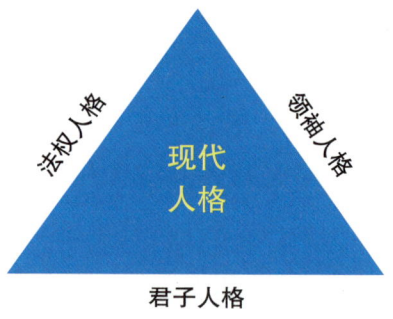

图3-11 现代人格的基本要素

  在课程教学过程中,教师的言谈举止、喜怒哀乐和精神态度就是人格的最好教具和案例。教师的人品、才华、个性乃至语言风格、行为习惯等都

会成为教师教授人格的软、硬件。教师希望学生能修炼好、约束好、涵养好自己。首先,教师在课程教学过程中要从做人、做教师和做学者的维度修炼好、约束好、涵养好自己,为学生树立榜样。著名教育家陶行知先生的名言"学高为师,身正为范",就是告诉教师如何培养学生的人格。如果教师课堂教学的追求不仅仅是希望学生了解、理解和掌握知识,更希望培养学生的创新能力和健全人格,那么,**教师在课程教学中的角色就不应该只是知识的灌输者,而应该是学生获取新知的引导者、训练能力的示范者、启迪智慧的播种者和涵养人格的先行者**。教师只有自己活得像个"人",才能对学生产生"成人"意义上的影响(叶澜,2021)。德国教育家第斯多惠(Diesterveg)认为:不好的教师教学生以真理,好教师教学生如何去发现真理。

英国前首相丘吉尔(Churchill)认为,大学不仅仅教授知识,更重要的是传授智慧;大学不仅仅培训技能,更重要的是锻造人格。教智慧和教人格是课程教学中最难教,却也是最好教的内容。说它难教的原因是教师自己必须首先具备能启迪学生智慧的智慧、能感染和震撼学生人格的人格,只有这样,学生才有可能向其师、听其言、践其行、信其道。说它好教的原因是教师无需在正常的课程教学中额外增加时间、空间、人力和物力成本,也无需额外增加学生的学业负担,教师的智慧、教师的人格、教师用心良苦的教学设计和追求都是在潜移默化中熏陶感染学生,并助教师实现其教智慧和教人格的目标。

笔者认为,实现"课以四教"(教知识、教能力、教智慧和教人格)的最佳途径是通识教育或素质教育与专业教育的深度融合。然而,需要指出的是,目前,我国相当一部分大学和大学教师对通识教育的认识和理解仅停留在以知识主导的课程类别方面。根据对111所高校培养方案的分析可知,88%的高校把公共课作为通识教育课程,还有的高校把思想政治课归入通识课,相当一部分工科院校把专业选修课作为通识课程,许多工科院校开不出真正的通识教育课程(邬大光,2019)。究其原因,是长期以来

(1954年参考苏联高校的专业目录,我国制定了第一个国家层面的专业目录——《高等学校专业目录分类设置》),专业教育的制度基础与文化基础已经根深蒂固,这使得我们不仅缺乏通识教育的思维,而且对通识教育的认识和理解也相对狭隘。笔者认为,真正的通识教育应该是,1996年联合国教科文组织提出的"教育的四大支柱:学会认知、学会做事、学会共同生活、学会生存"和 2015年联合国教科文组织列出的所有青年都必备的三类技能,包括基础技能、可转移技能和职业技术技能。

大学的通识教育应该交给学生"六会",即"能力六边形"(图3-3),其中核心能力是终生学习能力和批判性思维能力。"六会"能力既能为学生毕业后找工作做好准备,也能为学生未来一生的发展奠定好基础。离开学校进入社会的大学生如同一个猎人走进了森林,大学既要给他足够的干粮(通识教育),也要给他一支好用的猎枪(专业教育)。"猎枪"是为他近期找工作服务的,解决应急问题、解决生存问题;"干粮"是为他干好工作或换工作服务的,解决可持续发展问题。

就我国目前的基础教育和高等教育而言,本科通识教育既是对中学教育的延续,更是对它的超越,通识教育不能被视为一种不同学科总括性的浅显与通俗知识的拼盘,而应是对中学强调的知识确定性与答题标准化教育模式的颠覆,是对学生学习方式、知识观与价值观以及思维方式的反思性重塑(阎光才,2021)。

3.4 课程思政

课程思政,是新词、非新事、有新意。自2014年上海市委、市政府提出课程思政并积极推进以来,目前,课程思政已成为我国各级各类学校,特别是大学教育教学改革的国家意志和网络中的热搜词。课程思政是指在各级各类课程中,都要践行思想政治教育,与思政课同向同行,形成立德树人的协同效应。如果说思政课程是显性的、惊涛拍岸型的德育课程,课程思政则是隐性的、润物无声的教书育人,是大德育和德育全覆盖的新提法(龚一鸣,2021)。课程思政强调道德教育的"四性":重要性、广泛性、多样性和渗透性。之所以说课程思政非新事,因早在西汉时期(公元前202年—公元8年),礼学家戴圣就曾提出"师也者,教之以事,而喻诸德者也"(当老师的,以事例教导学生,也要使学生得到德育上的启发和滋养)。这是对课程思政和大德育最早和最简明的诠释。在百年未有之大变局和中华民族伟大复兴之当下,课程思政也有其新的内涵。

　　课程思政与课程、思政和思政课程这三个概念密切相关,但又存在根本的不同。课程是什么？是功课及进程(朱熹,1130—1200年),是教材[约翰·阿摩司·夸美纽斯(Jan Amos Komenský),1592—1670年,捷克教育家,近代教育学之父],是教师[约翰·弗里德里希·赫尔巴特(Johann Friedrich Herbart),1776—1841年,德国哲学家和教育家,现代教育学之父,旧三中心论(课堂、教材、教师)的提出者],是活动[约翰·杜威(John Dewey),1859—1952年,美国教育家,新三中心论(学生、活动、经验)的提出者],是经验[泰勒(Ralph W. Tyler),1902—? 美国教育家,现代课程理论之父](邱开金,2017),是教学科目(引自《辞海》和《现代汉语词典》),是学科(引自百度百科)。从古今中外的教育大家和权威书刊对课程的定义和解读可见,**课程有五个方面的要素:教师、学生、教材、教规、教技教艺,前三者为有形要素,后两者为无形要素,共同构成教书育人和立德树人不可或缺的有机整体和学校育人的主要抓手**。课程类型的设置、内容的遴选与安排、实施主体与方式、组织与评价,是国家意志、社会需求、历史文化、学校育人目标和教学主体追求的体现,是培养什么人、为谁培养人、怎样培养人的关键抓手。因此,谁来教、教什么、怎么教,并非只是学校和教师说了算,国家意志、社会需求、历史文化必然在其中发挥导向和牵引作用(龚一鸣,2019)。

思政是思想教育、道德教育和政治教育的简称,三者密切相关,同属上层建筑和意识形态,但又不能等同。思想教育和道德教育侧重于人的观念、追求和道德修养,政治教育侧重于人的信仰、立场和政治素养,三者的基础是人格教育和人格养成。通常将思想教育、道德教育和政治教育当作一个整体,即思想政治教育。从教育的作用和功能来看,一切课程都蕴含思政元素,即课程的价值体系。

如前所述,课程思政的要义是强调道德教育的"四性",道德可分为四个层次:法德、小德、中德、大德。法德,是道德的底线或最低层次的道德,包括法纪和规章制度,如不能损人利己,不能破坏环境等,否则就会受到法德的惩罚;小德,就是公民道德,包括"三心",即恻隐之心(人要有同情心,不能见死不救等)、报恩之心(感恩父母、老师、学校、社会、国家和贵人等)和敬畏之心(敬畏自然、生命、法律、真理等);中德,就是职业道德,包括爱岗敬业、与人为善和仁、义、礼、智、信等;大德,就是政治道德,包括政治信念、公平和正义观、民主和法制观、人权和民生观等(徐显明,2008)。

思政课程是学校实施思想、道德和政治教育课程的统称。目前高校的思政课程主要包括:"马克思主义基本原理概论""毛泽东思想和中国特色社会主义理论体系概论""中国近现代史纲要""思想道德修养与法律基础""形势与政策"。思政课程对学生健康三观(世界观、价值观和人生观)的形成起着指向和导向作用。

需要指出的是,无论是思政课程还是课程思政,德育教育都可涉及道德的四个层次,但思政课程更应侧重政治道德(大德)的德育,课程思政应侧重法德、小德和中德及其与大德的结合和具象化,使思政课程与课程思政既有分工,也有融合,使德育既有广度上的全覆盖,也有各个层次上的侧重。

3.4.1 课程思政的要义

课程思政作为课程和思政的综合体,其要义必然具有课程和思政的固有特质,在国家、学校和教师三个层次上的要义可概括为"三新"和"五要"。"三新"包括:课程思政是一项新的工作体系,是一项新的教学体系,是一项新的内容体系。

课程思政是一项新的工作体系,其"新"主要体现在它是三全(全员、全过程、全方位)育人的关键抓手,涉及学校和教师工作的方方面面,包括领导决策、员工岗位要求、政策制定、资源配置、工作方案、分工协作和教学教辅等。课程思政是一项新的教学体系,其"新"主要体现在教学改革的方向和内涵上,教书是教学改革的手段,育人才是教学改革的目的,在回答为谁培养人、培养什么人、怎样培养人这一系列教育的根本问题上,课程思政为其指明了方向。课程思政是一项新的内容体系,其"新"主要体现在教学内容上,教学内容不应是一维的(知识维),而应是四维的(知识、能力、智慧和人格),即要实现知识传授、能力培养、智慧启迪和人格养成的统一。

课程思政要义的"五要"包括:课程思政的目标、追求、关系、方式和精髓。课程思政的目标就是要在课程教授中践行立德树人、以德为先、德才兼备的育人理念;课程思政的追求就是要实现教书与育人的统一、知识传授与价值引领的统一、传道与授业解惑的统一;课程与思政的关系如同汤与盐的关系、画龙与点睛的关系,煲好汤、画好龙(课程的知识体系)是基础,加好盐、点好睛(课程的价值体系/思政/道)是关键,皮(课程)之不存,毛(思政)将焉附,德育是智体美劳育之魂,智体美劳育是德育之基;课程思政的方式是隐性、熏陶、浸染,"随风潜入夜,润物细无声",强调潜移默化和润物无声;课程思政的精髓是价值引领(1.0版)、精神培育(2.0版)和人格塑造(3.0版)。

3.4.2 课程思政的缘由

1. 课程思政是新中国高等教育发展和实现人才强国战略的应然

新中国高等教育的发展历程可以粗略地划分为四个阶段：学苏联阶段、"文革"阶段、学西方阶段和自立自强阶段。

（1）学苏联阶段（1949—1965年）。以学苏联、学以致用、人与才并重为特色。国家通过对高校的院系调整，组建了一批单科性、行业特色鲜明的大学，如当时在北京西郊学院路上的八大学院［北京地质、航空、钢铁、石油、矿业、医、林、农业机械化学院，现已发展为中国地质大学、北京航空航天大学、北京科技大学、中国石油大学、中国矿业大学、北京大学医学部（原北京医科大学）、北京林业大学、中国农业大学］，从1950年提出组建到1952年开始招生，仅用了两年的时间，以满足建国初期各行各业对专门人才的需求。中华人民共和国建立初期，面对西方的封锁，全体国民和整个社会像打足了气的皮球，崇尚国家兴亡匹夫有责的家国情怀，到祖国最需要的地方去，到最艰苦的地方去，这不仅仅是口号，更是广大有志青年的实际行动。

（2）"文革"阶段（1966—1976年）。在知识界，以停课闹革命、知识无用论、人与才严重扭曲为特色。交白卷也能上大学，宁要社会主义的草，不要资本主义的苗，使新中国的教育，特别是高等教育面临崩溃的边缘。

（3）改革开放阶段（1977—2018年）。以恢复高考、改革开放和学西方为特色。改革开放前的新中国面临的各方压力和困难，使我国的教育事业濒临崩溃的边缘。以邓小平为代表的国家领导层和有识之士深切地感受到，国家振兴必须先振兴教育和进行教育改革。我国通过恢复高考和改革开放，实施"211工程"（1993—2017年）、"985工程"（1998—2017年）、高校扩招（1999年）、质量工程（2007年以来）、协同创新（2011年以来）和"双一流"建设（2017年以来）等一系列体现国家意志的举措，使中国高等教育的规模、实力和水平与世界发达国家的距离逐渐缩小,高等教育的毛入学率从1978年的1.6%、1988年的3.7%、1998年的9.8%、2007年的23.0%到2018年的48.1%再到2019的51.6%,实现了我国高等教育从精英教育(2002年以前)到大众教育(2002—2018年)再到普及教育(2019年—)的跨越。美国的高等教育从1941年进入大众化阶段到1971年实现普及化,用时30年;英国、法国和德国实现高等教育普及化用时25~27年。我国从2002年进入高等教育大众化阶段到2019年实现高等教育普及化,用时17年,普及化进程比西方主要发达国家平均快10年(邬大光,2023)。

在改革开放阶段,我国高等教育的成就令人刮目相看,问题也使人忧心忡忡。急功近利、浮躁短视、学术不端、重才轻人,思想政治教育孤岛化、空心化、泛化和弱化现象严重,会教书的不思育人、想育人的不会教书,专业教师只埋头做一个"对很少的东西知道很多、对很多的东西知道很少"的"专家"(许涛,2019)。这些高等教育成就的取得和问题的产生就是课程思政提出的时代背景,是新中国高等教育历史发展的应然。

(4)自立自强阶段(2019年—)。以课程思政认识的深化、推广、实施和我国高等教育从大众化教育(18~22岁青年的毛入学率在15%~50%)发展到普及化教育(18~22岁青年的毛入学率大于50%)为特色。全国高校思想政治工作会议(2016-12-07~08)是课程思政的新起点,《关于加强和改进新形势下高校思想政治工作的意见》(2017-02-27,中共中央、国务院印发)和习近平总书记在北京大学师生座谈会上的讲话(2018-05-02)是课程思政的进一步深化,全国教育大会(2018-09-10~11)和习近平总书记在学校思想政治理论课教师座谈会上的讲话(2019-03-18)标志着课程思政的成型。《教育部关于印发〈高等学校课程思政建设指导纲要〉的通知》(2020-05-28)是高校课程思政广泛实施的开始。目前,围绕课程思政,教育部、教育部各专业教学指导委员会和各高校都制定了下一阶段课程思政的短期和中长期实施方案。

中华民族的伟大复兴经历了从站起来（1949—1978年）、富起来（1978—2012年）到强起来（2012年—）的跨越。站起来靠的是中国人抛头颅、洒热血和前赴后继，富起来靠的是14亿多中华儿女接续奋斗、脱贫攻坚和吃苦耐劳的实干精神，强起来要靠智慧和创新驱动，智慧和创新驱动的核心要素是人。什么样的人能担当起实现中华民族伟大复兴强起来的重任，答案只有一个，那就是德才兼备、以德为先、拥护中国共产党和中国特色社会主义制度之人，即德者；就是具备人文精神、人格修养、人生追求，有仁爱之心之人，即仁者；就是基础厚实、专业精深和创新能力强之人，即才者。即兼具德、仁、才之人。"才者，德之资；德者，才之帅；君子挟才以为善，小人挟才以为恶"。这里的"德"就是习近平总书记2019年3月18日在学校思政课教师座谈会上提出的"六要"：政治要强、情怀要深、思维要新、视野要广、自律要严、人格要正。**只管教书不思育人的课程与只想育人不会教书的课程都不可能培养出德才兼备的社会主义建设者和接班人**。所以，课程思政势在必行。

2. 课程思政是新中国高等教育现状的实然

我国高校目前的现状是"四个80%"：80%的高校教师是专业课教师，80%的高校课程是专业课程，大学生80%的时间精力投向专业课程，80%的大学生认为"三观"的影响因素中排第一位的是专业课教师和专业课程。加之目前思政课程在不同高校不同程度地存在孤岛化、空心化、弱化和泛化现象，因此，"课程思政和专业思政"在经历了40多年"改革开放阶段"和重才轻人的中国高等教育之后就显得更加重要和迫切。

2014年以来，特别是2016年以来，加强高校学生思想政治教育和课程思政已经提升为高等教育教学改革的国家战略，大学和大学教师有责任响应国家号召，从自己主讲的课程和专业角度，在课程思政上，"守好一段渠、种好责任田"，与思政课程一道形成立德树人的协同效应。

3. 课程思政是古今中外教育发展的必然

如前所述,大德育是古今中外都非常重视的育人抓手和途径。欧洲、美国、日本、韩国等国家和地区的大学的德育内容主要渗透在人文和社会学科课程中,自然科学类课程也要求学生从历史、社会、伦理等角度学习和研读每门课程,思考与课程相关的社会和伦理道德问题,从而发挥课程的育人功能,激发学生的家国情怀,实现德育的目标。

被誉为世界教育始祖的孔子倡导的教育内容包括"文、行、忠、信"(子以四教),指教育一个人要从文(诗书礼乐)、行(孝悌、谨信、爱众、亲仁等的统称)、忠(忠诚守诺)、信(思想信念)四个方面去实施。"文"是智育,是外在的;"行、忠、信"是德育,是修行,是内在的。孔子认为,"行有余力,则以学文",强调道德居于首位。被誉为西方孔子的苏格拉底提出"美德即知识",认为道德可以通过各种知识学习获得。我国近代著名教育家陶行知先生的教育名言,"千教万教,教人求真,千学万学,学做真人",也指出所有教育者都应关注受教育者德行的发展。被誉为现代教育学之父的德国教育家赫尔巴特提出:"我不承认有任何无德育的知识教育""德育是不能与整个教育分离开来的,而是与其他教育必然地、广泛地、深远地联系在一起的"。赫尔巴特的真知灼见也深刻地阐明了知识教育(科学文化教育)与道德教育的密切联系,赋予了知识教育的德育内涵。

3.4.3 课程思政的方略

课程思政的基础在课程,灵魂在思政,关键在教师,重心在院系,收效在学生,成败在政策。 课程思政需要思想、行动和政策三方的合力推进,缺一不可!思想上清晰坚定是前提,明晰什么是课程思政和为什么要开展课程思政;行动上投入高效是根本,知晓课程思政要干什么、如何干;政策上激励支持是保障。下面将侧重从专业课教师的角度,围绕课程思政要干什么、如何干和要注意的问题谈谈笔者的看法。

1. 课程思政如何干

对专业课教师而言,课程思政要干什么、如何干的技术路线可分解为五步:①思政元素分类与挖掘;②思政元素进教学大纲;③思政元素进教学设计;④思政元素进课堂;⑤课程思政回头看。课程思政的终极追求是对学生正确世界观、价值观和人生观的引领,是回答培养什么人、怎样培养人、为谁培养人的战术举措,其重要性不言而喻。

(1)思政元素分类与挖掘。课程思政中的思政元素,是指能滋养学生健康成长的德育元素或正能量。课程思政中的思政元素具有多样性、广泛性、渗透性和个性等特点,无论在数量上还是在存在和表现形式上都比思政课中包含的思政元素更丰富多彩。尽管不同类型课程的思政元素的类型和特质不尽相同,但各级各类课程中的思政元素可以区分为思政素养、科学素养、文化素养三大类和若干小类(表3-5)。二十四字的社会主义核心价值观是各级各类课程思政元素的精髓所在,它不仅具有鲜明的中国特色,也充分吸收了全人类的优秀价值理念,揭示了人类社会的普遍价值追求,具有世界意义。不仅如此,二十四字的社会主义核心价值观具有鲜明的层次性(国家、社会、个人)、覆盖性(信仰、思想、行动)和渗透性(取向、目标、言行)。自然科学类和哲学社会科学类的专业课和专业基础课都要从思政素养、科学素养、文化素养的结合上,根据课程和学情特点,从课程的顶层设计到具体实施的过程中,恰到好处地挖掘、提炼和梳理思政元素。在专业课和专业基础课中挖掘思政元素时首先要知晓思政元素藏匿在课程的何处。从以学生为中心和教师主导这两个方面来看,课程中的思政元素藏匿在"三者"之中:器者、道者和师者。

表3-5 思政元素分类及其特征

思政元素大类	思政元素小类		特征
思政素养	国家	富强、民主、文明、和谐	价值目标
	社会	自由、平等、公正、法治	价值取向
	个人	爱国、敬业、诚信、友善	价值准则
科学素养	精神	质疑、批判、创新、求真	科学本质
	态度	诚信、务实、严谨、专注	科学作风
	行为	主动、进取、争先、坚毅	科学准则
文化素养	鉴赏	自信、包容、尊重、辩证	文化取向
	传承	守正、创新、特色、普世	文化准则
	交流	平等、真诚、互鉴、多元	文化行为

(a) 器者，即课程的知识体系，包括课程中的概念、定律、原理、公式和案例等，这些都是有形的，属于形而下者。让学生接受、理解、掌握、融会贯通、批判性反思和整合性评判课程中器者的关键有两点："有意思"和"有理"。"有意思"是指教师在教授课程和课程器者的过程中，洋溢着或流露出感兴趣和"有意思"的情感；"有理"是指教师能深入浅出地说清楚器者其然和其所以然，能将器者中蕴藏的科学道理娓娓道来，用情感和理性使学生共情，用思路和逻辑使学生折服，用情景和问题使学生同频共振。教授好课程中的器者，既需要教师有深厚的学养和教艺，也需要教师在传授知识和训练能力的同时，注重对学生科学精神、科学态度和科学作风的培养和熏陶，用专业课和专业基础课中先哲探求真知、追求真理的艰难曲折过程感染和感化学生，培养学生缜密、严谨、求是的科学态度，"不唯上、不唯书、只唯实"(陈云)的科学精神，敢想、敢干、善做、

善成的科学行为。

(b)道者,即课程的价值体系,是课程的知识体系蕴含的思想、观念和精神,这些都是无形的,属于形而上者。课程中的道者需要教师在传授知识的同时,注重对隐藏在知识背后的世界观、价值观和人生观的揭示和提炼,用经典、自己亲力亲为和学生喜闻乐见的案例感染学生,实现知识传授、能力培养、价值引领和人格塑造的统一。"万物得其本者生,百事得其道者成"(西汉刘向的《说苑》)。

(c)师者,即课程的施教者,是课程思政的源泉和发动机,也是器者和道者中所包含的思政素养、科学素养、文化素养浸染和熏陶学生最直接、最鲜活、最具感召力和震撼力的要素。师者既有形,也无形,如师者的衣着、形象、气质、德行、学养等是有形的,师者的"三观"(世界观、人生观和价值观)和"三人"(培养什么人、怎样培养人、为谁培养人)是无形的。师者身上蕴藏的思政元素或正能量的多少、高低、类型直接决定课程思政的有无、效果和取向。因此,"要先做学生,然后再当先生""教育者要先受教育"等名言清楚地诠释了为师之道和课程思政之道。

(2)思政元素进教学大纲。课程的教学大纲是课程的目标定位、内容取舍、知识点分割、重点凝练、难点聚焦、学时分配、课程进行方式和进程的顶层设计,针对课程内容特色和授课对象特点,在教学大纲中,要充分体现本课程思政元素的特色。

课程的教学大纲通常由七个部分组成,以"地史学"为例:①课程基本信息(包括课程名称、授课对象、总学时/学分、授课语种、使用教材和主要教学参考资料等);②课程内容简介;③课程的地位、作用和教学目标(包括教学理念);④与本课程相关的其他课程;⑤教学基本要求;⑥考核方式与评价结构比例;⑦教学进度与内容安排。教学大纲的第③和第⑤部分是最容易、最需要体现本课程思政元素特色的部分。需要指出的是,思政元素的挖掘和提炼不是无中生有、不是画蛇添足、更不是花拳绣腿,而是增强教学效果、提升课程魅力和品味的催化剂,它源于课程的器者但又高于课程的器者。在教学大纲中,恰到好处地体现思政元素特色,能使教书与育人、树木与森林、细节与格局、精雕细刻与"诗和远方"更好地融合,从而提升课程的魅力和感染力。下面以"地史学"教学大纲的第③部分(课程的地位、作用和教学目标)为例,阐述如何在教学大纲中挖掘、提炼和体现课程思政元素的特色。

"地史学"是研究地球及其生物的形成和演化的地质学分支学科。"地史学"以生物与环境的相互作用为主线,从地球系统科学的角度,全面解读地球的生物进化史、沉积发展史和构造演化史("三史")及"三史"的耦合关系。全球性有机界和无机界重大事件及其环境和资源效应是"地史学"关注的焦点。"地史学"是一门内容丰富、涉及广泛和高度综合的地质学基础课程。通过对"地史学"的教,引导和促进学生对"地史学"及其他课程的学,使"地史学"的教与学成为学生学习和成长过程中的正向导航仪和加油接力棒。通过对"地史学"的学,要求学生掌握"地史学"的基本知识、基本技能和基础理论("三基");知晓深时和当代生物多样性、气候和海平面变化、中国和世界海陆分布格局的由来和演变;培养学生质疑、批判、严谨、求真的科学文化素养以及热爱祖国、献身科学的家国和人类情怀,养成珍惜生命、保护环境、保护地球的良好素养,助力学生地球系统科学观与正确世界观、人生观和价值观的形成。

(3)思政元素进教学设计。*教学设计是指教师根据教育教学规律、课程目标和学情,对参与教学过程的诸多要素进行分析和研判,制定教学课程的实施方案。教学设计的本质是教学学术*(scholarship of teaching)*研究,既要注重教师的教,更要针对学生的学。教学设计需要回答四个问题:为何教(学)、教(学)什么、如何教(学)、教(学)得怎样*(表3-6)。

表3-6 "地史学"教学设计一览表（48h+16H）

教什么 （学什么）		怎么教 （怎么学）	为何教 （为何学）	教得怎样 （学得怎样）
绪论 2h	如何学"地史学"	2h=2K+8A	了解课程概貌 知晓教学方法 明晰课程价值	课设Ⅰ（"地史学"课程学习设计Ⅰ）
	为何学"地史学"			
	什么是"地史学"			
总论 22h	历史大地构造学	6h=4K+2S+6A	掌握解读地球史的钥匙，培养严谨求实的科学态度和批判性思维能力	互动与反思、作业与点评
	古地理学	8h=5K+3S+12A		
	地层学	8h=5K+3S+8A		
分论 22h	新生代	6h=4K+2S+6A	解锁地球的生物史、沉积史和构造史；培养提出、分析和解决问题的能力，厚植家国和人类情怀	互动与反思、作业与点评
	中生代			
	晚古生代	6h=3K+3S+8A		
	早古生代	6h=3K+3S+8A		
	前寒武纪	4h=3K+1S+4A		
结语 2h	特征与规律	2h=0.5K+1.5S+10A	训练和提升批判性思维能力、集成创新能力	课设Ⅱ 互动、反思、自律、他律
	问题与展望			
∑48h		∑48h=29.5K+18.5S+70A		

注：K代表孔子型课堂教学，知识驱动、教师主动、学生能动；S代表苏格拉底型课堂教学，问题驱动、学生主动、师生互动；A代表自主型学习，目标兴趣驱动、自主自觉行动、课内课外联动。K、S前的数字为计划学时；A前的数字为非计划学时，包括素质拓展学时；h代表计划学时；H代表素质拓展学时。对教学而言，教学设计是通过深加工，将教学内容和方法转化为落实教学理念、融通教学内容和方法的思路与逻辑；教材是教学内容和方法的基础；教案是教学过程和细节呈现的脚本；教学课件（PPT）是教学的具象呈现；教授则是教学设计、教材、教案和教学课件的整合性和个性化表达。

思政元素进教学设计主要涉及八个环节：①教学内容及其重点和难点的取舍、衔接和配置；②知识点的分割、关联与知识图谱；③知识结构的铺垫与构建；④课程和章节层次的重点、难点、疑点的梳理、分辨与提炼；

⑤讲义(教案)、幻灯片和板书的构思、设计和具体制作;⑥教具的准备和选配;⑦课程、章节、知识点教学方式(K型、S型、A型)的选择;⑧学情的研判。思政元素在融入教学设计的过程中,要与教学大纲中挖掘和提炼出的思政元素形成呼应关系,细化于教学过程中。

(4) 思政元素进课堂。思政元素能否进得去课堂,取决于三个要素:**教师、课程和教授。德才兼备的"四有好老师"(演员)是关键,守正创新的课程内涵(剧本)是基础,情真意切的课堂教授技艺(演艺)是保证。**德才兼备的好老师就是要有理想信念、有道德情操、有扎实学识、有仁爱之心。使课程守正创新的秘籍就是,要从思的逻辑、看的角度、达的方式和讲的内涵上下功夫,使课程的内容、教授的方法和技艺在传承中创新、在创新中守正、在守正中强特色。所谓情真意切,就是教师的教授有激情、聆听有真情、互动有温情、教具有深情。具备上述三要素的课堂,其呈现形式一定是静而不死(听觉上鸦雀无声,师生脑海里风起云涌)或活而不乱(互动中七嘴八舌,师生思想上宁静致远),在这种课堂上,教师是线,学生是风筝。只有这类课堂,思政元素才进得去、进得深,才能入耳、入心、入行(图3-12)。

(5) 课程思政回头看。涉及回头看什么和何时回头看。回头看什么,主要包括"五度"(五个反思和核查方面):挖掘的思政元素及其类别与课程内容的契合度,思政元素进教学大纲的融合度,思政元素进教学设计的匹配度,思政元素进课堂的达成度和师生的满意度。**课程思政回头看应抓好四个时间节点(四课时间):开课前(一周内)、上课前(一小时内)、下课后(一小时内)和结课后(一周内)。**

需要指出的是,课程思政并非仅限于课堂上,课堂外的现实和虚拟空间也是课程思政不应忽视的场所。如果说课程思政的第1~5步是"大锅饭"的话,现实和虚拟空间的集体或个别答疑、与学生的交流互动就是课程思政针对个别问题和学生个体的"小灶"。

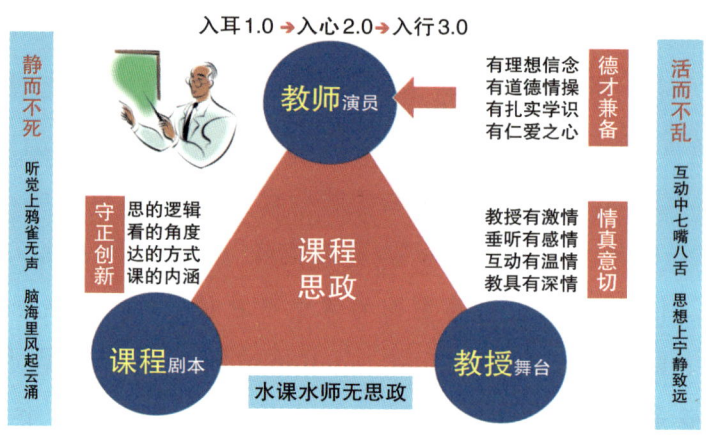

图 3-12 思政元素进课堂的三要素（教师、课程和教授）及其内涵

2. 课程思政的雷区

课程思政的雷区是指容易对课程思政误读、误判和误操作的思想和行动。课程思政易踩的雷区主要有四种：

（1）课程思政是专业课的画蛇添足。一部分专业课教师认为，课程思政就是在45分钟或90分钟的专业课时间内，拿出5～15分钟的整块时间，生硬地大讲思政课的内容。这不是课程思政，而是专业课的画蛇添足。这种做法不仅达不到课程思政的效果，反而会引起学生对课程思政的反感，浪费宝贵的专业课教学时间，降低专业课的质量。课程思政是对专业课的画龙点睛和入木三分，它将从课程的器者中挖掘出的思政元素、从师者身上散发出的人格魅力和学者风范与专业课的知识体系水乳交融，教师在润物无声中施教，学生在潜移默化中受教。

需要指出的是，在专业课时间内，拿出一部分时间（如5～10分钟），生硬地插入思政课内容的本质是，将思政教育或德性教育作为知识教育。

尽管思政教育或德性教育与知识教育有关,但它绝不能等同于知识教育。知识教育是显性的,好的知识教育,其效果具有立竿见影的特点,解决的是知识、技能和心智层面的问题;真正意义上的思政教育或德性教育是隐性的、潜移默化的,其效果是缓慢的、长期的,解决的是信仰、灵魂、德性层次的问题,十年树木、百年树人(图3-13)。

(2)课程思政是专业课的外包装/贴标签。误以为课程思政就是用思政词汇给专业课贴标签,将主要的时间、精力和金钱用在同质化的造势、口号化的宣传和套路化的操作上。课程思政是专业课育人的内生性需要,不是外嵌式强加内容。思政元素源于课程的知识体系,又高于、深于、宽于课程的知识体系,融入思政元素的课程知识体系能促进知识的传承和创新,并增强专业课的育人效果。课程思政需要专业课教师基于自己的教学理念、课程的目标和追求,从知识的深度与广度、授业与传道、教技与教艺、教师的学养与风范的结合上精雕细刻课程的知识体系,并挖掘蕴藏于其中的价值体系和思想内涵,用学生喜闻乐见的方式、形态和情景呈现给学生,功夫要体现在战术、技术和艺术的操作层面上,而不仅仅是宏观的战略层面上。

(3)课程思政与我无关。误认为课程思政只是专业课教师的事,与非专业课教师和非教师无关。课程思政是学校全员全过程全方位要做的事。课程思政不仅是一项新的教学体系和内容体系,更是一项新的工作体系,涉及学校和教职工工作的方方面面,"兵马未到,粮草先行"。

(4)课程思政是一阵子的政治运动。课程思政既不是政治口号,更不是一阵子的政治运动,也不是敲锣打鼓的百米冲刺,而是恒久的、细腻的、润物无声的"慢工细活"。课程思政的起点与课程同步,过程与课程伴随,效果具有滞后性和长期性。

课程思政是顶天立地的立德树人工程,是教书育人和传道、授业、解惑的升级版,教书只是教育目标的冰山一角(图3-13)。三个砌墙工人

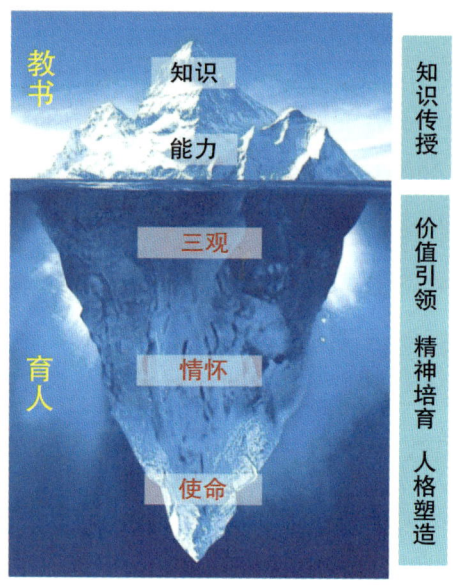

图3-13 课程思政的冰山模型

故事[1]告诉我们,影响人成长、成才、成器、成大器的要素不仅是知识和能力,人的心态、"三观"、情怀、格局、责任感和使命感常常能发挥决定性作用。

3. 政策的激励与支持

课程思政是教育教学改革的一项系统工程、龙头工程和长线工程。课程思政涉及学校和教师工作的方方面面,抓好了、抓实了、抓细了对教育教学改革、课程与课堂教学改革具有带动作用。课程思政的本质属性(价值引领、精神培育和人格塑造)决定了它不可能具有立竿见影的显性

---

[1] 一位路过建筑工地的路人问道:"你们这是在做什么?"张三答道:"你没看见,我们在砌墙。"李四答道:"我们在盖一幢高楼。"王五答道:"我们正在建一座美丽的新城。"若干年后,张三仍在砌墙,李四已成长为高级工程师,王五已当上了这座新城的市长。

效果，但它是人才培养的"基因"工程，也是回答培养什么人、怎样培养人和为谁培养人的战术抓手。

课程思政实施过程的虚与实、举措的软与硬、效果的好与坏，关键在教育行政管理部门和学校，也就是决策者是否真愿意对课程思政真抓实干，是否真愿意将时间、精力和金钱投向课程思政这一短期内很难立竿见影的百年树人工程。

课程思政的重点、难点、痛点在于专业课教师。在课程思政过程中，专业课教师既要当好自己的教练员（要教会自己由无意识到有意识，由不会到会），也要自己当好运动员（时间、精力甚至金钱的投入，踏石留印、抓铁有痕地实干）和裁判员（不断地反思和总结自己在课程思政中的成功经验和失败教训）。**长期以来，高校教师，特别是专业课教师习惯了只埋头做一个"对很少的东西知道很多、对很多的东西知道很少"的专家**，而课程思政需要专业课教师在自己熟悉的专业基础上，跨专业、跨学科、跨领域甚至跨界思维，在自然科学类或哲学社会科学类课程之基上结出思政、科学和文化素养之果，其时间、精力投入可想而知，但其成效往往是隐性的、滞后的、不可能立竿见影的，也很难纳入目前的绩效评估考核体系。

同时高校的专业课教师，还承载着本专业、学科和领域内繁重的科技创新和社会服务的职能。在当前高校对教师的评价指标重论文、重项目、重显性成果和重立竿见影的大背景下，如何让一线教师在思想上重视课程思政，在行动上积极主动地投入课程思政是不容回避的现实问题。因此，教育行政管理部门和学校在给专业课教师增压的同时，急需从政策上对专业课教师的课程思政给予应有的激励和实实在在的支持，具体建议如下。

其一，从长计议，多方联动。从长远谋划、长线工程、长期效果的"三长"角度，做好国家、学校、学科专业和教师课程思政的顶层设计，从政策制定、组织构架、资源配置、支撑体系的结合上，为不同层级的课程思政工作保驾护航。

其二，选树典型，以点带面。在国家、学校和学院层面上选择有代表性的国家级、省级或校级精品课程，作为课程思政的试点课程，在总结经验和发现问题的基础上，再逐步向其他课程推广，在创新中守正，在守正中创新。

其三，项目运作，政策支持。在广泛动员、教师个人申报或指派的基础上，择优遴选。加大对课程思政项目的经费投入力度，优化课程思政项目课程教学工作量的计算方法，让主课教师的隐性工作量能得到充分的认可，扩大项目负责人和课程团队对项目经费使用的自主权。

其四，务实培训，加强指导。将课程思政纳入教师执教能力培训的全过程，定期或不定期召开执教能力和课程思政工作交流会，既重视自上而下相关政策的传导与落实，也重视自下而上问题与成绩的反馈，形成上下联动、同频共振的课程思政合力。

其五，痕迹管理，目标导向。在课程思政项目实施过程中，统筹兼顾教师、学生和师生互动层面工作的计划方案、实施举措、效果反馈的痕迹管理，量化项目的立项（30%）、实施（40%）和结题（30%）管理，加强过程管理，并与项目经费拨款及后续的滚动和稳定支持挂钩。

其六，评价激励，畅通渠道。将课程思政纳入教师岗位和人才评聘体系，制定单项评聘标准，奖优罚劣，对课程思政工作扎实、效果好、影响大的专业课程教师和团队给予激励和奖赏。

3.5 教学评价与教学改革

教学评价和教学改革是学校永恒的话题，是护卫学校和教书育人行稳致远的双翼。教学评价是对政府、学校和教师教书育人政策、措施、水平、成效及其实施过程和效果优劣的反馈，没有科学的教学评价就不可能有科学的教育教学政策制定、实施，以及适切学生成长和发展的教书育人效果。教学改革是促进学校和教师教书育人、守正创新和与时俱进的助推器，没有教学改革的学校、没有教学改革的教书育人就会是一潭死水，也就无法满足国家和社会对人才培养的需求，难以引导学校、教师和学生前进和发展的方向。

3.5.1 教学评价

教学评价是指依据教学目标和课程定位，对教学过程及结果进行价值判断。其目的是为提高教学质量、优化教学过程、完善教学管理提供科学依据。根据被评价对象和侧重点的不同，教学评价可分为评教（评价教师）、评学（评价学生）和评管（综合评价/教学评估）。下面主要聚焦评教这一世界性难题。笔者认为，评教是世界性难题的原因在于如下两个方面。

其一，评价指标与评价目的难契合。评教的终极目标是分辨教书育人效果的好坏，教学质量、教学过程和教学管理都是为育人这一目标的高线服务的，而育人效果既与教学主体量的投入有关，如承担的教学工作量的多少、承担教学研究项目的数量、发表的教学研究论文的数量等，更与教学主体质的高低和投入有关，如教师的教学理念或教学人格、情怀、格局、责任感、使命感、爱岗敬业的精神和能力，对学生的态度（如爱生如己或视差生为麻烦，因材施教或一刀切，循循善诱或简单粗暴等），对教学内容钻研的深度和广度及其采用的教学方法、技术、艺术的匹配度等。这些方面难以用量化指标衡量，但这些方面与育人效果好坏的相关性、直达性、持久性更密切。

其二，量性和质性评价指标与评价目的之间的关系并非线性和确定性关系。如教学工作量是评教的主要量化指标之一，显然，对育人和教师个体而言，并非越多越好，也并非越少越好。对于不同年龄和职称层次的教师、不同课程类型的教师,在划定教学工作量的高、中、低线时,需要因时因地因人制宜,不能简单地一刀切。对具有不同爱岗敬业态度和师德风范的教师而言,同样都是32学时的教学工作量,其时间、精力和情感等的投入是不同的,甚至存在天壤之别,无法用教学工作量的多少来区分、描述,而这些不同恰恰是影响育人效果的关键因素。

在教学评价中,评教主体和方式涉及两个方面,谁来评和怎么评。目前评教主体主要有四类:学生、同行、管理者和教师自己。评教方式主要有三类:定量评价,即对教师以百分制、五分制或十分制进行打分;定性评价,用优、良、中、差或A、B、C、D进行等级划分;综合评价,既包括定量评价,也包括定性评价。

1. 学生评教

学生评教是指修学某课程的全体学生,依据自己在课程学习全过程中,对授课教师在教学态度与教学水平、教学内容与教学方法、教材与教具、教规与教纪等方面的满意度进行定量、定性或综合评价。由于学生是教学过程的全程参与者、见证者和利益攸关方,所以,学生评教在客观上具有其他评教主体难以比拟的优点,如全面性、全程性和目标性。学生评教方式通常是指结课后、课程成绩网上正式公布前,全体修课学生逐一地、背对背地在学校的网上教学管理系统中对教师进行百分制(分为(100~90分、89~75分、74~60分、<60分四个分数段)的定量评价,或优、良、中、差式的定性-半定量评价。由于学生评教合情合理、形式公平、过程公正、操作简单易行,不少学校直接将学生评教结果应用于对教师的激励和奖惩,如将评教结果作为教师职称申报和晋升的必备或限制性条件等。

需要指出的是,目前,高校广泛使用的学生评教方式,其实质是学生对教师教学的满意度评价,这种满意度评价对促进一部分大学教师认真教书、潜心育人,对学校的教学管理优化有一定的积极作用,但与高等教育目标(让学生在毕业时比入校时更优秀)的实现度和"以学生为中心"教育教学理念的达成度并非呈线性的正相关关系。"以学生为中心"的教育教学理念,是指将学生而非教师作为教学活动的核心,有利于使学生从被动的知识接受者变为主动的知识发现者和构建者,并具备终生学习能力和独立解决问题的能力。"以学生为中心"的教育教学理念兴起于19—20世纪的建构主义学习理论(其核心要义是,认知和学习是一种以主体已有的知识和经验为基础的主动建构过程),其先驱人物包括约翰·杜威和让·皮亚杰(Jean Piaget,1896—1980年,瑞士儿童心理学家)等西方学者。该理论从提出至今已经得到广泛的认可和接受。

2022年4月28日,英国《泰晤士高等教育》杂志官网刊发了新加坡国立大学心理学系高级讲师妮娜·鲍威尔(Nina Powell)和瑞贝卡·瓦尼克(Rebekah Wanic)的文章《"以学生为中心教育"是一种不友善哲学》。两位学者认为,"以学生为中心"教育理念虽然初衷是好的,但实践中常演变为,学生的满意度被置于高等教育目标之上,这将使学生无法获得高等教育本应提供的丰富学习经历,实际上对学生并不"友好"。用学生的满意度评教的问题不仅如此,还存在理念落后(表面上以学生为中心,实质上以教师为中心)、主体失调(学生的话语权有限和受限)、指标不实(对不同类型和性质的课程,采用一刀切的评价指标)、反馈不到位(评教者和被评者得不到有针对性的具体反馈和改进支持)、管理粗放(将激励和奖惩简单地建立在颇受争议的满意度之上)等问题,使关注度高、美誉度低的学生评教陷入了一种"教师排斥、学生漠视、管理者无奈"的尴尬境地,成了弃之可惜、用之恼人的鸡肋。

笔者认为,学生评教在操作层面上对"6+2问题"缺少认真研究、区别对待和分类处理是问题产生的症结所在。**学生评教的"6+2问题"是指:人数差异,对象差异,课程差异,学风班风差异,教风差异,性格－形象－气**

质差异;资质问题和满意度问题。

(1)人数差异。同一位教师,教授小型班(<30人)的专业基础课和专业课的评教结果通常优于教授大型班(>50人)的同类课程。

(2)对象差异。同一位教师,教授本学院(系)的课程的评教结果通常优于教授非本学院(系)的同一课程;教授低年级课程的评教结果通常优于教授高年级课程。

(3)学风班风差异。学风好的学生和班风好的班级,能较客观、理性、认真地评价授课教师的态度、能力、水平和授课效果,学风不够好的学生和班风不够好的班级,评教的主观性和随意性大,学生甚至通过评教,报复对自己不良学习习惯和行为进行过惩戒的好老师。

(4)课程差异。同一位教师,教授专业基础课和专业课的评教结果通常优于教授公共基础课和公共课;教授必修课的评教结果通常优于教授选修课和辅修课;教授低学时课程的评教结果通常优于教授高学时课程;教授低难度系数课程的评教结果通常优于教授高难度系数的课程等。

(5)教风差异。就同一门课程而言,对课程和对学生要求宽松的教师,学生的评教结果通常优于对课程和对学生高标准、严要求的教师。讨好型人格(一味地讨好他人而忽视自己感受的人格)的教师,在学生评教过程中也能收到较好的效果,即教师为了得到选课学生好的评价,在教学内容、教学方法和课程的评价方式上,不是出于课程的目标定位和学生成长的需要,而是没有原则、没有底线地迎合学生、讨好学生,如降低课程难度和考试难度,放任学生在学习过程中的一些不良习惯,如教师轻视甚至无视学生的迟到、早退、逃课、上课玩手机、上课睡觉、在课堂上做与课程无关的事等行为,漠视学生作业的完成情况,漠视学生课前预习和课后复习的完成情况,漠视考试、测验、作业中的作弊现象等,甚至依据学生的喜好给予学生课程成绩的评定等。

(6)性格-形象-气质差异。对于教学态度和执教能力大体相当的教师,外向型性格、亲和力强、形象气质佳的教师,学生的评教结果通常优于内向型性格、亲和力弱、形象气质欠佳的教师。

(7)资质问题。如上文所述,尽管评教学生有其他评教主体无法比拟的优点,但学生毕竟是"后学",对教学的价值判断通常是幼稚、粗浅、感性的,还不完全具备评判大学教学课程优劣的素养和能力,也很难分辨教师带给他们收获的价值高低,更难判断出真正的卓越教师与学生喜欢的教师的本质区别。学生也并不明白,自己喜欢的教师并不一定是真正有价值的教师,也不一定能够带领自己进入学术殿堂,更不一定能够真正有助于自己的成长和发展。涉世较浅的大学生往往容易被表面的、形式的、非实质、非关键、非内涵的教学因素所吸引,不少对学生来说具有重要价值的课程和教师,往往不被学生认可和接受。例如,辛苦、枯燥、重复性的基本功训练,需要十分努力才能修得的、具有相当难度的课程,需要进行大量课外浏览和研读的课程,由很有学问但形象气质欠佳、不善言辞的教师教授的课程,教师严格要求的课程以及教师严厉训诫学生的课程等(李芒,2019)。

(8)满意度问题。学生评教结果的实质是学生对教师及其课程的满意度。由于上述问题的存在,无论是定量评价还是定性评价,学生对授课教师及其课程的满意度绝大多数大于90分或为优秀级,来自学生评教的满意度区分度很小,受到奖励与没有受到奖励甚至与受到惩戒教师的得分差别只是在小数点后一位、两位甚至三位,用这种均值很高、方差很小的满意度来评价和奖惩教师实在让人难以信服。

我们必须在学生评教过程中、在操作层面上对"6+2问题"予以认真研究,并通过权重和其他评教方式加以完善。否则,学生评教这一广泛使用的评教方式,就会由于"6+2问题"失灵,起不到评教应有的积极作用,甚至适得其反,给教育教学工作带来负面影响,甚至严重背离高等教育的目标和"以学生为中心"的教育教学理念。针对"6+2问题",弘扬质量文化、科学精神和严谨作风,优化校风、教风、学风和班风,站在学生的立场上和从学的角度分类制定和完善评教指标体系及其奖惩方案,不仅必要,而且必须。

2. 同行评教

同行评教是指由学校长期聘请或临时聘请的校内(为主)外(为辅)在岗或退休不久的资深教师,采取随堂听课(2~6次不等,45~90分钟/次)、部分学生访谈、学生作业批改抽查和备课教案抽查等形式,在教学态度与行为、教学理念与内容、教学方法与技能、辅导与答疑等方面针对授课教师进行综合评价。同行评教的优点是专业性、精准性和针对性更强。缺点是:一方面,难以达到对被评教对象的全过程、全时段和全方位的充分把握;另一方面,人情因素在一定程度上会左右评教结果的客观性和真实性。因为同行评教中的同行大多是被评对象的同事或朋友,甚至是老师或学生,低头不见抬头见,今天你评我,也许明天我会评你,所以会出现正面评价好说、负面评价难说,正面评价有理有据、言之凿凿,负面评价避重就轻、蜻蜓点水的现象。

3. 管理者评教

管理者评教是指由学校、学院、系(教研室)的主管领导及其相关人员对授课教师进行评价。评教方式以随堂听课、找学生和教师访谈的方式为主,除了针对授课教师在教学态度与行为、教学理念与内容、教学方法与技能、辅导与答疑等方面进行综合评价外,更侧重授课教师对学校和学院制定的各种教学规范和要求的执行情况进行调研和评判。管理者评教也可与同行评教合并进行,不过管理者评教会更宏观、更概括,更会从循规蹈矩的方面进行考量。

4. 自评

自评是指授课教师对所教授课程及其效果进行自我评价。人格正、教风学风好的教师,自评的可信度高。否则,其自评的可信度就难说。因此,在制度设计上,自评只能作为评教的参考,所占权重不宜过高。

综上所述,上述四种评教主体及其采取的评教方式各有其优缺点,综合考虑上述四种评教主体的结果并赋予不同权重,是应该推荐的综合评教方式。就评教主体的权重而言,学生评教权重应占主导(约70%)、同行评教次之(约20%)、管理者评教和自评更次之(约10%)。长期以来,评教之所以是世界性难题,就在于教师的教学过程是一项非常复杂的劳动,育人效果的长期性和复杂性,再加上学生个体、班级、院系、课程、授课教师等千差万别影响因素的叠加,短时间内(数周、数月、一学期或一学年)要对教师的教学过程及其取得的教学效果进行结论性的评价确实不易。

5. 何为金课

金课,也称一流课程或好课。目前,在一流课程"双万计划"[①]中,我国将金课的特点定义为"两性一度":高阶性、创新性和挑战度。笔者认为,金课的"含金量"可从三个维度和六项要素来衡量(表3-7),更为具象的表达是金课的立方体模型:上面与下面表示课程的价值理性与工具理性,前面与后面表示课程的传承与创新,左面与右面表示课程在知识结构构建中的连接性(图3-14)。

---

① "双万计划",是指教育部计划用三年(2019—2021年)左右的时间,建成10 000门左右国家级一流课程和10 000门左右省级一流课程。

表 3-7 金课的三个维度与六项要素

金课	高阶性	创新性	挑战度
教师	解惑→授业→传道；会教→教会→不教	理念新、内容新、方法新、结果新	要求高、投入大、标准高、过程严
学生	接受→理解→批判性思维；勤学→乐学→会学	学到新知识、收获新技能、训练新思维、笃定新行动	难度大、投入大、压力大、收获大
内容	有深度,有广度,追求知识能力素养的有机融合	经典性与时代性、基础性与前沿性的有机统一	深而有界、广而有边、难而有趣、学教有谱
方法	教授与聆听、理解与思辨、质疑与互动相得益彰	现代信息技术与教学深度融合,守正创新	强化探究式、综合性、合作型和自学的有机融合
状态	教如线,学似风筝	教如春风化雨,学似润物无声	他育牵引自育,自育促进他育
结果	教学相长	不落俗套,与时俱进	收获知识、能力和成长

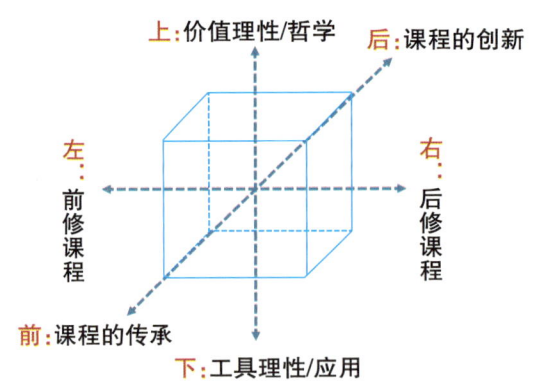

图 3-14 金课(好课)的立方体模型

注:上面与下面表示课程的价值理性与工具理性;前面与后面表示课程的传承与创新;左面与右面表示课程在知识结构构建中的连接性。

3.5.2 教学改革

教学改革是学校永恒的话题(世界在变化、社会在前进、教育在发展)、永恒的痛点(主体多元、利益攸关、要素多样、关系复杂、链条长、世界性难题)、永恒的希望(改则变、变则通、通则久)。建设一流大学、打造一流本科、卓越课堂教学,教学改革是不可或缺的重要抓手。教学改革的根本目标就是使高等学校的教学和人才培养符合教育教学和人才成长的规律,符合国家和社会的今天、明天和后天对公民和人才特质的需求,符合学校、学科和专业对人才培养的定位。

1. 教改八要点

教学改革需要针对的改革要点可归纳为八个方面,即**教改八要点**:**①出发点是学生;②落脚点是课堂;③靶点是问题;④重点是课程;⑤难点是学生的学习;⑥痛点是教师;⑦关键点是教学评价;⑧支撑点是政策保驾和资源护航**。

(1)出发点。教学改革的出发点是学生。一切为了学生,为了学生的一切,也就是教学改革要以学生为中心,以有利于学生的成长、成人、成才为导向、为发力点,这既是教学改革的指导思想,也应该是教学改革的最终目标。出发点既要重视前5%学生(偏才、怪才、奇才或拔尖创新人才,有望成为学校名片和亮色的人才)的培养和塑造,更要重视后95%学生(普通人才、合格人才或较优秀人才,是反映学校人才培养质量底色和特质的人才)的培养和成长。

(2)落脚点。教学改革的落脚点是课堂。课堂是学校人才培养的主渠道、主战场和主旋律,涉及课堂教学的形式是大班还是小班,方式是线下、线上还是两者的融合,是校内、校外(野外/社会)还是两者的融合。教学内容在时间上如何分配?课前、课堂、课后如何配合、衔接和融合?样式是中心式还是群组式或圆桌式(图3-15)？课堂教学的形式、方式和样式既与课程内容和教学方法相关，也是学校和教师教学理念的折射。小班教学、融合型教学和群组式或圆桌式教学更有利于学生个性化和批判性思维的培养，但需要学校和院系有更多的软、硬件资源。

图3-15 三种课堂样式示意图
注：左上，中心式课堂；右上，群组式课堂(智慧教室课堂)；
下，圆桌式课堂。图片源自网络。

（3）靶点。教学改革的靶点是问题。之所以要进行教学改革，是因为现行教学存在问题，这些问题会集中体现在理念与举措、教师与学生、教授与学习、科学与人文、专业与通识、知识与能力、过程与结果、管理与服务、评价与奖惩等方面。在教学改革过程中，在学校、院系、教师和学生等方面呈现出的问题特质是不同的，不同层次和不同方面的教学改革应以影响范围广、受影响链条长、受影响程度深、与时代需求不适应、长期存在的顽症痼疾为教学改革的靶点("教改十条"，详见下文)有序推进、久久为功。

（4）重点。教学改革的重点是课程。"教学改革改到深处是课程，改到痛处是教师，改到实处是教材"(吴岩(教育部高教司司长)于2019年8月12日在北京大学"第一届新结构经济学教学研究师资培训研讨班暨招聘会"上的致辞)。对学校而言,课程是什么?课程是人才培养的核心要素,没有好课,所有工作都可能落空。课程是最微观的,但是解决的是最根本的问题。课程是大学里面普遍存在的短板、软肋和关键问题。在课程方面,我们要重点抓好内容体系、两性一度(高阶性、创新性、挑战度)、课程思政和实践教学四个方面"。课程是什么?课程是通识教育与专业教育、学科与专业人才培养的基础和一日三餐,不同类型、不同层次、不同年级的课程谁来教和谁来建、教什么和怎么教是课程改革的重点。课程教学改革的重点应该朝着"四个100%"的方向推进、扩展和深化:100%的教授上讲台,100%的知名教授主讲低年级的通识课、公共课、公共基础课和专业基础课,100%的知名教授直接参与并指导课程建设、教材建设、实习实训基地和平台建设,100%的青年教师能有更多的时间和机会在教学和科研方面提升和发展自己。教什么和怎么教方面的教学改革应该朝着上文阐述的"课以四教"和"双十联动"的方向推进。

(5)难点。教学改革的难点是学生的学。近些年来,在高校的一部分学生中存在要我学、浅学、厌学甚至逃学现象,在非"双一流"高校中这方面的问题更为突出。单方面和全方位教学改革的重要目标之一,就是通过不断改革和优化各项教育教学举措,唤醒和调动学生学、思、悟、知、辨、行的主动性、积极性和成长性,读万卷书、行万里路、识万千人。

(6)痛点。教学改革的痛点是教师。由于高校教师承载着教学、科研和社会服务方面的多重任务,加之科研和社会服务方面的回报较教学丰厚和及时,多数高校教师,特别是"双一流"高校的教师在教学和学生培养上投入的情感、时间和精力明显不足,严重降低了高校一流本科建设和本科人才培养的质量。教学改革的痛点之所以是教师,还因为高校教师既是教学改革的革命者也是被革命者,既是教学改革的运动员也兼有裁判员和监督员的角色,是情感、时间、精力和金钱等多重要素、多重矛盾和多重利益关联的攸关方。改,有利于国家、学校和学生,也许有利于个人的职业发展,但需要付出更多的时间、精力,甚至金钱;不改,沿用老方式、旧办法、熟套路会轻车熟路、得心应手、信手拈来,用"节省"出来的大量时间和精力干收益大、回报快的事情更划算。因此,学校解决教学改革"痛点"问题要从多方发力,既要从国家和学校的角度着眼,更要站在教师的角度着手,政策制定、措施出台既要有格局、有情怀、有担当,更要有情、有义、有可操作性。

(7)关键点。教学改革的关键点是教学评价。教学改革、建设一流本科和卓越课堂教学都是世界性难题,解决世界性难题的金钥匙之一就是教学评价。建立好教师、好课堂、好教学、好课程的易于操作的评判标准是教学评价的关键。对不同类型的高校而言,平衡好教学、科研和社会服务方面的关系,拿捏好三者在评价教师和教学中的权重,运用好质性评价为主和量性评价为辅的指标体系是破解这类世界性难题的"三剑客"。

(8)支撑点。教学改革的支撑点是政策保驾和资源护航。对潜心投入教学、教学质量高、教学效果好、深受学生欢迎和爱戴的好教师,学校在政策和资源上真支持、真倾斜和真投入,是实现教学改革目标的重要保障。

2. 教学改革应聚焦的主要问题

当前和今后一段时间,我国高等学校教育教学改革应该聚焦的主要问题可概括为"教改十条":①重科研轻教学;②重教轻学;③重智育(科学理性)轻德育(道德理性和价值理性);④重知识轻思维;⑤重专业轻通识;⑥重内容轻方法;⑦重"守正"轻创新;⑧重短期轻长远;⑨重管轻服;⑩重量轻质。平衡和优化好"教改十条"中的十对关系是实现教学改革目标的关键。

(1)重科研轻教学。重科研轻教学的根源源自三个方面:其一,对大学功能和作用的认识出了问题,没有从思想和行动上将教书育人和立德树人真正放在学校工作的首位;其二,从校长、院长到教师,短期功利思想主导了政策制定、资源配置和时间精力投入,大家似乎忘了大学的第一要务是什么?自己是干什么的?其三,形形色色的大学排名和学科排名,频繁的学科评估和专业论证,不同类别、名目繁多、让人眼花缭乱的人才、项目、奖项、"帽子"的遴选对重科研轻教学也起到了推波助澜的作用。

(2) 重教轻学。**教师主体、教授主导、教材主宰的"三主范式"由来已久、根深蒂固,可以追索到我国高等教育的起源时期——春秋时代由孔子所开创的私学**(陈洪捷,2022)。直至今天,课堂教学的"三主范式"仍如影随形。认识上的不到位、行动上的错位、方法上的越位是"三主范式"如影随形的重要原因。在教学过程中,学生和学习是主体,是教师、教学和教材应该聚焦的中心,引导、协助、促进学生知学、爱学、勤学、乐学、学会和会学是一切教学工作的出发点和落脚点,卓越师德师风、提升执教能力、优化教学方法、更新教学内容、编写与时俱进的教材、创设教学情景、选配和研制教具等都只是引导、协助、促进学生知学、爱学、勤学、乐学、学会和会学的手段,就像医生和医院的一切工作和努力都是为了服务好病患和治病救人,不能本末倒置。

(3) 重智育(科学理性)轻德育(道德理性和价值理性)。有相当比例的大学教师和大学生认为教大学和读大学就是教知识和学知识,知识中心、知识王道、知识主导似乎是教师教大学和学生读大学的"共识"。知识教育在大学教育中具有基础地位,但不是、也不应该是大学教育的全部,大学教育应该是、也必须是聚焦人,不只是人的知识,而应该是人的知识、人的能力、人的智慧、人的人格,德智体美劳五育并举、全面发展的人。德育是灵魂,其他四育是载体。2000多年前的理学家戴圣就明白了这个道理,他的传世名言"教之以事而喻诸德"就告诉教师,应该如何实施五育并举以及德育的重要性、广泛性、层次性和渗透性。2020年以来,在国家和学校层面正在广泛开展和积极推进的课程思政就是对重智育轻德育现象的拨乱反正。有关什么是课程思政、为什么要实施课程思政、如何实施课程思政的阐述，读者可以参见第3章的相关内容。

（4）重知识轻思维。知识可分为两类：显性知识（explicit knowledge）和缄默知识（tacit knowledge）。显性知识是指那些能用语言、文字、图符、视听媒体等明确表达的知识（言传知识），即通过学可以获得的知识。缄默知识是指那些只可意会不可言传的知识（意会知识），如在践行、操作某件事情的行为中所具有的诀窍、秘籍、绝活、特质等知识，即只有通过做、重复地做、认真反复地做（实际操作、躬行）才能获得的知识（表3-3，图3-4）。长期以来，大学的教和学，学生的培养和选拔（包括高考、课程考试和研究生入学考试等）在重知识方面更重视显性知识。要知道，知识，特别是显性知识只是人类对认识到的客观世界和主观世界的阶段性总结，并不都能代表真实世界本身，知识的淘汰和更新换代快，思维的淘汰和更新换代慢、延展性和通用性强，数百年和数千年前的思维当今仍然大有用武之地，如《易经》《道德经》和《孙子兵法》提出的思维方式和思维结果。因此，大学教育和大学课堂教学不仅要重视知识、重视显性知识，更要重视缄默知识的习得和学生思维的训练，特别是批判性思维能力和创新思维能力的培养。

（5）重专业轻通识。重专业教育轻通识教育问题的根源源于两个方面：人类社会的发展与社会分工的细化；新中国建立初期计划经济大背景下的院系调整、大量专科性大学的组建和向苏联学习。有识之士将当下大学重专业教育轻通识教育的表现形式比喻为"身子已进入高等教育'普及化'时代，脑子还在'大众化'时代，习惯却还在'精英化'时代"。随着人类社会从游牧、农耕、工业到信息社会的发展，社会分工越来越细、越来越精，大学的专业设置也越来越细、越来越窄，专业间的壁垒也越来越难以逾越。而社会发展中需要解决的问题让专业知识、专业技能和专业思维越来越捉襟见肘和难以应对，如环境污染、自然灾害和重大疾病的防治，深空、深海、深地探测,行业、社会、国家治理和人类社会的可持续发展等问题。对这些和这类问题的解决既需要精深、精细和精准的专业知识,更需要跨专业、跨学科、跨界和跨领域的知识和思维。因此,大学的专业、学科设置和人才培养要能适应和引领社会的发展,必须将专业教育的专、精、深特色与通识教育的博、广、通特质深度融合,从底层逻辑上彻底改革"一本书式大学"的课程教学和人才培养模式。本科阶段实施"2+2模式"或"3+1模式"是在操作层面的"优选法",即本科阶段的前2年或前3年以通识教育为主,本科阶段的后2年或最后1年以专业教育为主。如果是本－硕－博(4－2－3)贯通式培养,则培养模式为前4年以通识教育为主,后2+3年以专业教育+探究式教育为主。需要指出的是,**通识教育不是"万精油"式的课程拼盘,也不是各类"前沿知识"的堆砌,更不是各种浅薄"二手知识"的灌输。通识教育的精髓是培养学生广博的好奇心、开放的心态、理性的精神和通用性能力**(如学习、专注、表达、共处、生存、责任、担当能力等)。

(6)重内容轻方法。所谓重内容轻方法就是注重教授内容的更新,轻视或忽视教授方法的改革和优化。对课程教学而言,教学内容和教学方法都很重要,但对学生的高效学习、学会和会学而言,教学方法的不断优化、教学技艺的迭代更新更为重要。20世纪70年代后期,时任哈佛大学校长博克领导的那场影响深远的教学改革(参见第4章第2节)已经证明,教学方法的改革比教学内容的改革更重要、更应该先行。在信息化和智能化社会变革的当下,教育教学方法和范式的改革显得更为迫切,依托互联网的信息、数字、云计算和人工智能技术与教育教学的深度融合势在必行。以知识的获取、接受、理解、记忆和存取为主要目的的教育教学范式必须转向以信息和知识的甄别、融合、运用和创新为主要目的的教育教学范式。

(7)重"守正"轻创新。这里的"守正"是指老思路、老套路、老技术和老知识。通常的表现形式是一门课程的一本教案和一套PPT管用10年,甚至更长的时间。这里的创新更强调教学理念的创新和践行,就是要真正实现从教师中心、教授中心、教材中心到学生中心、学习中心、学效中心(提升学生的学习和成长效果)的转变,从知识王道、学分王道、分数王道到思维王道、兴趣王道、能力王道的转变,从知识导向教育到成果导向教育的转变(表 3-8)。

(8)重短期轻长远。是指在教育教学过程中,追求短平快和立竿见影的效果,轻视或忽视对学生成长长期受用能力的培养和养成,如学习能力、批判性思维能力、创新能力、表达能力、沟通能力等的培养和良好学习、生活习惯的养成。

(9)重管轻服。是指在教育教学过程中,学校和学院(系)重量化指标考核,重督促、检查、评比和一刀切的奖惩措施落实。如评教指标、评教主体、评教方式和评教结果的不合理使用不仅不能调动教师的积极性和主动性,甚至会挫伤教师的职业荣誉感、使命感和工作的积极性、创造性。轻视或忽视对教师执教能力和教师专业-职业发展有针对性的、个性化的服务和传帮带。

(10)重量轻质。是指在教育教学中重数量轻质量,量性评价硬,质性评价软,如重教学学时数、教学工作量、项目数量、文章数量和经费多少等,轻视或忽视对学生学习和成长真正发挥作用的教学效果、对教育教学改革真正能发挥作用的项目和文章等的质性评价,有时只是简单地拿学生评教分数(受到与没有受到褒奖或惩戒的教师的学生评教分数差值只在百分制小数点后一位或二位)作为质性评价的依据。

重量轻质的另一种表现形式是,在增设通识课和选修课,精简或压缩专业课和专业基础课的学时数的时候困难重重,**绝大多数大学教师习惯于教授高学时数的必修课,对我国高等教育快速普及化带来的挑战和机遇熟视无睹、熟视无思、熟视无行,相当一部分大学教师虽然身子已进入普及化时代,但脑子还停留在大众化时代,习惯还固守在精英化时代**。高等教育普及化的直接结果是学生数量增加,学生群体的差异性增大,学生

表3-8 成果导向教育与知识导向教育特征对比

类别	成果导向教育 (outcome based education, OBE)	知识导向教育 (knowledge based education, KBE)
1.聚焦重心	成果:注重学生个性化学习目标的达成度,成果或目标为王	知识:注重学科知识目标规定的统一教学范式,知识为王
2.知识认知	整体性:知识是有结构的点线面体,不是以课程单元为边界而独立存在的	割裂性:知识是以课程和课程单元、专业和学科知识为边界而独立存在的
3.教学聚焦	聚焦"三学":学生、学习、学效	聚焦"三教":教师、教授、教材
4.教学策略	个性化:个性式优化,弹性式调整;基于成果目标的逆向课程设置	共性化:"车厢式"模式,整体性调整;基于学科专业的正向课程设置
5.学分认定	顶峰成果:基于设定的个性化目标,注重顶峰成果,失败是成功之母	积累成果:基于设定的统一课程目标,注重积累成果,"一失足成千古恨"
6.课程序列	重协同:聚焦学生达成顶峰成果,重视上、下游和平行课程间的协同发力	重独立:重视课程的知识目标和课程序列中课程的独立性
7.成果比较	自我比较:成果或目标是基于自我的学习获得的比较,没有末位者和失败者	群体比较:成果是基于学生间学习获得的比较,总会有末位者和不成功者
8.教学理念	重合作:基于个性化标准的评分和等级划分,强化了师生间教与学的合作,提升了自我竞争的挑战度	重竞争:基于统一标准的评分和等级划分,强化了教学的竞争性,弱化了合作性,降低了自我竞争的挑战度
9.评价理念	达成性评价:注重个体自我目标的达成性评价	比较性评价:注重个体间和集体间目标的比较性评价
10.监管方式	重持续改进:基于个性化学习成果达成度反馈的持续改进管理	重质量监控:基于知识目标和质量监控结果的质量监控管理
小结	成果导向教育(OBE)又称结果、能力、需求或目标导向教育,该理念由美国学者威廉·斯派蒂(Spady W. D.)基于基础教育改革于1981年提出。其核心要义是,学生中心、产出导向和持续改进。它是较知识导向教育(KBE)更为先进的教育理念,是当前欧美和我国的主流教育理念。对高校而言,OBE理念更适合于工程技术型人才的培养,因其成果在短期内易于测量和反馈;对短期内难以检测到的隐性型成果,OBE理念的有效性和实用性会降低,如对文学和艺术类等方面的人才的培养	

学习的选择性增强,学生发展的需求更加多元化,学生培养模式必然要多样化(谢维和,2022)。在大学本科阶段总学时数不能增加的大前提下,大学供给的课程(curriculum)数量、学程(program)类型必须增加,每门课程的学时数和学程长度必然减少,对每门课程和学程的要求必然是提质减量,那就是"既要马儿跑得好,又要马儿吃草少"成为必然,这就给每一门课程和每一位主讲教师的课程教学提出了更高的要求。增设新课和精简在开课程的学时数对授课教师而言是不情愿的、是痛苦的,也是挑战度很高的工作。**挤出高学时数课程中的"水分"既需要眼里有时代、国家和学校层面的格局,也需要胸中有对教育、教学和学生的情怀;既需要有深厚的学养,也需要有娴熟的教艺。**

课程中挤出"水分"后的知识应该包含四个方面:学科专业的元知识(该课程最基础、最个性、最核心的知识,如核心概念和定律、基本逻辑和思维框架)、缄默知识(该课程不可言传,只可体味的知识,即能力培养)、新知识(师生互动、对话、磋磨出的知识,即课堂中生成性的知识)、德性知识(知识的科学理性和价值理性)。要从这四个方面挤出"水分"、凝练精华需要授课教师投入大量的时间、精力,甚至金钱。在重科研轻教学氛围在实质上仍然较为盛行的当下,在量化教学工作量和学时数指标管理以及提高教学质量的硬压下,从功利的角度看,开设新课程、教授不熟悉的课程和压缩教习惯了的课程的学时数无异于饮鸩止渴。在不降低教学质量的前提下,压缩课程的学时数也是对教师执教能力的大考,调动教师在这方面的积极性和主动性,考验着大学教育管理者的智慧和能力。舆论造势、出台文件容易,真正落实到每位教师的行动上和每门课程的实际效果上不易。

第4章　研道——科研教研比翼双飞

对大学教师而言,科研和教研是驱动教师职业发展的双引擎,科研是教学之基,教研是教学之本,无科研不教学,无教研无教学。科研能使教学更深刻更富有个性,教研和教学能使科研更系统更具有格局。

4.1 概述：无教研无教学，无科研不教学

研道，即科学研究之道，在内容上可区分为学科专业研究（简称科研）和教育教学研究（简称教研，这里侧重教学方面的研究）(表4-1)。对大学教师而言，科研和教研是驱动教师职业发展的双引擎，如果说科研是教学之基，教研就是教学之本，两者不可偏颇。无教研无教学，无科研不教学(表4-2)。然而，对很多专业教师而言，在科研上的情感、精力、时间、金钱投入要远多于教研，产生这种倾向的根源有两个：其一，认知问题，即对教育教学的认知仅停留在经验和技艺积累层面，没有充分认识到教研和教学的学术性；其二，评价问题，即评价体系上的不均衡，科研评价硬、可操作性强，教研和教学评价软、可操作性弱，导致在大学教师群体中，普遍存在重科研、轻教研和教学的现象。下面主要围绕新入职青年教师如何选择、定位、聚焦科研和教研方向，如何展开科研和教研工作进行讨论。

表4-1 教学与教育的特征

类别	教学	教育
关系	教育包含教学 教学是谜面	教学属于教育 教育是谜底
特征	认知、情感和人格的显性互动， 洋洋洒洒的教是教学的特征	认知、情感和人格的隐性互动， 润物无声的教是教育的特征
主体	学生，教师	受教育者，教育者
存在形式	存在于学校和教育机构中	存在于生产和生活中
进行方式	有目的，有计划，显性	无意或有意，隐性或显性
载体	以传授知识和技艺为载体	以生产和生活为载体
目标	培养学习兴趣，提升知行能力， 启迪潜在智慧，涵养健全人格	纯洁心灵，塑造品格， 启迪智慧，优化知行

表 4-2 大学教师的教研与科研的特征对比

类别	教研	科研
教学	无教研无教学	无科研不教学
属性	学术性→追求真、善、美	学术性→追求真、善、美
要义	聚焦学生,为了学生,助力学生	创新(新发现、新创造、新发明)
对象	教与学中的问题	生产与生活中的问题
目标	提升教学效果,促进教学相长	提升认识和改造世界的能力和水平
关系	能使科研更有格局,能使教学更有针对性	能使教研更有个性,能使教学更有特色
误区	熟练工种、经验积累、重复性劳动	科研做好了,教研和教学自然会好

4.2 科研

对新入职高校的青年教师而言,绝大多数都经历过硕士、博士甚至博士后阶段系统、严格的科研训练,对在已经选定的科研方向上开展科研都有了一定的学术积累。但随着身份和环境的变化,如何在新入职高校选择、定位、聚焦科研领域和科研方向,使自己能很快地融入新入职高校的科研团队,是每位青年教师必然会面临的问题。新入职高校的青年教师,其自带的科研领域和方向大多源自硕士、博士论文或博士后出站报告的研究领域和方向,但随着身份的改变(从学生到教师)或工作单位的改变(从甲单位到乙单位),即使在同一单位,其科研领域和方向的再次选择、调整和确定都是不可避免的,选择和调整的正确与否,会强烈地影响甚至决定青年教师成长和成才的高度和速度。新入职高校的青年教师科研方向的选择和调整通常有三种类型:继承型、调整型和全新型。

4.2.1 继承型科研

继承型科研,是指青年教师入职高校后的研究方向与其硕士、博士论文或博士后出站报告的研究方向基本一致。这种情况最有利于青年教师科研成果的快速积累。因在方向和内容上无需调整和重新奠基,他们能轻车熟路地沿着自己原定的方向继续前行。这类青年教师也可能会面临两种科研类型的选择:加盟型和独立型。

1. 加盟型

加盟型科研是指新入职高校的青年教师直接加盟该校的已有科研团队,成为该团队的一名新成员。加盟型青年教师需要修好三门"必修课":其一,知彼知己,即深知团队,定位自己;其二,做强小我,服务大我;其三,统筹兼顾,安家乐业。

(1) 深知团队,定位自己。就是要对你加盟的团队做深入的调查研究和思考,充分了解该科研团队的形成和发展历史、学缘,团队成员的职称、年龄,所需要的知识结构以及团队负责人的学养与风范,找准自己在科研团队中的学术定位,明晰自己应如何聚焦目前和今后一段时间内团队的主攻方向,扬长避短(补短),为做大做强团队的"学术蛋糕"贡献自己的力量,在1~3年的时间内,努力让自己、让团队带头人和其他团队成员能很清楚地看到,这位新加盟者不是来分蛋糕的,而是来一起做蛋糕、做大蛋糕的。只有达成以上目标,这种加盟型科研才是成功的。这种良好的科研状态会给青年教师的职业发展奠定良好的学术乃至人脉基础。

职场中流行这样的一句话:"扬长使人卓越,补短使人平庸。"尽管这句话在一定的前提条件下是有一定道理的,但并非是放之四海而皆准的真理。对于具有一定学术积累的大学青年教师,应该首选扬长,但你的这个"长"一定是你加盟团队必需或急需的,只有满足以上前提条件,这个

"长"才会带来双赢的结果,既发展了自我,也卓越了团队。当你的这个"长"不是你加盟团队必需和急需的,而你的短板又严重影响你所在的团队扬长,削弱团队的竞争力,补短就显得十分必要,这时应该遵循"木桶效应"或"短板效应"。所以,**"扬长使人卓越,补短使人平庸"和"木桶效应"都是相对的、有条件的,不能一概而论,需要具体情况具体分析。**

(2)做强小我,服务大我。就是要在精准定位自己在团队中的科研方向和学术位置后,发挥好"螺丝钉"的作用,站好位、做到位、不缺位、不越位。借助团队的人力、物力、财力,做好小我、服务大我(团队)、成就自我。具体要做的工作就是,第一,以我为主争取国家层面的支持和重要的项目或工程;第二,发表高质量的学术论文或取得其他高质量的成果。要达成前者的目标,首先要基于攻读博士学位或做博士后阶段的学术积累,围绕团队的学术方向和目标开展以下工作:至少提前写好国家自然科学基金青年基金或面上基金申请书的第1稿→请你的博士生导师或合作导师修改→定稿第2稿→请你的团队负责人修改→定稿第3稿→请你的同门师兄弟和团队成员(你认为合适的)修改→定稿第4稿并提交。其次,基于攻读博士学位或做博士后阶段的学术积累,围绕团队的学术方向和目标新做的工作,撰写并发表1~2篇有分量(至少要与你读博期间发表论文的档次相当)的专题学术论文,让自己和团队成员感到,你在不断地进步和成长。在入职的前1~3年,论文或其他学术成果不在多而贵在精(质量高、聚焦准),相对博士生阶段的成果,在广度或深度上要有明显的层次上的提升。

(3)统筹兼顾,安家乐业。就是要处理好成家与立业、生活与工作、小我与大我的关系。博士毕业或博士后出站后的青年教师大多已是30岁左右,统筹兼顾好成家与立业、生活与工作、小我与大我这三对关系至关重要。**成家是立业的基础,立业是成家的支撑,安居方能乐业。成家应遵循"三求原则":无法强求、无需苛求、在意需求。**所谓无法强求,是指不要给自己在时间上设限,即入职后一定要在1年、2年或3年内完成成家的任务。恋爱、婚姻、家庭是绝大多数平凡人和"超人"都会经历的人生过程,受条件、缘分、机遇等多种因素的影响,操之过急容易给未来的婚姻和家庭生活埋下隐患。所谓无需苛求,是指不要用理想的尺子去测量对你有意的异性,或你有意的异性,金无足赤,人无完人;不要用你的"三观"、思维模式、"合理"需求去改变配偶或家人,要知道,在任何时候、任何情况下,改变自己会比试图改变他人成本低、风险小、性价比高。所谓在意需求,是指自己究竟需要什么类型的伴侣和家庭生活,要心中有数,既不能过于随缘、随性和"佛系",也不能用自己固化的"指标体系"苛求自己、配偶和其他家人。爱一个人(如恋人、配偶、子女或其他家人),应该是爱其所是,而不是爱你所愿。

新入职的青年教师是院系和学校的新生力量,领导和同事都会对他们寄予厚望,有意或无意地给你多分配一些"杂事"(如学科建设、专业建设、课程建设、实验室建设、对外对内联系、工会工作和学生工作等方面的非常态性事务),这应是意料和情理之中的"分内事"、好事,对这类"杂事"既不要从心里抱怨,更不能从行动上抵触,要将这些"杂事"当作促进自己快速熟悉和适应教师岗位、锻炼和提升自己办事能力、为学科和大家服务的机会。对于新入职的青年教师来说,如果长期没有人"抓你的差"干这些"杂事",不是你出了问题(被边缘化、知道你是精致的利己主义者或能力差)就是学校或院系出了问题(不重视青年教师的培养或人满为患)。

生活与工作是人生永恒的主题,一天、一周、一月甚至一年、两年无休止地、高强度地、任性地投入工作,也许能延长你一天、一周、一月工作的时长,但它很可能会透支你的健康、缩短你人生的长度。人生、工作、事业是马拉松,不是百米冲刺。要知道,厚积薄发的中年、老年甚至米寿茶寿之年还在期盼着你的到来,半途夭折、英年早逝的先例应该成为青年教师的前车之鉴。**工作与生活统筹兼顾、忙碌与休闲张弛有度、大我与小我相**

得益彰,是每位高校青年教师应该遵循的人生哲学。

2. 独立型

独立型科研是指新入职高校的青年教师没有可乘凉的大树,需要在新入职高校延续自己熟悉的学科方向,独当一面、自立门户,形成入职高校希望培育的学科方向。如果将上面述及的加盟型科研比喻为凤尾的话,这里所说的独立型科研可称为鸡头。"凤尾"也许好做,"鸡头"一定难当,难就难在你得过"五关"(开张关、认可关、成长关、成型关、融合关)、斩"六将"(规划与定位、个性化平台/实验设备、实验室用房、钱、团队、成果)。

(1)开张关。对理工科类学科专业而言,专业型实验室不可或缺,如地质学中的"古生物学与地层学"学科方向的科研,需要多种类型实验室的支撑,包括通用型和专业型实验室,前者如化学成分和同位素分析实验室,后者如微古(微体古生物学)和大古(宏体古生物学)实验室。实验室建设是一项很烧钱、烧时间、烧精力的工作,需要高强度的人财物投入,否则就不可能展开和维系相关学科方向的发展,专业属性很强的新学科方向更是如此。如果学校希望新入职青年教师新建"古生物学与地层学"学科方向,那么新建微古和大古实验室就成为学科发展的刚需,否则,该方向的科研和人才培养工作就难以真正展开。微古和大古实验室建设需要规划、定位、实验用房、必要的实验室设备和经费(数十万元至数百万元人民币不等)。这些投入,既需要学校、学院、系领导和学科带头人下真决心和真下决心,也需要新入职教师广泛调研(购买什么类型的设备、性价比如何、需要多大的实验室用房、如何运行和管理等)、规划、定位、设计及反复优化设计(针对学科发展目标、投入产出的性价比等)。

(2)认可关。在学校、学院、系领导和学科带头人的大力支持下,与新学科方向密切相关的专业实验室已经由新入职教师费了九牛二虎之力建成,在短期内(1~3年)能否得到与你朝夕相处同事和领导的充分认可,是要过的第二道关。系(或教研室)和学院引进(招进)你来校入职,是基于学校、学院、系的学科生态需要,看上了你的学术积累和学科方向,但是不是所有与你朝夕相处同事都会从这个角度看问题。如果学校和院系领导为了支持你所从事的学科方向的研究,给你匹配了较多的资源,那么在资源总量没有增加的前提下,必然会缩减在其他学科方向上的资源配置。如果你在短期内没有做出让你的同事和领导刮目相看的显性成果,如发表了与新建实验室相关的较高档次的论文或取得了其他成果,各种明的、暗的冷嘲热讽就会传到你的耳朵,甚至刺痛你年轻稚嫩的心。这时,青年教师可能会萌生两种念头:第一种,忍辱负重,加足马力,继续前行;第二种,跳槽,另谋高就。如果你真是个人才,并对自己充满信心,那么这两种选择任选一个都行,否则,你的教师职业发展将进入慢车道。

(3)成长关。成长是建立在认可基础上的,得不到认可,就得不到持续支持,得不到持续支持就很难成长。认可的基础是你在所从事的学科方向的研究上做出了有显示度的成绩,并能为所在院系或学校的学科生态的良性发展添砖加瓦,发挥该学科方向在学科生态系统中应有的作用。

(4)成型关。过成型关的标志是,成果(论文和人才培养等)的稳定、持续输出,并且能入主流、有特色,在学校的学科和专业评估中,你的成果和你创建的实验室成果、数据在评估表中能填得进、用得上。

(5)融合关。新入职青年教师和新学科方向都需要成长和发展,更需要融合甚至带动学校学科生态系统的发展。只有做强小我、服务大我,方能闯过融合关,走上可持续发展的道路。

4.2.2 调整型科研

调整型科研,是指青年教师入职高校后的研究方向与其硕士、博士论文或博士后出站报告的研究方向在二级或三级学科范围内有一定幅度的调整。例如：你的博士论文或博士后出站报告的研究方向是泥盆纪牙形石古生物学与生物地层学（属于古生物学与地层学学科方向）方面的研究，入职高校的院系希望你入职后能从事生物沉积学方向的研究，以增强该高校在该学科方向上的国内外竞争力。尽管这种科研方向的调整只是在三级学科内的调整，但新入职青年教师要实现该目标，必将经历三个阶段的艰苦努力：①定位新方向和聚焦新目标（谋划阶段）；②学习新知识和积累新数据（执行阶段）；③组建新团队和产出新成果（成型阶段）。

1. 谋划阶段（定位新方向和聚焦新目标）

为了使自己方向明确和目标聚焦精准，如下四方面的调研、思考和谋划不可或缺：入职高校在该学科方向（生物沉积学）上的积累、长板、短板（存量）；学校的办学实力（包括人财物及其运行效力）及发展该方向的信心和决心（软、硬实力）；国内外生物沉积学的研究现状、问题、前沿和前景（格局与态势）；在调研和思考完这些问题后，自己在生物沉积学方向上的初心、使命和兴趣的聚焦点。知己知彼方能少走弯路，将自己、学科、学校的初心和使命变为现实。

在谋划阶段有三忌：调研不到位、思考不全面、研判不缜密。在谋划阶段，新入职教师一个人要做一个新的学科方向（相对新入职教师和学校而言）的学科规划，既要考虑当前，还要兼顾中长期的发展。从硕士生、博士生阶段的一个执行者到新入职阶段的决策者，其跨度和角色的转变是巨大的，唯有深入调研、全面思考和缜密研判，才是定位新方向和聚焦新目标的不二选择。谋划阶段是调整型科研方向的起点，方向路径错了或不合适，将为后续的投入和执行埋下隐患。**选择比努力更重要，定位比定力更重要，做正确的事比正确做事更重要。**在这个阶段，新入职教师既要埋头拉车，也要抬头看路，要经常将自己调研和思考的结果与学科带头人和院系领导沟通交流,让自己制定的"学科发展规划"能得到他们的充分理解和支持。常言道,谋事在人,成事在天。在这个阶段,学科带头人和院系领导就是你成事的天。

2. 执行阶段(学习新知识和积累新数据)

尽管这里科研方向的调整只是在三级学科范围内的调整,但三级学科范围内的知识的广度和深度也是一片蓝海,东西南北和前后左右的科学问题和科研方向涉及的知识会相去甚远,大同行内的不同小同行之间也是隔行如隔山、如隔海。因此,围绕确定了的学科方向,学习新知识、边干边学、积累新数据是必须练就的基本功,没有3年左右的学习和积累,很难形成厚积薄发的优势。需要指出的是,边学边干、边干边积累、边积累边形成小成果,是此阶段应该遵循的技术路线。如果一位新入职的青年教师在3年时间里没有任何成果问世,那么你辛勤耕耘的新学科方向将很难受重视和得到必要的持续支持。"十年磨一剑"只是国家和舆论层面的倡导,不是你、不是个人、也不是你所在团队的实施方案和时间表。

3. 成型阶段(组建新团队和产出新成果)

在新入职教师的精心谋划和踏石留印、抓铁有痕的执行力推进下,新建的学科方向已崭露头角,组建新团队、集成产出新成果,是推进新学科方向发展和成型的决定性举措。如果能用3~5年时间,将新的学科方向发展到这个阶段,由新入职青年教师培育的这个新的学科方向就算初战告捷,个人和学科将进入稳定发展阶段。对选择调整型科研方向的新入职青年教师而言,能将学校和院系希望新建的学科方向发展到成型阶段是非常不容易的事,这3~5年时间的付出和承载的压力一定是巨大的、难以量化的,这种入职效果就是个人和学校实现了双赢。

4.2.3 全新型科研

全新型科研,是指青年教师入职高校后的研究方向与其硕士、博士论文或博士后出站报告的研究方向在一级学科或学科门类上都不一致,具有鲜明的跨学科性和交叉学科的特征。自2020年8月,"交叉学科"成为我国继"哲学、经济学、法学、教育学、文学、历史学、理学、工学、农学、医学、军事学、管理学和艺术学"之后的第14个学科门类。自2020年11月,国家自然科学基金委员会成立交叉科学部以来,不少实力雄厚的高校对交叉学科师资的需求与日俱增,一部分优秀的博士毕业生入职高校后的研究方向与其博士论文或博士后出站报告的研究方向在一级学科或学科门类上都不一致,入职高校希望青年教师能从事交叉学科方向的科研与教学,如大数据科学与技术、纳米科学与技术、人工智能和生物信息学等,这部分新入职的青年教师既面临巨大挑战,也算生正逢时,赶上了难得的发展机遇。与前面述及的继承型和调整型科研相比,从事全新型科研(交叉学科)方向研究的青年教师在谋划阶段和执行阶段投入的时间、精力和金钱会更多,探索性会更强,遇到的困难和挑战也一定会更大。正如老子的《道德经》第六十三章所言:"天下难事必作于易,天下大事必作于细。"只要能立足自己所学专业和学术积累,瞄准自己和学校谋划出的目标(诗和远方),恶补交叉学科所需要的知识结构,不久的将来或有生之年,一定能学有所成、研有所获、教有所得。

4.3 教研

4.3.1 教研和教学的学术性

学术(learning 或 science)是指系统专门的学问,是对存在的事物和事理及其规律的学科化论证。学术的基础是知识,精髓是对真、善、美的不懈追求。大学教师的教研和教学的系统性、专门性、学科性是不言而喻的。教研是教学的基础和前提,贯穿于教学的全过程。**缺乏教研的教学一定是生硬、不修边幅、难以让学生入耳入心入行的;没有教研的教学如同没有经过烹调的菜肴,再好再精致的食材也会让食客难以入口和吞咽。科研积累决定你是否有资格做大学教师,无科研不教学;教研积累决定你能否做好大学教师,无教研无教学**。因此,立志做高校教师的大学生和研究生都会不遗余力地增加自己的科研积累,否则,高校的大门就不会对你敞开。已入职高校的青年教师只是过了科研积累的入门关,科研积累的提质增效关才刚刚开始。新入职高校的青年教师,其教研积累都很少,即使在研究生阶段受过短期(一个学期或两个学期)助教训练的研究生也是如此。因此,新入职高校的青年教师是否重视和加强教研的系统训练和积累,是能否上好课和做好大学教师的关键。

令人遗憾的是,目前,各高校教师发展中心在制度上规定的教师培训只有两类:青年教师的入职培训,以及在职教师的师德师风和执教能力培训。青年教师的入职培训时间通常集中安排为一周或一个月左右,培训内容涉及高等教育法、高等教育学、高等教育心理学、高校教师职业道德修养、教育教学技能与实践、创新创业教育和现代教育技术等。这种高度速成、高度浓缩、高度覆盖性的培训是必要的,但仅是知识性和学理性的,要在一周或一个月左右的时间内,学到、学懂、学会,并能真正指导青年教师真枪实弹地开展教研和教学是很难奢望的。青年教师的入职培训还缺少后续在实际过程上的跟进、指导和督促,虎头蛇尾必然导致其效果大打折扣。在生师比严重失调(部分"非一本、二本"高校生师比>50∶1)的部分"非一本、二本"高校,由于节约办学的人力成本,师资力量严重不足,刚刚毕业入职的硕士和博士,在没有经过系统、完整、多旋回助课、试讲、观摩训练的情况下,就直接上讲台,甚至承担多门、多头的课程教学任务。笔者认为,说重了,这种教学是对青年教师职业发展自尊心、自信心的扼杀,对学生而言是误人子弟。上级教育行政管理部门必须对这样的高校和办学主体说不,要求学校限期整改或停止招生。

众所周知,入职高校的青年教师的科研训练从本科生阶段就开始了,一直持续到博士生甚至博士后阶段,少说有7年,甚至十余年。而他们的执教能力的系统培训时间仅一周或一个月左右,可见,教研和科研训练的天平在高校和教育行政管理部门心中是严重地向科研倾斜的。20世纪80年代以来,大学逐渐走向市场化,市场化模式破坏了教育的公共性和公益性的属性,使大学陷入了一个难以自拔的怪圈。一段时间以来的大学和学科排名更是起到了推波助澜的作用,即大学主要凭科研成果(获奖、论文、人才帽子,甚至科研项目经费等)赢得名校、名学科、名专业("三名")声誉,靠"三名"声誉吸引和招收拔尖学生,在"三名"高校毕业的学生,能获得理想和高薪酬的工作。而国家、社会、家庭和大学生真正需要的是高质量的教育教学。如果相信高质量的教育教学与高质量的科研产出是一致的,那么抓高质量的科研就等同于抓高质量的教育教学,这就形成了一个错误的怪圈,大学在这个错误的怪圈中的"最佳策略",无疑是在形式上、表面上、口头上、舆论上高度重视教学,在政策上、投入上、行动上无比重视科研。组织行为学理论认为,行为是个体与环境互动的产物。**社会和高校给教师个体营造的环境和氛围是,实实在在、认认真真地重视科研,真真假假、虚虚实实地重视教学**。所以,重科研轻教学的根源在社会、国家、高校的政策制定和指挥棒导向上。

科研和教研都是专门性、系统性、积累性和创造性的学术活动,两者的学术属性是一致的(蒋有录,2022),但也存在明显的差别(表4-2、表4-3)。长期以来,人们对教研和教学的学术属性认识不足,也未能将教研和教学的学术属性真正贯彻落实到评价体系、政策杠杆和广大教师的实际行动中。"行之力则知愈进,知之深则行愈达"。评价体系、政策杠杆和广大教师的实际行动的"行不力",导致"知难进","知难进"又导致"行难达",如此恶性循环。一段时间以来,在高校,普遍存在重科研轻教研,重科研成果轻教研成果的现象,大家普遍认为教学活动是重复劳动、熟练工种,门槛低,有了一定的科研积累后,教学自然就能做,也能做好。在这种扭曲和错误认知的影响下,在大学教师这个群体中,造就了不少科研著作等身、教研和教学立言小白的"大牌教授"。这种科研与教研产出比例严重失衡的现象必然会影响高校教书育人的质量,弱化高校育人的核心功能。

在学术属性上,教学、中医与研究地球的起源和演化等的学术探究是一致的、相通的。美国学者欧内斯特·博耶(Ernest L.Boyer)在1990年出版的《学术反思——教授工作的重点领域》中首次提出"教学学术"概念。博耶认为,不能将学术的定义仅仅局限于发现学科领域的新知,教学也是一种学术,对教学进行研究也是科学研究的一种。教师的学术包含相互独立但又互相联系的四种学术形式,即探究的学术(scholarship of discovery)、整合的学术(scholarship of integration)、应用的学术(scholarship of application)和教学的学术(scholarship of teaching)(赵菊珊,2021)。前三者分别是,原始创新(是从 $0 \to n$)、集成创新(是从 $\Sigma n \to N$)和方法创新(是从 $n \to N$)型学术,教学的学术特质类似于集成创新和方法创新的整合(是从 $\Sigma n \to \Sigma N$)(n 表示知识的存量;N 表示知识的增量),即教学创新。它是指整合已有或创新教学理念、教学内容、教学方法、教学技艺、教具和教学管理等要素,提高师生之间交流与沟通的针对性、有效性、生成性和成长性,促进教学相长(表4-3)。

学术的灵魂是创新,无创新不学术。教学的学术性和创新性源自和体现在三个阶段:备课、上课、结课。备课是教学创新的孕育和培植,上课是教学创新的实践和检验,结课是教学创新的反思和成型,三者密切关联和互相反馈。积极、卓越的教学,备课、上课、结课三者之间会形成正反馈关系;被动、消极的教学,三者之间会形成负反馈关系。德国哲学家和数学家莱布尼茨(Gottfried Wilhelm Leibniz)认为:"世界上没有完全相同的两片树叶。"同理,**大学里没有完全相同卓越的两节课,这也是教无定法和**

因材施教的理论基础。如笔者教授的"地史学"课程(48学时),2020年春教授的是010181班的32位学生,2021年春教授的是010191班和010192班的(35+15)位学生,尽管课程名称、学时和教学目标没有变化,但教学对象变了,与"地史学"相关的人类知识积累变了,我本人的知识积累、教学方法和教学理念也在与时俱进,2020年春与2021年春的相同教学内容在授课过程中一定是有差别的、不可能是完全一样的。所以,**无论是同比还是环比,卓越教学必须是、也一定是常新的**。

表4-3 大学教师应具备的四类学术素养

类别	教学学术	探究学术	整合学术	应用学术
要求	必须	必备	必需	必备
精髓	教学创新	原始创新	集成创新	方法创新
要义	新思想新方法 $\Sigma n \to \Sigma N$	新发现 $0 \to N$	新创造 $\Sigma n \to \Sigma N$	新发明 $n \to N$
目标	优化学和促进教学相长	增强教学的吸引力、感染力和魅力		
呈现	论著、新范式、卓越的教学效果	论著、新建议	论著、新建议	专利、新产品、论著、新技术方案
对象	教与学中发现和提出的问题	生产和生活中提出的问题		
研道	教研	科研		

注:n,表示知识的存量;N,表示知识的增量。

国学大师陈寅恪在清华大学国学院任教时,曾给自己提出讲课的"四不讲原则":"前人讲过的,我不讲;近人讲过的,我不讲;外国人讲过的,我不讲;我自己讲过的,也不讲,现在只讲不曾有人讲过的。""四不讲原则"是对卓越教学必须是、也一定是常新的最好诠释。别说"四不讲",能做到"四不讲"中的一个"不讲"就颇为不易。

在大学教师应该具备的学术素养中,教学和整合学术素养为必要学术素养,探究和应用学术素养是应具备的学术素养,四类学术素养是大学教师履行传道、授业、解惑神圣使命的不二法宝(表4-3)。

需要指出的是,与科研相比,教研的跨界性更大、更突出。跨界性,是指跨学科门类或一级学科的跨学科性。在我国目前划分出的14个学科门类(哲学、经济学、法学、教育学、文学、历史学、理学、工学、农学、医学、军事学、管理学、艺术学、交叉学科)中,教研至少会跨三个学科门类,如笔者教授的"地史学",属于理学类、一级学科地质学中的细分学科课程。过程性的"地史学"教研(备课、上课、结课中的教学问题,详见下文教研的分类)会涉及理学、工学、历史学、教育学、管理学、法学和艺术学等学科门类。**在高校,教研的跨学科性和交叉学科的特点往往不被大学教师和管理者重视,对教研认知的偏差,导致一部分大学教师和大学管理者对教研重视不够、投入不足,对教研中的问题不是当老虎打,而是当老鼠打,甚至得过且过。** 在不少高校,过程性教研一般没有专题性的经费投入,一般专题性教研的项目经费投入也仅几千元,多的几万元,项目经费达数万元和十余万元的教研项目就属于重量级的教研项目。因此,正确认识教研的跨界性和复杂性,对促进大学教师教研工作的广泛和深入开展,提高教学和人才培养质量都具有重要意义。

4.3.2 教研的内容

学术研究始于问题,教研作为大学教师学术形式的一种,主要针对两类问题:教学中的过程性问题、教育教学中的专题性问题。

1. 过程性问题

过程性问题,是指在一次完整的课程教学过程(备课、上课和结课)中必然会涉及的问题,可概括为"教学十要"和"教学十忌"。

1)"教学十要"

"教学十要"是指教情、学情,教学理念、教学目标,教学内容、教学方法,教材、教具,教规,评价(表4-4)。下面主要针对"教学十要"展开论述。

表4-4 教学十要

类别	备课	上课	结课
1.教情	爱岗敬业、追求卓越、爱生如己、教研先行	精力充沛、心无旁骛、烂熟于心、挥洒自如	反思与反省、自律与修身
2.学情	知对象、知基础、知需求、知学风	知出勤、知氛围、知神情、知疑悟	知优点、知不足、知目标、知成长
3.理念	知识层次、能力层次、认知层次、成长层次	知识是基础、能力是要求、认知是追求、成长是需求	反思理念与践行的融合度和实现度
4.目标	理念落地、目标适度	教师主导、学生能动、师生互动、学生主动	反思目标的达成度和满意度
5.内容	深谙内容、知识点、重难疑点和学时分配	深入浅出、精讲多练、重道强术、因材施教	反思内容的适切、适当和适宜
6.方法	共性个性教法并重、K-S-A型教法并举	喂食与吊胃口择机而行、三少三多相得益彰:灌少导多、信少辨多、从少疑多	反思在教法上的守正创新、在共性与个性上的共融合璧
7.教材	一主多从,用书不限于书	教书不囿于书,重道不轻于术	反思效果、优化主从
8.教具	合理选用、精心制备	直观、恰当、娴熟	反思、精选、优化
9.教规	遵规守矩、奖惩严明、以身示范、一视同仁	守正与创新、厚爱与严管并举、过程与结果、自律与他律并重	反思过程、审视结果、扬长补短
10.评价	教与学的互动、知与行的统一、生与师的成长	理念与目标的实现度、内容与方法的匹配度、过程与结果的满意度	反思的及时性、改进的有效性、教学的成长性

注:K型,孔子型课程教学,知识驱动、教师主动、学生能动;S型,苏格拉底型课程教学,问题驱动、学生主动、师生互动;A型,自主型课程教学,目标兴趣驱动、自主自觉行动、课内课外联动。

(1)教情。教情是教师对教学和育人工作的认知、情怀、投入、追求的呈现状态和过程态势。教情是影响和决定教学质量和学生成长的第一要素,是校风教风学风的晴雨表。教情是否正面、进取、积极,取决于五个方面的认知(表4-5)。社会环境、国家和学校的政策导向、教师修养是培育教情土壤的氮磷钾三要素。对大学教师而言,前两者也许无力回天,但加强自我修养和学术修养既是教师的情分,更是教师的本分。

表4-5 优化教情认知的五个维度

类别	积极	消极
1.教师与教改	教师是教改政策的守正创新者; 教师是他人教改经验的检验者; 教师是不断优化教改的践行者	教师是教改政策的机械执行者; 教师是他人教改经验的照搬者; 教师是践行教改的操作者
2.教师与学生	教师是点燃学生思想的火炬; 教师是滋养学生成长的园丁; 教师是学生健全人格的引路人	教师是燃烧自己照亮学生的蜡烛; 教师是学生学习的牧羊人; 教师是学生成长模式的制定者
3.教师与知识	教师是知识传承与创新的促进者; 教师是能力提升的开发者; 教师是学术育人的创造者	教师是知识的灌输者; 教师是技能的复制者; 教师是书本知识的照本宣科者
4.教师与自我	教师是自主择业的责任人; 教师是学养教艺提升的发展者; 教师是做大群体蛋糕的贡献者	教师是任领导和牛人摆布的棋子; 教师仅是自己一亩三分地的耕耘者; 教师是群体蛋糕的分享者
5.教学与科研	教学使科研更理性更系统; 科研使教学更深刻更富有个性; 教学和科研是学术创新的不同形态	教学是输出,科研是输入; 科研做好了,教学自然会好; 教学是重复性劳动,科研是创造性劳动

(2)学情。学情是指教学对象的组成、结构、知识基础、学风班风和精神面貌等特征的整体呈现和过程态势。学情是教学工作的出发点和落脚点,学情增量与存量之差的正负和高低是检验教学和育人质量优劣最宏

观和最基本的标志。教师给学生上课如同中医给病人看病,没有认真地、系统地、专业地"望闻问切",就不可能准确地把握病人的病情和症结所在,也就无从对症下药。教师给学生上课不是将课程要求的、教师自己理解的知识传递或倾泻给学生就完事了。在开始上课前和在教学过程中,教师必须对教学对象从时代背景、社会环境、成长环境、年龄特征、学习态度、知识基础、前修和后修课程、认知能力和班风学风等方面有较充分的了解,只有这样,教学理念、目标、内容、方法等才能落地生根,才有可能对症下药、药到病除。教师不仅要对自己教授知识的多少、新旧、深浅、正误负责,而且要对学生的成长、成人和成才上心。

教师教授的某一门课程是学生成长、成人和成才接力跑中的一棒,这一棒跑偏了、跑慢了、跑砸了会影响学生成长的全程,甚至导致全盘皆输的后果。因此,在备课、上课和结课的全过程中,一方面,教师要关注学情、重视学情、研判学情和把握学情。另一方面,在备课、上课和结课过程中,教师要从思想和行动上多与学生交流、沟通。**教师只有先成为学生的心灵之友,才有可能成为学生的精神和灵魂之师。**

(3)教学理念。**教学理念是指教师对教学活动所持有的基本看法、态度、观念和目标追求。**教师对某门课程的教学理念根植于其"三观"(世界观、价值观和人生观)、"三人"(为谁培养人、培养什么人和怎样培养人)和"三人格"(君子人格、法权人格和领袖人格)中,是统帅教学全过程、全方位的导航仪,即教师的教学理念就是教师的教学人格或教学哲学。相对稳定、个性化的教学理念一般需要5年左右的教学实践才能初步成型。然而,多数的专业课教师,特别是理工科类的专业课教师不太注重自己教学理念的有意培植和构建,只是按部就班地完成分配的教学任务。这种对教学的认知、态度和行为,在短期内也许看不出有什么大的问题,但从长期来看,这种教学态度一定会延缓甚至严重阻碍大学教师的职业和事业发展,"三个砌墙工人的故事"就深刻地阐明了这个道理。**理念决定行**

为，行为决定习惯，习惯决定性格，性格决定人生。"功崇惟志，业广惟勤"。在教学过程中，从教书育人的高度，有意识地培植和构建自己的教学理念，对促进自己执教能力的提升，成就自己的职业和事业追求大有裨益。

笔者教授"地史学"课程近40年，教学理念经历了三个阶段的变化：教知识理念阶段、教能力理念阶段和教成长理念阶段。教知识理念阶段（1986—2005年），追求教授更多、更新、更实用的"地史学"知识，要求学生能更快、更多、更好地掌握"地史学"知识，希望能有更多的学生喜欢"地史学"、热爱"地史学"和从事与"地史学"相关的工作。教能力理念阶段（2005—2014年），通过"地史学"的教与学，要求学生对"地史学"的基础知识、基本技能和基础理论广泛知晓、熟练掌握和善于运用。教成长理念阶段（2014年至今），通过教师对"地史学"的教授，引导和促进学生对"地史学"及其他课程的学，使"地史学"的教与学成为学生学习与成长过程中的正向导航仪和加油接力棒。

回顾自己三个阶段教学理念（教学人格）的变化，有两点感悟：其一，对教师、教学和教研认知的深化及境界的提升既需要埋头拉车，更需要抬头看路；**转换停滞不前与与时俱进、一地鸡毛与井然有序、煎熬与享受、躺平与奋进的关键，是你对自我角色和日常工作认知的深化和境界的提升**。你站在1楼环顾四周，看到的是一地鸡毛；你站在10楼环顾四周，也许看到的是丰富多彩的世界；如果你站在100楼环顾四周，看到的一定是诗和远方与星辰大海。其二，教与学、教师与学生中有星罗棋布的"金矿"有待寻觅、探究和挖掘，教学相长的主导权一定是源自教，学需要教的牵引和激励，教也需要学的响应和推动。**教得有方、学得来劲、同频共振、教学相长是对教学理念的最佳回馈，行动上的执着高效，源于思想上的清晰坚定**。

（4）教学目标。教学目标是课程教学理念的落地和具象化。如果将一门课程的教学比喻为一场足球赛的话,教学理念是运动员的精气神,教学目标就是球门。教学目标应该包括三个层次:知识的掌握、能力的培养、价值的引领(包括精神培育与人格养成),前两者是基础目标或低阶目标,后者是高阶目标。多数教师对基础教学目标较为重视,对高阶教学目标重视不够,将它视为可有可无的点缀。从育人的角度看,缺少高阶教学目标的教学是没有灵魂的教学。近些年,国家和学校层面大力推进的课程思政,对补齐这块短板发挥了明显的积极推动作用。在48学时的"地史学"教学大纲中,笔者对"地史学"的教学目标是这样界定的:通过"地史学"的教与学,要求学生掌握"地史学"的基本知识、基本技能和基础理论(三基);知晓深时和当代生物多样性、气候和海平面变化、中国和世界海陆分布格局的由来和演变;培养学生质疑、批判、严谨、求真的科学文化素养以及热爱祖国、献身科学的家国和人类情怀;养成珍惜生命、保护环境、保护地球的良好素养;助力学生地球系统科学观和世界观、人生观、价值观的形成。

(5)教学内容。教学内容是教学理念和教学目标的落地和细化。教学内容的拟定主要涉及三个方面:构建课程内容的知识结构图谱,研判课程内容的"三点"(重点、难点和疑点),分割和关联课程内容的知识点。构建课程内容的知识结构图谱,需要结合学科、专业、前后课程的相关性,综合研判和梳理本课程该教授哪些内容;在这些内容中,哪些内容是必须教授的基础内容,哪些内容是核心内容,哪些内容是可以引申和关联的内容,教授的逻辑顺序应该如何设定;哪些内容需要以理论课的方式进行教授,哪些内容需要以实习和实践课的方式进行教授。研判课程内容的"三点",就是要在明晰课程内容结构图谱的基础上,区分课程教学内容的重点、难点和疑点,以便在教学过程中针对不同的内容和知识点采取不同的教授方式和学时分配方案。知识点是教学内容的基本单元,知识点的分割既要考虑到知识的相对独立性,也要考虑到知识的相关性,过细的知识点分割会使课程内容显得庞杂和零乱,过粗的知识点分割会使课程内容显得太厚重,让教与学难以驾驭。一般而言,一个知识点以能在5～15分钟教授好和学习好为宜。

(6)教学方法。如果说教学内容是遴选、配置和排序好的食材的话,教学方法就是烹调方法和厨艺,教学方法会直接影响学生学的积极性、主动性和参与欲。教学方法的选择和制定,要依据教学内容和学情而定,切忌一刀切。根据教学内容和知识点的不同和难易程度,教学方法大体可以分为三大类:K型、S型和A型(表3-2)。K型,孔子型课程教学的简称,其特色是,知识驱动、教师主动、学生能动;S型,苏格拉底型课程教学的简称,其特色是,问题驱动、学生主动、师生互动;A型,自主型课程教学的简称,其特色是,目标兴趣驱动、自主自觉行动、课内课外联动。K型、S型和A型的教学方法可以线下实施,也可以线上或线下、线上融合进行。

20世纪70年代后期,正值我国恢复高考和改革开放,哈佛大学为了重振本科教育,在时任校长德里克·柯蒂斯·博克(Derek Curtis Bok,1930年生,1971—1991年间担任哈佛大学第25任校长)的带领下,开展了一场持久且影响深远的教育教学改革,改革的切入点是:教学内容与教学方法谁先谁后、谁重谁轻?绝大多数的哈佛教授都认为,应以课程内容为先、为重,即将"重新审视教给学生什么东西"放在第一位。在众多的哈佛教授看来,能在哈佛大学读书的学生都十分优秀,课程内容选好了,你怎么教,他们都能学会、学好。但是,博克校长不这么看,他以教育家和校长的慧眼与勇气,力排众议,第一个提出了本科教学方法重于课程内容的理念,竭力主张这次教改要把解决"教师如何教学生"放在首位,其次才是课程内容的更新和改革。

博克说,这次特意提请大家首先高度关注"教师怎么教"和"学生怎么学",不为别的,就是要让哈佛的教学模式"来一次根本性的转变",即由原来那种以教师为中心、基于讲座式的教学体系向以学生为中心、主动学习的体系转变。博克坚信,这将是一个巨大的转变,不仅对哈佛大学很重要,对美国乃至其他国家的教育也很重要。空谷足音,认准了就得干！多年后,随着改革的深入推进和良好效果的显现,哈佛的教授们逐渐意识到自己当初的想法错了,对博克校长的魄力和独特贡献深表钦佩。时至今日,博克的这一理念和主张更加深入人心,越来越多的教师自觉运用新的、以学生为中心的教学法,用心、用情、用力引导学生运用各种方法学习、理解所学内容,还鼓励学生把所学知识应用到其他情境中,大大激发了学生的好奇心和主动学习的积极性,达到了知识内化为能力和素养的要求,这种转变使哈佛大学乃至美国其他高校迎来教学模式上的巨变。

(7)教材。教材既是课程教学中的重要知识载体,又是教师教授和学生学习的拐杖。随着互联网、信息化和数字化的逐渐普及,大学教学中,一门课、一本教材(课本)的范式逐渐淡出教师和学生的视野。基于构建学科和专业知识结构的需要、学校要求和授课教师的个性特色以及知识更新的速度,同一门课,所使用的教材类型、形态、多寡,在不同大学,甚至在同一所大学的不同授课教师中,也会存在明显的差别。当前形势下,将课程与教材的关系定位为"一主多从"较为合适。"一主"是指一门课选定一本主教材,便于教师和学生把握课程知识的系统性、连续性、深浅和难易的相对一致性;"多从"是指一门课可以选定和制作多种类型、形态、难易、新旧不一的教学参考材料,便于教师和学生多角度、多方位、多层次地把握课程知识的开放性、多样性和创新性。对一门课程而言,主教材和授课教师制作的讲义或课程PPT是教学过程中学生学习的导航仪。一般而言,教材的更新周期为5~10年,甚至更长的时间,因此,应该摒弃完全依赖主教材的教学范式,前沿课、专业课、专业基础课的教学范式更应如此。

(8)教具。在课程教学过程中使用的实物、模型、器具、场景等,如标本、挂图、电脑、实验设备、展示装置、教室和教学场景等。合适、逼真、针对性强的教具对学生正确认识、深刻理解、牢固掌握教学内容具有其他教学方法不可替代的作用。模型和虚拟仿真能直观和具象地展示、演示、模拟渺观、微观、宏观、宇观世界中悠久漫长或转瞬即逝的现象和过程,是教学的重要助手。重视和加强教具的选配和研制,可以对落实教学理念、实现教学目标、促进教学相长起到事半功倍的作用。清华大学的杨斌教授认为,教室的样子影响着教学和教育的样子,教室的样子,不是简单的物理空间的布局问题,而是可能关乎教育理念、教学法,甚至可以说是育人哲学在空间实体上的投射。讲台、黑板、矩阵式的桌椅排列,现在还常有投影设备和屏幕,这种教室和教学场景最适合以教师为中心的K型课程教学,圆桌式、拼盘组合式、对坐式的教学场景或智慧教室(图3-15)更适合以学生或问题为中心的S型课程教学。

(9)教规。教规是规范和约束师生教学行为和过程的法律、规章制度和办法。教规是保证教与学沿着正确方向前行的护航器。教规可分为三个层次:国家(包括党中央和国务院,教育部)、学校(包括学校和院系)、课程层次,分别规范教育教学的宏观(教育教学的大政方针,如思政课的设置、课程思政等)、中观(对师生课堂、听课、结课、考试考核的要求等)和微观层次(对上课、复习、预习、作业、互动等的要求)的教育教学行为和过程。实际的情况是,比较多的大学教师对三个层次的教规不够重视,特别是对课程层次(微观层次)的教规更是如此。他们认为都是大学生了,学习是自己的事情,不需要老师来规范大学生的学习行为和过程,这些具体、微观层次的教规在基础教育阶段都已经烂熟于心,在大学课程和课堂中再来重复这些教规显然是没必要的。然而,实际情况并非如此,在不少大学课程的课堂上,学生低头玩手机、睡觉、谈笑风生,甚至谈情说爱的大有人在,课堂上的"C位"空无一人并非罕见,"必修课选逃,选修课必逃"并非个例。尽管这种现象产生的原因是多方面的,但课程层次严明教规的缺失一定是其主要原因之一。因此,学校和授课教师加强学校和课程层次教规的建立和约束,对杜绝上述课堂上的不良现象会大有裨益。

在笔者近40年"地史学"教学生涯中,随着"地史学"课程层次教规的出台,在64学时或48学时的"地史学"教学过程中,很少有学生随意缺课、不按时提交作业、迟到、早退、上课玩手机等不良现象的出现。笔者制定的"地史学"课程层次教规是"约法三章":①上课迟到或早退3分钟需书面(当面)主动陈述理由;②有要事需事先请假,非不可抗拒原因缺课1次酌情扣减课程成绩(≤5分),2次将被视为弃课;③要求做课程学习笔记,上课"玩"手机者,一经发现,将酌情扣减课程成绩(≤5分/次,随机抽查)。"约法三章"中,要求你(学生)做到的我(老师)首先做到,望互相监督并切实执行。这些教规在"地史学"课程的第一次课(绪论)上,向全班师生言明(图4-1)。

约法三章

- 迟到或早退3分钟需书面(当面)主动陈述理由;
- 有要事需事先请假,非不可抗拒原因缺课1次扣减课程成绩(≤5分),2次将被视为弃课;
- 要求做课程学习笔记,上课"玩"手机者扣减课程成绩(≤5分/次,随机抽查)。
  要求你做到的我首先做到!

图4-1 必修课"地史学"课程的"约法三章"

(10)评价。这里主要讨论如何评价学生的课程学习成绩。从教书育人的角度来看,学生的课程学习成绩应该由学习过程成绩和结课考试成绩两部分组成。自"新时代全国高等学校本科教育工作会议"(2018-06-21,成都)和"全国教育大会"(2018-09-10,北京)召开以来,教育部及各高校都明确提出,要增加学习过程成绩在学生课程成绩中的占比,降低结课考试成绩的占比，不能以一次结课考试成绩作为课程成绩。目前按照"四六开"和"三七开"的比例方案执行的情况比较多，即学习过程成绩占比40%或30%，结课考试成绩占比60%或70%，也有"五五开"或"六四开"的。就目前而言，学生的课程学习成绩应该由学习过程成绩和结课考试成绩两部分组成，一线教师的认知与教育部和各高校的倡导基本一致，问题是占比如何划线。笔者认为，对具体的课程而言，学生学习过程成绩和结课考试成绩占比，可由授课教师依据自己的教学理念和所教授的课程特征来确定，建议过程成绩占比不应小于50%。

十余年来，笔者教授的64学时或48学时"地史学"学生课程成绩（S）的评定，一直遵循"六四开"的原则，即学习过程成绩（C）占S的60%，结课考试成绩（F）占S的40%。学习过程成绩主要包括：c_1，两次大作业（课程学习设计Ⅰ、Ⅱ，估计每位学生累计用时约40+40小时）；c_2，两次中型作业（编制岩相古地理图和沉积示意剖面图，估计每位学生累计用时约5+5小时）；c_3，不少于三次小型作业（估计每位学生累计用时大于2小时×3次）；c_4，师生互动课中互动的频度和质量；c_5（印象分），课程进行过程中的学习态度和行为，特别是A型课程教学过程中学生的表现；e，额外奖励分（1~5分，为百分制课程成绩以外的课程奖励分，累加进学生的课程成绩），依据在课程学习过程中，学生是否在课堂内外向老师或同学提出与课程相关的有新意、有价值的问题，分析问题是否有见地，或解决问题是否有创意。课程成绩$S=C\times 60\%+F\times 40\%+e$，其中，$C=\Sigma c_1+c_2+c_3+c_4+c_5$，$c_1$占比$S$的20%，$c_2+c_3+c_4$占比$S$的30%，$c_5$占比$S$的10%。

在"地史学"学生课程成绩评定中，笔者加大过程成绩比重和有意增加"印象分"，主要基于三方面的考虑：

其一，课程成绩不应仅重视和考查学生对课程知识的掌握和运用（知识和技能层次），也应考查学生日常的学习动机、态度、行为习惯（思想和精神层次），而这些特质仅通过结课考试成绩无法反映，学生思想和精神层次的良好修为不仅能为学好"地史学"保驾护航,也能为学生学好其他课程乃至学生的成长奠定良好的基础。同时,这种考核方式使"地史学"的教学理念(通过教师对"地史学"的教授,能引导和促进学生对"地史学"及其他课程的学习,使"地史学"的教与学成为学生学习成长过程中的正向导航仪和加油接力棒)能贯穿到"地史学"教学的全过程中,实现教书与育人的双赢。

其二,学习过程与结课考试结果并非简单的线性因果关系,即好的学习过程,不一定必然获得好的结课考试结果,好的结课考试结果也不一定就能反映好的学习过程。部分记忆力强、抱着侥幸心理猜题的学生,平时不烧香,临时抱佛脚,也有可能在结课考试中考出好成绩,甚至还存在通过作弊在结课考试中考出好成绩的现象。

其三,学生的学习过程成绩和结课考试成绩,是对教学过程及其效果的系统和全面反映,且学习过程成绩的客观性和必然性较"一锤定音"的结课考试成绩更高。因此,加大课程学习过程成绩的权重,更有利于教书育人和课程思政效果的提升,实现知识传授、能力培养和价值引领的融合。

需要指出的是,在教规中笔者强调课程教学的"约法三章"和在评价中加大课程成绩的过程评价占比是基于教育的"三好育人使命",即培养好习惯(如为学、为事、为人的好习惯)、好思维(如批判性思维和创造性思维)和好人格(如独立人格、君子人格、法权人格和领袖人格),高等教育更是如此。习惯是由重复性的行为和过程造就的,不是一蹴而就的。"教育就是养成良好的习惯"(叶圣陶),"人生幸福在于良好习惯的养成"(罗素),"优秀不是一种行为,而是一种习惯"(亚里士多德)。"培养思维的最好场所是课堂"(顾明远),特别是S型课堂。好习惯和好思维是好人格的重要组成部分。

2)"教学十忌"

"教学十要"是每门课的授课教师自觉或不自觉地、有意或无意地、或重或轻地要思考和要践行的工作。行动上的笃定高效,源于思想上的清晰坚定。在战术和操作层面,在教学过程中,教师容易踩的坑可归结为"教学十忌"(表4-6)。

表4-6 教学十忌

类别	忌	宜
1.备课	重"食材"轻"烹饪"	"食材"和"烹饪"并重
2.教态	无精打采,不修边幅	精神饱满,衣着得体
3.开篇	清淡如水,老生常谈	"奇句"夺目,使之一见而惊
4.授课	唱独角戏,满堂灌	适度的师生和生生互动
5.主从	喧宾夺主,过多的视频、插曲、幽默、调侃等会淡化课堂的学习氛围	用严谨的逻辑思维、入木三分的讲述和画龙点睛的案例主导课堂教学过程
6.提问	指名在先,提问在后	先提问,再留白,后指名
7.互动	"熟人"(教师熟悉的、能与自己配合默契的、"能说会道"的学生)互动	"非熟人和熟人"统筹兼顾,因教学和课堂的生成性更多来自"非熟人"
8.纠错	教师总是第一裁判	以学生为主,教师择机而行
9.改错	遮遮掩掩地改正自己的口误、笔误和其他错误	敢于自我改错,敢于直面并非完美的自我和教学过程
10.结尾	草草收场,有撒网无收网	收网和固化本次课的要义

(1)备课忌重"食材"轻"烹饪"。要知道,没有烹调好的"山珍海味"是难以入口的,尽管精选"食材"也很重要。在备课和授课过程中,科研型教师和科研达人更容易犯此大忌。

(2)教态忌无精打采。授课教师的形象是给学生的第一印象,无精打采、心不在焉、不修边幅的形象和气质,会大大降低学生对课程、对课堂、对知识的兴趣和对求知的热情。常言道:先敬罗衣后敬人,先敬皮囊再敬魂。要知道,学生喜欢你,才会喜欢听你的课,才会相信你的传道、授业和解惑。虽然,教师在三尺讲台上授课不像演员登台表演对形象气质的要求那么高,但教师给学生的第一印象应该是精力充沛、心无旁骛、穿着得体、爱岗敬业的模样。有亲和力的形象气质,再加上吐辞为经、举止为法的言行举止,会快速地俘获学生求知的"芳心",为顺利、高效地开展教学奠定良好的基础。

(3)开篇忌清淡如水。古训有云,"开卷之初,当以'奇句'夺目,使之一见而惊,不敢弃去"。每堂课、每节课或每门课的课堂(课程)引入很重要,好的课堂(课程)引入,能牢牢抓住学生对课堂和课程的关注度和学习兴趣,为课程的进行奠定良好的基础。

(4)授课忌唱独角戏。教师满堂灌的"演说"和不顾学情的独角戏只会削弱学生对课堂教学的参与度,恰到好处的师生互动、生生互动能大大提高学生对教学的参与度、积极性和主动性,从而收获知识和成长。"没有了对话,就没有了交流,没有了交流,也就没有真正的教育"[保罗·弗莱雷(Paulo Freire),巴西教育家和哲学家]。

(5)主从忌喧宾夺主。在教学过程中教师要用严谨的逻辑思维、入木三分的讲述和画龙点睛的案例主导课堂教学过程,辅以其他的教学方法和技术。过多的视频、插曲、调侃等会淡化课堂的学习氛围,涣散学生的思维。

(6)提问忌指名在先。向学生提问是课堂互动的重要策略,应先提出问题,便于全体学生思考,必要时再指名学生回答。教师切忌先指名学生,再提问,这样不利于调动全班学生对问题思考的积极性和主动性。

(7)互动忌仅"熟人"互动。所谓"熟人"互动,是指在师生互动过程中,教师为了互动的顺利进行,习惯于请自己熟悉的、能与自己配合默契的、"能说会道"的学生互动,不愿请相对陌生的学生或"差生"互动,这样做可能会导致两种不良的后果:其一,捡到了芝麻,丢掉了西瓜。"熟人"互动容易掩盖大多数学生在学习过程中存在的问题,甚至"熟人"互动过程中的"顺利、默契、精彩"使教师自我满足,错过"非熟人"互动中可能出现的教学机遇(教师没有预想到的问题和学情),从而错过更有价值和新意的教学生成性。其二,师生互动与我无关。习惯性的"熟人"互动,会挫伤大多数"非熟人学生"参与课堂互动的积极性和主动性,小课时(小于32课时)和大课(大于50或60名学生的课堂)更是如此。

(8)纠错忌教师总是第一裁判。在师生和生生互动过程中,学生出现思维、逻辑、概念、知识上的错误在所难免,先让学生自己纠错,最后或必要时,教师再该出手时就出手纠错更好。这样既有利于学生,也有利于教师从多个维度发现问题,纠正错误,朋辈的纠错也许更容易触动学生的心灵。

(9)改错忌遮遮掩掩。教师不是神,课堂上出现口误、笔误或其他错误在所难免。当教师发现了自己的错误或学生指出了教师的错误时,教师要敢于直面和改正,没必要遮遮掩掩、糊弄学生或视而不见。也许学生从教师的知错和改错中学到的不仅是正确的知识,还有求真务实、知错必改的科学精神和为人为事为师为学的态度。

(10)结尾忌草草收场。课堂结尾要收网和固化本次课的主要内容及要义,并为课外和下一次课做好安排,慎终与慎始同等重要。

2. 专题性问题

专题性问题是指在教育和教学过程中,针对某个阶段、某个对象、某个环节和某项工作中,具有针对性、代表性或普遍性的某个或某类问题进行的专题或专项性研究,如当代大学生的价值追求及其致因、课堂教学过程中板书的要义等。过程性问题的主要特征是连续性、关联性和实践性,专题性问题的主要特征是独立性、针对性和代表性。专题性问题可分为三类:务实型、务虚型和虚实合璧型。

(1)务实型教研。主要指围绕学科专业建设、基层教学组织建设、课程教材建设、实习实训基地建设、教学实验平台建设、教学标本和模型建设等开展的教研。在层次上,有国家级、省级、校级和院系级之分,包括线下、线上或线下线上混合型。务实型教研通常以竞争性项目的形式开展,项目经费从数百万元至数万元不等,以数万元至数十万元项目居多,层次越高,建设的工作量越大、实物投入越多,建设的时间周期越长,其项目经费也就越多。务实型教研的主要特征是:先有明确的目标任务,具有从无到有、从弱到强、从粗到精或从小到大的目标追求,与日常的教育教学工作紧密关联;在人员的组成与结构上,通常需要有多类特长或熟知多学科方向的"能工巧匠",牵头人和主要参与者有共同的教学需求,通常源自同一个院系或同一个基层教学组织;成果有形、具体、看得见摸得着、可在一定范围内共享。

需要特别强调的是,在务实型教研中,有一类最基础、最务实、最重要的教研就是与课程教材建设密切相关的"课程型教研",即与教学任务和教学课表捆绑在一起的教研,将在下文具体阐述。

(2)务虚型教研。主要指从理论、概念、法理、范式、历史、对比等的角度,澄清或解决教育教学过程中出现的理论和认识问题,如孔子型与苏格拉底型教学范式的比较研究,线下与线上教学的现状和未来趋势,基层教学组织在打造一流本科课程中的地位与作用,课堂板书的要义,优秀大学生的人格养成,大二学生中厌学情绪产生的土壤和条件,上课玩手机的治理等。务虚型教研的主要特征是:有目标、有追求,但都不具备具象性,探索性较强;参研的人数不会很多,一个人也能干,无需大量的人财物投入;在研究方法上,以文献资料调研、问卷调查、访谈、对比与类比分析为主;教研成果的主要标志是提出新概念、建立新模式、形成新理念、创建新范式,教研成果的表达形式主要是教研工作总结、教研思想交流、教研论文的发表或专著的出版。

(3)虚实合璧型教研。主要指将理论与实践、思想与行动相结合,探索和解决教育教学中的重大理论与实践问题,通常涉及的研究对象丰富、研究内容广博、研究方法多样、研究过程长而复杂,研究成果的影响面和受益面大,如始于1989年、每四年一次的国家级教学成果奖的绝大多数获奖项目。虚实合璧型教研的主要特征是:在目标追求上,聚焦教育教学和人才培养方面重大或重要理论与实践问题的探索;在组织形式上,通常是"大兵团作战",具有跨院系、跨学校甚至跨地区和跨行业的特点;在研究内容上,既有实践布局,也有理论探索和系统集成;在研究方法上,通常采取两种方法,演绎法或归纳法,前者注重顶层设计对实际教育教学工作的指导,后者注重对实际教育教学工作取得的成绩和出现的问题进行实时优化调整,最终形成可复制、可推广的教育教学工作范式;教研成果的表达具有多元性,既有新概念的提出和新范式的形成,也有多层次和多方面成功案例的推广和论著的出版。

综上所述,务实型教研和务虚型教研内容更适合绝大多数长期工作在教育教学工作一线的教师和其他教育工作者,虚实合璧型教研也许更适合"双肩挑"的教师、年长的教师、知名专家或教育家。

4.3.3 教研的方法

教研的方法可划分为战略型方法和战术型方法。前者与科研的战略型方法一样,也会经历三个阶段:积累(教学积累)、专注(教学专注)、顿悟(教学顿悟或醒悟)。教研的战术型方法可概括为"教研七课",即备课、说课、授课、思课、听课、评课、写课。无论是战略型教研方法还是战术型教研方法,聚焦的都是教学问题,其核心要义就是教与学及其良性互动,促进教学相长。

1. 战略型方法

1)教学积累

教学积累包括以学科和专业为中心的专业积累,以教育教学理论、方法和技术为中心的教授积累,以对教育对象(专科生、本科生、硕士生和博士生)成长背景和环境的了解、观察和与教育对象交流为中心的学情积累。

(1)专业积累。是教研和教学的硬要求,受教师个人和学校的重视程度高。就目前高校青年教师入职的条件而言,取得博士或硕士学位证书是底线要求,是教研和教学专业积累的起点,也是教研室(系)指派和下达教学任务的基本依据。当所学专业和所从事的科研与指派的教学任务相近或一致时,教学课程所需的专业积累可以在较短的时间内满足教学所需;当所学专业和所从事的科研与指派的教学任务不一致或跨度较大时,教学课程所需的专业积累就需要较长的时间才能达到教学所需。教师在专业积累上的投入就需要提高强度、效率和加长时间,在这种情况下,未雨绸缪、快鸟先飞必不可少。教学和教研所需的专业积累既需要守正,更需要与时俱进、不断精进和拓展所学,只有这样,在教学过程中才能娓娓道来、深入浅出、挥洒自如。因此,专业积累不是一阵子的事,应该是一辈子的事。就教学和教研所需的专业积累而言,教师所教授课程的相对稳定,将有利于优化专业积累的长度、厚度和宽度,提高教书育人的效果,因此,应避免教师教授课程门类的频繁变换。

(2)教授积累。是教研和教学的软要求,受教师个人和学校的重视程度不高。教授积累与时间和效率成正比,对教师和中医而言,"越老越值钱"不无道理。在科研上,"自古英雄出少年"累见不鲜,但在教研和教学上,名师、人师、大家通常大器晚成。教授积累需要两条腿走路。其一,注重教育教学理论知识的学习,在平时的学习和工作中,拿出一部分时间浏览、研读教育教学方面的文献和经典名著。对专业课教师而言,45岁以前,拿出1/4读文献的时间用于阅读教学文献;45岁以后,拿出1/5读文献的时间用于阅读教学文献;注重在线上和线下观摩教学经验丰富、教学效果好的名师、名课、名嘴,使自己能站在巨人的肩膀上,快速地博采众家之长,厚植教授积累。其二,在自己的备课和上课过程中,注重反思、反省和自律,及时总结每一堂课上自己成功的经验和失败的教训,从犯错、知错和改错中不断优化自己的教授技艺。

(3)学情积累。是教研和教学的软要求,受教师个人和学校的重视程度不高。学情积累主要与教师对教育教学的认知、对学生的情感和关注度有关。教师给学生上课与在学术会议或专题会议上作学术报告不同,教师给学生上课如同中医给病人看病,没有认真地、专注地、专业地"望闻问切",就不可能准确地把握病人的病情和症结所在,也就无从对症下药。学情积累需要从三个方面发力:认识、情感和行动。提高认识是学情积累的起点,没有认识上的提高和思想上的重视,就不会有情感上的投入和融通,没有情感上的投入和融通就不可能有行动上有针对性的举措。投入情感是获取学情积累的钥匙,有了情感的投入,学生才会走近教师、亲近教师,进而听其言、信其道和践其行,才能为课程教学的交流和互动奠定良好的情感基础,"情和万事通"。如果教师在课堂内外都表现为高高在上、情不由衷、不食人间烟火的"圣人"形象,学生就会疏远教师,对教师敬而远之,这种关系不是真正健康的师生关系和教学关系。教与学、师与生关系的本质是,以知识为载体的师生间的传道、授业、解惑,认知交流、情感沟通、智慧启迪和人格互动。有了情感融通的基础,教学目标的实现就水到渠成了。积极行动是厚植学情积累的不二方法,学情积累需要从三种尺度积极行动:世界格局、时代发展、国家和社会需求的宏观尺度,学生的成长环境、地域特色、学校特色及其文化底蕴的中观尺度,班风学风、学生的先修后修课程和已有知识基础的微观尺度。积极行动取得的深厚的学情积累,有利于教师创设和采取更有针对性的教学策略和教学方法。

专业积累决定教研和教学能否进行,教授积累和学情积累决定教研和教学能否高效、卓越地进行。所以,专业积累是教研和教学的硬要求,教授积累和学情积累是教研和教学的软要求,三者相辅相成,相得益彰。没有深厚的专业积累、教授积累和学情积累,就不可能有卓越的教研、教学和立德树人。

2)教学专注

教学专注是指教师基于自己的专业积累、教授积累和学情积累,对课程教学中存在的过程性问题或专题性问题,长期、持续地留意、留心、留神地观察和思考,并付诸行动,寻求解决问题的最佳思路和方案。值得专注和聚焦的教学问题就是上文述及的"教学十要"(表4-4)。"教学十要"既要从整体上统筹思考,更需要分时段、分类别、分轻重缓急地各个击破,一个都不能少。在操作层面,"教学十要"中涉及的教学问题的答案没有最好,只有更好。

下面仅以"教学十要"中的教学内容和教学方法为例,谈谈如何进行有针对性和有效的教学专注。教学内容和教学方法是课程教学的核心,也是"教学十要"中的本质问题,其实质是教什么和怎么教。教什么和怎么教需要专注的教学要素至少应包括三个方面。

(1)教学大纲中对教授内容的要求。这是底线,没有做到就是没有完成任务。但教学大纲中对教授内容的要求只是纲要性的、指南性的,需要教师在备课和教授过程中分解、细化和落实,包括分解和排序知识点,研判教学内容及其知识点中的重点、难点、疑点,拿捏好每个知识点教授的深度、广度和关联度,确定不同内容和不同知识点应该采用的教授方式,如K型、S型和A型。

(2)学时分配。这是践行教学内容和教学方法的计时器或"秒表",提前或拖延都会影响教学进程和教学效果。在教学任务下达时,课程的总学时数是规定好的,对授课教师而言,如何将课程的总学时数切分到不同的章节模块及其知识点是需要反复斟酌推敲的。**课程的学时分配需要遵循权重三倾斜原则:向重点内容倾斜,向重点中的难点内容倾斜,向重点、难点中的疑点内容倾斜**。课程的重点内容需要从课程的知识属性、学科属性和专业属性的结合上进行研判,课程的难点和疑点内容需要从课程的知识属性、教授积累和学情积累的结合上进行研判。如"地史学"课程的重点是要教会学生解读地球史的三把钥匙,即沉积古地理学、地层学和历史大地构造学,其中的难点和疑点是,年代地层单位与地质年代单位的建立和相互关系、地质年代表的构建及其特征、"将今论古"现实主义原理和瓦尔特相律等重要定律内涵的清楚把握及其具体运用。"地史学"课程的难点是不同地质时代、不同地区的生物史、沉积史和构造史的记录及其反映的地史特征和规律的特殊性、普遍性。

（3）课程思政。是对专业课教学的高阶要求，需要教师将课程的知识传授、能力培养和价值引领水乳交融地融为一体。**通过教书，实现育人；通过立德，优化育人；通过育人和立德，丰富教书内涵和提升教书水平。**如上文所述，课程思政的载体有三种：器者、道者和师者。器者就是课程的知识点及由此构成的内容体系和知识结构；道者就是课程的知识体系所蕴含的道，即规律、价值、精神和思想；师者就是授课教师，是融知识体系和价值体系于一体的执行者，是课程思政的"发动机"。就教学内容和教学方法而言，课程思政就是要将器者和道者通过施教者融入教学的全过程中，让学生在收获知识的同时，能受到世界观、人生观和价值观的正确引领，能受到科学思想、科学精神和科学作风的熏陶，能受到真善美的潜移默化。

3）教学顿悟

教学顿悟是指教师在教学积累和教学专注的基础上，解决某一个或某一类教学问题，即顿悟、醒悟或豁然开朗。教学积累和教学专注如同十月怀胎，教学顿悟或醒悟如同一朝分娩。需要指出的是，对教学顿悟中得到的豁然开朗和恍然大悟的方案还需要仔细斟酌、打磨和实践，只有经过反复教学实践并被证明是好的教学思路和方案，才能成为垫高自己教学积累的新起点。如何催生顿悟将在下文（第5章　学道）具体阐述。

2. 战术型方法

战术型的教研，就是上文提及的"教研七课"，即备课、说课、授课、思课、听课、评课、写课。

1）备课（策略研究）

好课不是讲出来的而是备出来的！备课的实质是一种教学策略研

究,即这门课我该教什么、怎样教,学生应该学些什么、怎样学。依据教学大纲或国标(教育部高等学校教学指导委员会,2018),如何进行内容的取舍、知识点的分割、学时分配、重点聚焦、难点分散等?选用哪一本或哪几本教材和教学参考书及何种相关文献?学生的知识基础和知识结构是怎样的?先修课程和后续课程是什么?班风、学风如何?教学目标如何定位才能让学生想跳、能跳、跳一跳后能够得着?不同的课程内容和知识点应该采用怎样的学生易于、乐于接受的教学方式?教学场地、环境、设备、设施如何?需要什么样的教具等?在对以上问题了解清楚并妥当安排后,就需要对教学内容、教学方法、教学案例等从战略到战术、从战术到技术、从技术到艺术上进行反复打磨。所以,备课的过程就是教学策略的研判和优化的过程,就是第2章述及的"四重备课"或"四个一"备课过程。

备好一门新课(32~64学时)需要多长时间?对新入职高校、爱岗敬业、博士或硕士本专业(指与课程的专业属性相似或一致)毕业、具有1~2年助课经历的青年教师而言,短则一学期,长则一辈子。因为要上好一门课,需要关注和积累的东西太多、太广,许多东西都需要不断学习,与时俱进。**细数起来,要备好和上好一门课,三种积累(专业积累、教授积累、学情积累)不可少,三个阶段(积累、专注、顿悟)不可无,"教学十要"(教情,学情;教学理念,教学目标;教学内容,教学方法;教材,教具;教规,评价)不可或缺,"教学十忌"不可不重视。**

2)说课(测试研究)

说课是指在备课的基础上,由教师在比较短的时间内(5~15分钟)口头表述这门课或这堂课要教些什么、如何教、为何要这样教。说课的观众或听众通常是同行或评委,说课也可以当作课程教研组展开内部交流的一种形式。说课的对象也可以是教师自己。说课是对备课的系统性和充分程度的一种测试,并为达到下一步的成功授课的目的做到心中有数和不断优化。课堂上的娴熟和笃定,源于备课时充分和细致的投入。

3) 授课（实战研究）

在课堂上教师面对学生如同医生面对病患，教师可以通过课堂氛围、学生的坐姿、坐态和座位分布，面部表情和学习状态等把握课堂上的学情。备课只能作为基本策略，在课堂上，面对学情及其变化，要进行适当的微调，让授课更具有针对性和实效性。对教师，特别是青年教师而言，最容易出现的问题是，重视自己的教，轻视学生的学；重视这堂课或这门课教学任务的完成，忽视教学理念的达成度和教学目标的实现度；重视按照计划接续授课，轻视依据学情适时调整教授内容的多寡、深浅和宽窄，教法、教技和教艺，用好上文述及的"七有课堂"策略。课堂教学的目标不仅是要按时完成任务，更重要的是，让学生有尽可能大的获得感。对教师而言，授课也是实战研究，能在授课过程中感悟何为台上一分钟、台下十年功的真谛。授课是否顺利有序、课堂氛围是否积极正面、师生互动是否默契融洽、教学目标的实现度和满意度等的达成度，是检验备课是否充分和细致入微的最好的评判要素。

4) 思课（反思研究）

思课是指教学反思。"一个教师写一辈子教案不一定成为名师，如果一个教师写三年的教学反思，就有可能成为名师"（叶澜，华东师范大学终身教授、知名教育家）。课堂教学只有更好，没有最好。教授完一堂课或一门课后，针对"教学十要"和"教学十忌"进行反思是非常必要的。苏格拉底认为，"未经反省的人生是不值得过的"。同理，未经反思的教学是不可能卓越的，未经教学反思的教师也是不可能在教学上成长、成才、成功的。只有通过习惯性的教学反思，教师才能发现问题、纠正错误、改进不完美、避免犯重复性的错误，使自己的执教能力与时俱进、教学层次（念书－讲书－侃书－品书）和教学境界（教坏了—教死了—教活了—教化了）(龚一鸣,2014)不断提升，才能收获和不断优化成功的教学方法和教学艺术，形成优秀的、个性化的教学风格，实现用谁都能听明白的讲授说清楚他人没有想到或没有讲清楚和写清楚的道理,用谁都能受到启迪的方式调动学生的深度思维。

5)听课(比较研究)

小同行(教同一课程的教师)和大同行(教不同课程的教师)之间互相听课是基层教学组织教师参加的常态化的教研活动,做细、做实、做好了,对互相学习、互相促进、取长补短,提高教师的执教能力,促进评教的健康发展都有重要作用。**同行间的互相听课要做到,有针对授课教师的听、看、记,有针对听课学生的观、查、问,有针对自己的思、比、悟。**同行间的互相听课既要注重教学内容的取舍,详略、正误、深浅和新旧方面的比较研究,也要注重教学方法、技艺和教态以及课堂氛围把控方面的比较研究,用人之长补己之短,线上听课和观摩也应如此。

6)评课(诊断研究)

在听课的基础上,可从八个方面对授课教师和课程进行诊断和评判,也为自己学习他人之长、弥补自己之短明确方向和提供借鉴。八个方面包括:①教师的仪表与精神面貌;②学生的精神面貌和学习状态;③教学理念的贯彻和课程目标及其达成情况;④教学内容的多少、难易、详略、重点、难点和疑点的处理;⑤教学媒体、声音语言、肢体语言、幽默、设疑和插曲等教学技艺和方法的运用及其切题、中肯、娴熟程度;⑥课堂节奏、氛围、师生和生生互动情况的把控;⑦教学效果的达成度和满意度;⑧课程思政的方式及其契合度和融合度。

7)写课(提炼与分享研究)

写课就是将上述备课、说课、授课、思课,听课、评课的过程、结果和感悟进行总结和提炼,写成教学论著发表出版。良性和高效的教研既要提升自己,也应惠泽他人(更多的学生和教师),形成教研、教学、交流分享的良性互动。令人遗憾的是,目前,高校中真正能遵循"教研七课"的方法进行教研和教学的教师并不占多数,出于教学的刚性需求,对于备课、说课、授课,思课、听课、评课,多数教师能不同程度地做到,但能做到写课的教师却很少。所以,目前高校的现状是,科研论著等身的大牌教授多,教研立言小白的大牌教授更多。这种科研产出多、教研产出少的强烈反差,必然会影响高校教书育人的质量,弱化高校育人的核心功能。

4.4 教学与科研的关系

教学与科研的关系是大学和大学教师群体不容回避的认知问题、如何处理的现实问题、怎样操作的具体问题,在认知和行动上存在四种选项:①教学、科研两手抓两手都要硬;②教学为主,科研为辅;③教学为辅,科研为主;④鱼(教学)和熊掌(科研)不可兼得。对大学和大学教师而言,前三项是可选项,第四项是错选项。

1. 教学和科研两手抓两手都要硬

教学和科研两手抓两手都要硬是大学对大学教师的职业要求,不这样追求、不这样做或顾此失彼就是不称职。尽管在不同的历史阶段,大学的功能不尽相同,但大学的核心功能就是传承知识和创新知识,通过知识的传承和创新,实现育人的目标,古今中外概莫能外。教学侧重知识的传承,是流,是言传;科研侧重知识的创新,是源,是身教。因此,大学教师只有做到教学、科研两手抓两手都要硬,才能实现传承与创新、言传与身教的统一。然而,在大学教师群体中,这种知行合一、两手都抓两手都硬的教师并不占大多数。

2. 教学为主,科研为辅

这是教学型大学的主流。在教学型大学中,由于支撑教师从事科研工作的硬件条件弱、政策杠杆在科研方面的调节力度不强,尽管学校对教师有科研方面的期望,但通常不是职称和岗位评聘的刚性要求,这种状况导致教师在科研方面的期望值和追求也不高。在日常工作中,教师的主要时间和精力都会投入到教学中,但这种投入更多的是追求较高教学工作量,如课时量、教授的班级和人数、课程门数,甚至是教学项目和文章数量。对量的过度追求,必然会影响相应教学工作的质。因此,对教师而言,把握好量和质的度至关重要,过多的教学工作量也许会带给教师收入的一时增多,但没有质的保驾护航,量可能会成为教师职业发展过程中的定时炸弹。对学校而言,加强对教师教学质量的管理和引导,建立刚柔相济的教学质量评价体系和激励措施十分必要,因为**人大多是逐利的,"凭良心的教学"需要严明的制度和霹雳手段来保驾护航**。

3. 教学为辅,科研为主

这是研究型(也包括教学科研并重型)大学的主流。在研究型大学,由于支撑教师从事科研的硬件条件好、政策杠杆在科研方面的调节力度大,学校对教师在科研项目和成果上的要求高,因而高质量的科研是职称和岗位评聘的刚性要求,教师在科研方面的期望值也高。如何正确处理教学与科研的关系问题,在研究型大学的教师群体中就显得更加突出。在研究型大学,对有职称和岗位评聘需求的教师(以中、青年教师为主)而言,通过对职称和岗位评聘条件及指标进行限制,比较容易实现对这类教师的教学和科研投入的调控,国家层面的"破五唯"(唯论文、唯帽子、唯职称、唯学历、唯奖项)和课程思政也对这类教师的教学和教书育人管理发挥了良好的推动作用,对高校教师重科研轻教学不良风气的扭转发挥了积极作用。

在研究型大学,"功成名就"的大牌教授(如院士或一级教授;国家级人才,如杰出青年基金获得者、长江学者、国家级教学名师等各学科方向的领军人才,以及二级、三级教授)是学校的名片,对学校的教学和育人工作成效能发挥举足轻重的作用。这类教师既是其他教师的榜样和人生奋斗的标杆,也是学生心目中的"大神",他们的言行举止会直接影响学校教书育人目标实现的优劣。如何充分调动这类大牌教授在教学和科研上,特别是在教书育人上的积极性、主动性和创造性是考验学校管理者的试金石,"三心/星+底线"管理是值得推荐的举措。

"三心/星"是指初心、良心和明星。所谓初心,是指大学和大学教师的本分与职责是教书育人,通过教书实现育人,这既是天经地义的大道理,也是为师、为学、为事、为人的小道理。所谓良心,是指大学和大学教师必备的德行,即爱岗敬业,教好书和育好人。在大学教师群体中身居高位者更应深谙此理。所谓明星,是指大牌教授就是大学、大学教师和大学生心目中的明星,通过营造氛围、树立榜样和标杆管理(比学赶帮超)等方式,激发和增强大牌教授在精神上的获得感、满足感和荣誉感,在行动上的模范感、责任感和使命感,用大牌教授的自省、自律、自强影响身边的教师和学生。所谓"底线",就是指给大牌教授定底线和画红线。目前,比较普遍的做法是,大牌教授每学年至少为本科生系统讲授一门不少于32学时的专业基础课或专业课,一个聘期内,达到普通教授指导本科生教学实习和毕业实习的基本要求。

4. 鱼(教学)和熊掌(科研)不可兼得

持这种认识的大学教师至少存在三个方面的问题:在格局上,对大学存在的价值不清楚;在职责上,对大学教师的职业要求不清楚;在操作层面上,不能正确把握教学和科研的辩证关系。笔者认为,**对大学教师而言,科研与教学的关系就像船与水、源与流、夫与妻、左手与右手的关系。**

(1)船与水的关系。科研是船、教学是水,学生是乘船人、教师是艄公,四者不同,但关系密切(表4-2)。教师的目标就是将学生安全、顺利地送达国家、社会和学校希望送达的彼岸。摇摇欲坠的破船和旧船、涡流险滩密布的水、训练无素的艄公,即使是再乖巧、听话的乘船人,也难安全、顺利地抵达希望的彼岸。因此,造好船、蓄好水、练好驾船的硬功夫,三者缺一不可。

(2)源与流的关系。无论是从格局、科学大厦的构建和知识的传承与创新的角度看,还是从细节、教学过程和教师与学生的上下游关系来看,科研都是源、是上游,教学都是流、是下游,没有上游的源头活水,下游的水就会是死水,甚至可能是臭水。"问渠哪得清如许?为有源头活水来"。教学中的抽丝剥茧、知识融通、技能秘籍、以身示范和寻根究底,都是在教师经历科研工作的锤炼、摔打后才得以实现的。科研过程是一个以失败为主旋律的过程,科研的魅力恰在于百折不挠后可能发现的新认识、新现象、新过程和新事物,以及与之伴随历练出的务实、求真、专注、严谨、执着的科学精神、科学作风和科学态度,这些源头活水是滋养教师和使教学个性鲜明、魅力十足的最佳营养,也是感染学生、滋养学生的鲜活案例。

教学过程对科研也具有明显、积极、正面的反馈作用,主要体现在两个方面:其一,源自教。教师的教不是简单地、原封不动地将知识(科研产出的成果)对学生和盘托出,而是要对知识进行剥茧抽丝、条分缕析、整理、加工和整合,展示知识的来龙去脉,揭示知识间的联系,并以深入浅出、通俗易懂的方式呈现给学生,这个过程也是对已有知识在逻辑上和学理上的再检验和再创造的过程。其二,源自学与教之间的互动。大学生的学习不仅是接受、理解和掌握,批判性思维、举一反三地追问也是当代大学生的学习特点。大学生围绕课程的知识点向老师提出的"测试性""挑战性",甚至"挑衅性"问题,以及围绕这些问题引发的师生间的互动、灵动和顿悟,都有利于科研思维和成果的深化和拓展。另外,教学与科研的密切结合,能加速并高质量地传播和普及科学知识,使科研创造出的新知识促进社会文明的发展和进步。

(3)夫与妻的关系。大学教师的事业,学校的发展,乃至国家的兴旺发达与否,与教师、学校和国家对大学里教学与科研关系的正确认识、把握和践行与否密切相关。科研是夫、教学是妻,学生如同夫妻的孩子,夫唱妇和或妇唱夫和的家庭才和谐、兴旺、幸福指数高,仅靠一方单打独斗,即使拼尽全力,也难以成为比翼双飞的家庭。尽管大学在类型上有研究型、教学科研型和教学型之分,大学教师在岗位上也有教学科研型、科研型和教学型之别,但作为以教书育人为己任的大学,称职和卓越的大学教师的标配一定是教学、科研两手抓两手都要硬、都能硬！只教学不科研或只科研不教学的大学定位和岗位分工都是不健康、不应该提倡的。尽管在操作层面上,在某个阶段、某个时段,大学教师可以以教学为主或以科研为主,但不能将大学教师中的一部分人长期固化为教学型教师,另一部分人固化为科研型教师,这种固化不仅会影响大学教师的职业发展,更不利于大学和大学教师履行好教书育人的神圣使命。

(4)左手与右手的关系。大学教师通常都有自己的学科专业和专长方向,每一位大学教师只可能在某个学科领域的某个较窄的专业方向上长期耕耘,在专业细分的当下更是如此,只有这样,才能将有限的时间和精力用在刀刃上,做出创新性的成果。教学不仅需要教师有专深的学养,更需要教师有广博的知识,只有这样教师才能在课堂上深入浅出、旁征博引、信手拈来,让学生在求知和治学的过程中如沐春风、兴趣盎然、志趣坚定。探究学术、追求真理既需要宽广的学术视野,更需要专精深的"钉钉子"精神,前者(宽广的学术视野)能从教学中获益,后者(专精深的"钉钉子精神")能使教学更深刻、更独到、更具有个性,两者相辅相成,如同人的左右手,尽管有武松单臂擒方腊的传奇,但如果武松有双手的话,一定更是手到擒拿。

综上所述,无论是从大学教师个人职业生涯的发展来看,还是从大学教书育人的根本宗旨来看,教学、科研两手抓不仅必要,更是必需。

4.5 出版与出局(publish and perish)

无论是教研还是科研,取得的最终成果以论著形式公开发表应该是最佳的选择,尽管教研和科研取得的成果不公开发表也能在一定范围内有针对性地解决科学问题,使研究者及其组织受益,但成果的受益面达不到最大化,无法添加到科学发展的大循环中,也无法在科学界范围内,成为科学大厦的一部分,让后来者能站在"巨人"的肩膀上继续前行,加快人类社会的文明进程。二十余年以来,国内外的知识界逐渐形成了"publish and perish"(出版与出局/发表与毁灭/发表留人,不发表下岗走人)的"发表文化"。

"发表文化"积极的一面是,促进了科学研究及相关研究论文数量的激增,助推了科研成果的交流和分享。

我国科技论文的发表数量在世界中的排位从20世纪的名不见经传到2010年以来跃居至世界科技论文大国行列。2010年,SCI数据库收录中国科技论文为14.84万篇,占世界SCI数据库收录科技论文总数的10.4%,排在世界的第二位,仅次于美国。日本放送协会(NHK,又称日本广播电视协会)和《日本经济新闻》网站报道,2020年8月7日,日本文部科学省科学技术和学术政策研究所发布报告称,2017年(2016—2018年的均值),中国研究人员每年发表的论文数量为305 927篇,位列世界第一,高于美国的论文数量(281 487篇);德国为67 041篇,居世界第三位;日本为64 874篇,居世界第四位。从论文数量所占世界总数比例来看,中国和美国分别占19.9%和18.3%,而第三位的德国仅占4.4%。NHK的报道指出,中国的论文数量逐年增加,2017年发表的论文数量是20年前(1996—1998年的均值)的18倍,是10年前(2006—2008年的均值)的3.6倍。2019年,在全球高质量国际科技论文数排行榜上,中国排名第二,仅次于美国,发表的论文数量达59 867篇,在全球发表论文总数中的占比达31.4%(表4-7)。

表4-7 2019年发表高质量国际科技论文的国家及地区排名

国家/地区	高质量国际论文数/篇	占高质量国际论文比例/%	位次
美国	62 717	32.89	1
中国	59 867	31.40	2
英国	19 875	10.42	3
德国	16 515	8.66	4
加拿大	11 232	5.89	5
法国	11 204	5.88	6
澳大利亚	10 990	5.76	7
西班牙	8760	4.59	8
意大利	8418	4.42	9
日本	7927	4.16	10
韩国	7126	3.74	11
荷兰	6955	3.65	12
瑞士	6010	3.15	13
印度	5410	2.84	14
瑞典	4761	2.50	15
巴西	4539	2.38	16
伊朗	3689	1.93	17
比利时	3669	1.92	18
丹麦	3603	1.89	19
新加坡	3114	1.63	20

资料来源:中国科学技术信息研究所在线发布2019年度中国科技论文统计结果。

"发表文化"消极的一面有三种表现:其一,"发表文化"给高校教师增添了不小的压力和焦虑感,催生了大量短平快、避重就轻、缺乏创新的科技论文,淹没甚至阻碍了科技工作者对创新、原始创新和真善美的追求,表面上的繁荣掩盖了隐藏的危机。甚至有人调侃,中国的知识界、科教界,从0到1的创新(颠覆型创新)寥若晨星,从1到100的创新如雨后春笋。其二,在"发表文化"的高压下,不少高校教师和科技工作者通过抄袭、剽窃、伪造数据、操纵作者身份、颠覆同行评议发表系统等学术不端手段发表论文的现象也并不少见,撤稿和批量撤稿现象频现。2021年6月4日到6月9日,*Journal of Cellular Physiology*,*Journal of Cellular Biochemistry* 及 *Bioscience Reports* 同时撤回了中国学者72篇文章,主要原因是文章结论不可靠及图片重复使用。2017年4月21日,世界著名出版机构施普林格·自然集团宣布撤回107篇发表在期刊《肿瘤生物学》(*Tumor Biology*)(该期刊曾是施普林格·自然集团旗下期刊)上的论文,而这107篇医学论文的主要作者均来自中国。撤稿原因是,论文作者编造审稿人和同行评审意见。其三,畸形的"发表文化"挤占了高校教师大量的时间、精力和金钱,加之评价体系的推波助澜,使重科研轻教学的不良现象大行其道,严重弱化了高校教师教书育人的根本职能。

教学论文的生产和发表也受到"发表文化"的影响,产生了两种截然不同的现象:被动发表与主动不发表。所谓被动发表或被迫发表,是指有职称晋升需求的教师,出于考核要求,不得不发表教学论文。这类教学论文不是教师的有感而发,而是考核使然。这类教师发表的教学论文大多质量不高,通常是一般性的工作总结、调查报告、读书报告,其思想性、学术性和创新性不高,发表论文的刊物大多是不入流的刊物,甚至是一些只追求经济利益、收费的非法刊物。大量滥竽充数的低劣教学论文充斥于教学文献中,这些论文不仅起不到教研论文应有的作用,还会严重影响广大教师查阅教学论文的兴趣和激情。

所谓主动不发表,是指没有职称晋升、晋级需求和欲望的教师,或"功成名就"的教师,不想、不愿、"不屑"发表教学论文。没有职称晋升、晋级需求和欲望,也就没有发表教学论著的动力和努力,完成了教学任务即可。所谓"功成名就"的教师主要是指那些已经有了教授头衔,既有一定的教学积累,也有一定科研积累的教师。这些人中有相当一部分从骨子里就不重视教学,认为上课、教学是负担、是拖累,教学是站位和跟班,心思没有真正放在教学上。

不得不承认的是,与科技论文相比,绝大多数的高校教师发表的教学论文不仅在数量上少,在质量上也没有已发表的科技论文高。一分耕耘一分收获,在教学上的投入少了,自然收获也不可能多,质量更是不可能高。近年来,国家在人才评价上,出台了一系列"拨乱反正"的举措,如"破五唯"、加大教研和教学在教师职称和岗位评聘中的权重分量,使高校教师中重科研轻教学的现象得到了一定程度的扭转,但在高校中,长期形成的重科研轻教学现象的根除还需要各高校从文化氛围、政策制度和激励措施上多管齐下、多方发力。

第5章 学道——学不可以已

知学、勤学、爱学、乐学、善学、学不可以已,是大学教师应该养成的生活习惯。学为人之道,晓做人之理;学为事之道,明做事之要;学为学之道,莫学养之基;学为师之道,铭育人之本。

5.1 概述：学是从教之源

学道，即学习之道。人只有通过学习才能成为社会学意义上的人，学习也是学习型社会对每个自然人的基本要求。作为最高学府中的大学教师更应如此，知学、勤学、爱学、乐学、善学、学不可以已（"六学"），应该成为大学教师思想和行为的基本准则。大学教师的学道包括四个层次：学习为人、为事、为学和为师之道（图5-1）。**学为人之道，晓做人之理；学为事之道，明做事之要；学为学之道，奠学养之基；学为师之道，铭育人之本。**

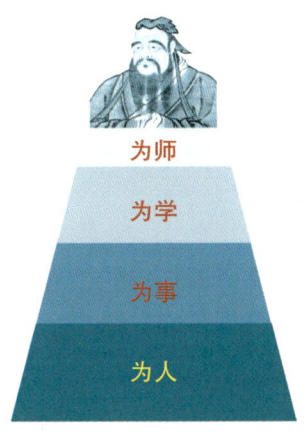

图5-1 学道的四个层次

5.2 学为人之道，晓做人之理

古训有云：为事先为人，为人先立德。可见，为人的根本是立德，对教师而言更是如此，因为在学生心目中，老师是吐辞为经、举止为法之人。在维吾尔族人的传说中，认为人去世了是可以升天的，但不是所有人都有机会升天，要经过集体讨论，贪官污吏、坏警察、坏城管、奸商、坑蒙拐骗之人、杀人放火之徒等要被打入十八层地狱，只有两类职业的人去世后可以不经过讨论，集体升天，这两类职业就是教师和医生。大成至圣的先师孔子，其德育内容的精髓是"人生八德：孝、悌、忠、信、礼、义、廉、耻"，当代大学教师的立德也不例外,但应该强调和更加重视如下"四德":诚实守信、严于律己、与人为善和求真务实。这"四德"也涵盖了"人生八德"。诚实守信,是成年人安身立命的基础,也是大学教师为人师表、教书育人的起点。严于律己,大学教师是教育人、感化人、培养人的职业,身教重于言教、先当学生后当先生是从教者的不二法宝。与人为善,大学教师是与人打交道的职业,对学生、对同事、对他人怀慈善、友善与和善之心、之言、之行,是个人修养的重要组成部分。求真务实,大学和大学教师的"四项功能"(教学、科研、社会服务和文化传承)无一不是建立在真与实之上的。所以,上述的"四德"既是大学教师做人之需,也是大学教师职业之要。

5.2.1 诚实守信

诚以修身,信以立业。诚实守信是为人、为事、为学、为师的根本。"人而无信,不知其可也"(《论语》)。人生如逆水行舟,诚与信则是推动人生前行的双桨。教学、科研、社会服务和文化传承是当今大学的四项功能,诚实守信是其基石。教学的本质是交流和互动,是师生间和生生间的交流和互动,缺少了以诚相见、相互尊重和信任,教与学就无法展开。科研是解决问题、追求真谛之旅,没有诚信就没有敬畏,没有敬畏就没有孜孜以求的执念和脚踏实地的追求。学界不时被曝光的抄袭、剽窃,甚至伪造数据以及各类考试中出现的作弊现象都是诚信缺失、不知敬畏的表现。社会服务是大学和大学教师服务社会、回馈社会和报效国家的德理要求,没有诚信奠基,由服务、回馈和报效筑起的大厦都会倾倒。大学和大学教师作为先进文化存储、传承和产生的高地,没有诚信锻身铸魂,高地将沦陷为深渊。因此,诚实守信理应成为大学教师为人和立德的基石。

5.2.2 严于律己

严于律己就是要经常反省自己、时时提醒自己、遇事管好自己、严格要求自己、注重约束自己、不断激励自己。严于律己既是为人之道,更是为师之道,因为教师是教育别人之人。"先做学生,然后再做先生"(毛泽东)。"教育的本质意味着:一棵树摇动另一棵树,一朵云推动另一朵云,一个灵魂唤醒另一个灵魂""如果你想把阳光播撒到别人的心里,首先自己的心里得有阳光"(罗曼·罗兰)。先哲的这些至理名言,都清楚地诠释了严于律己对为人和为师的重要性。**对大学教师而言,严于律己的途径是五慎:慎独、慎微、慎始、慎终、慎欲。**

1. 慎独

所谓慎独,是指人在独自活动、无人监督的情况下,也能自觉地崇德守纪,不做有违法纪和道德的事情。刘少奇在《论共产党员的修养》一书中指出,"真正的共产党人即使在个人独立工作、无人监督、有做各种坏事可能的时候,也能够'慎独',不做任何坏事",从而做到《中庸》所要求的君子"戒慎乎其所不睹,恐惧乎其所不闻"。其意是说,人们在实行道德自律过程中,要把对自己的严格要求扩充到人所"不睹"之处,要把唯恐失德的心理扩充到人所"不闻"之域。**慎独用今天流行的话说就是表里如一,人前人后一个样,台上台下一个样,大庭广众与独处独行一个样,有无监管一个样**。慎独是自我完善的关键必修课,是"入德之方"。曾国藩曾告诫子孙"慎独则心安",慎独是修身律己的理想境界,是道德评判的重要标准。

2. 慎微

慎独修正身,慎微行正道。慎微,是指人要注重细节、不贪小利,高度警惕小毛病、小陋习、小错误、小瑕疵,切实做到防微杜渐。这既是修身之要,也是"入德之方"。**慎微是大学教师自我净化、自我完善、自我革新、自我提高的必修课。**古今中外的大量事实表明,**凡德行高尚、学养深厚之人,无不思于慎微、言于慎微、行于慎微、始于慎微和终于慎微。**一个在小利小事、细微末节处做事过不了关的人,很难在遇到大是、大非、大节上过得去、过得硬。众所周知,一点火星可引燃百顷森林,一处蚁穴可溃千里长堤。"患生于所忽,祸发于细微","小者大之源,轻者重之端",小与大、微与巨之间有着必然的联系。**任何事物的演变,都会经历由小到大、从轻到重,起于微而止于巨的过程。**

3. 慎始

慎始就是要谨慎对待第一次、第一步、第一关,谨慎对待事情的初发状态和萌芽状态,扣好第一粒扣子、守好第一关,不放过蚁穴之隐、毫厘之差。明代哲学家、官员王廷相曾对下属讲过这样一个意味深长的故事:昨日雨后上街,见有个轿夫脚穿新鞋,一路小心翼翼、择地而行,生怕弄脏了新鞋。进城后,路面泥泞渐多,轿夫不慎踩入泥水坑中,由此便随意行走,不再珍惜自己的新鞋了。在现实社会中,很多人像这个轿夫一样,湿了第一脚,从此便一发而不可收,在错误的泥潭中越陷越深。对新入职的青年教师而言,认真备好、教授好第一节课、第一门课,认真做好第一个教学和科研项目,认真写好第一篇文章对其职业生涯的发展都是至关重要的,良好的开端等于成功的一半。

4. 慎终

慎终就是要善始善终,不能虎头蛇尾,"慎终如始,则无败事"。一位成功登顶珠穆朗玛峰的运动员在分享经验时,强调了两个字:下山。"上山容易下山难",因沉浸于登顶喜悦而麻痹大意,在下山时迷路、失足的登山者,并不鲜见。编筐编篓,贵在收口;善始善终,须久久为功。收官阶段,最考验人的品质、素质和能力,"靡不有初,鲜克有终",善始容易善终难。对大学教师而言,类似的例子也有很多,重视备课、上课,轻视反思和结课;重视上新课,轻视上旧课;重视项目和课题的申请,轻视结题;导师在研究生招生中,重视择徒、收徒,轻视带徒、育徒和成就弟子。年长的教师,特别是过了知天命之年的教师,往往觉得自己已经"功成名就"或"大势已去",淡忘了初为人师时的初心、使命、追求、责任、担当,敢想、敢干、敢闯、敢创的热情,日渐消沉。这些都是善始不善终的表现,应该避免。

5. 慎欲

慎欲就是要节制自己的七情六欲(七情:喜、怒、忧、思、悲、恐、惊;六欲:见欲/视觉、听欲/听觉、香欲/嗅觉、味欲/味觉、触欲/触觉、意欲/情欲),在纷繁复杂的社会环境中,要经得起诱惑、耐得住寂寞、守得了清贫。**欲,并不可怕,但欲不可放纵,纵欲无度必成灾。"贪如火,不遏则燎原;欲如水,不遏则滔天"**(《韩非子》)。教育者应自觉在名利、金钱、美色等欲望面前砌起"防火墙"、安上"廉洁锁"、架起"高压线",做为人师表、教书育人的"四有好老师"。

5.2.3 与人为善

与人为善是指以纯良美好的品性助人、友人、利人。"与人为善"一词出自《孟子·公孙丑上》,原文是:"取诸人以为善,是与人为善者也。故君子莫大乎与人为善。"由此可见,孟子(公元前372年~前289年)这里所说的与人为善与现今常说的与人为善,在思想境界和道德层次上有明显的不同:其一,与人为善不只是一个人的自我修行,与众人、博采众人之善去行善才是真正的与人为善;其二,与人为善不只是善待或帮助他人,而是要明善道、行善为,与人为善是君子至高至大之德行。孟子所说的与人为善应是一种普世价值观、理念和社会担当,这与教师的自我修行目标和职业目标高度契合,也就是,不仅教师自己要与人为善,还要教导和引导学生向善、崇善和行善,并以此带动更多的人与人为善,从而实现社会更加和谐和文明。

对个人而言,与人为善源自个人的高尚、自信和底气,与人为善既是人际交往与合作中的一种高尚品德,也是源自智者心灵深处的一种高级沟通方式。一个人有了与人为善的思想起点,才会有行动的支点、过程的聚焦点和合作共赢的终点。对集体或组织而言,与人为善是合作的基石,与人为善既能征服人心,也能征服世界。"江山就是人民,人民就是江山"这句掷地有声的话中蕴含着深刻的与人为善的真谛,我为人人,人人方能为我。

与人为善并非只是单纯的利他,是既利己也利他。与人为善能收获两样东西:好心情和好人缘。大量的科学研究证明,当人心怀善念的时候,他就能收获好心情,好心情会使人体分泌出大量令细胞健康的神经递质,增强免疫细胞的活跃度,让人不易生病。与人为善的出发点是换位思考、为他人着想、利他、助人,这样的人必然会赢得他人的尊重、信任和欢迎,必然会收获良好的人际关系。与人为善既是成就事业的基础,也是幸福生活的基础。

5.2.4 求真务实

求真务实是指追求事物和事理的真相和真谛,讲求万事万物的实际和实效。求真务实不仅是科学之基,也是人文之本。如果说育人、人文教育、科学教育是大学的三原色的话,求真务实则是这三原色之交、之精髓,也是、也应该是大学教师为人、为事、为学和为师之道。求真务实也是"千教万教教人学真,千学万学学做真人"名言的凝练表达。求真是追求和目的,务实是路径和过程。只有具备真实的目标、务实的过程、真实务实的教育者这三个条件,才能培养出求真务实的"真"人。求真务实,既重视过程之实,也强调结果之真。就为人之道而言,诚实守信、严于律己和与人为善是前提条件,求真务实是过程和结果,四者之间相辅相成。

从另一个角度看,**大学教师应该学习和践行的为人之道可概括为"四线":损人利己是不能触碰的红线,利己不损人是要守住的底线,利己利人是要坚持的方向线,舍己为人是要追求的高线**。大学教师一不留意或有意无意地就会触碰的十条红线有:

(1)认认真真地培养自己,马马虎虎地培养学生;

(2)备课偷工减料,上课敷衍了事;

(3)在教学过程中,无视、轻视或蔑视学生对教学的正当诉求,如课后无法联系上老师,老师不能及时、认真地给学生答疑解惑;

(4)不认真地批改学生提交的作业;

(5)放任学生在教学过程中出现的种种问题,如迟到、早退、无故缺席、上课玩手机或不务正业、不按时认真地完成课堂或课外作业等;

(6)处理学生中出现的问题时不公正、不公平、厚此薄彼;

(7)在课堂上发表不实、不雅和不正确的言论;

(8)利用自媒体传播未经证实的言论;

(9)利用教师的评审、评判和推荐权,做出违心或违背事实的审评和推荐意见;

(10)在项目或课题申报、结题、评奖、评优和论文发表中弄虚作假、伪造数据。

5.3 学为事之道,明做事之要

对大学教师而言,面临的事的类型可区分为:大事、小事、琐事和杂事、要事、急事、好事和坏事等。在这些事中，哪些事要做、要多做、要做好、要竭尽所能地做并做到极致，哪些事可做、可多可少地做，哪些事能做、可有可无地做，哪些事不能做、在任何情况下都不能做，一定要心中有数。**大事、小事、琐事、杂事，事事不能掉以轻心；要事、急事、好事、坏事，件件必须泾渭分明**。正确把握为事的主从、大小、轻、重、缓、急就是为事之道。这里对事情的分类主要考虑其客观重要性和与教师个体利益的密切程度。

5.3.1 大事

什么是大学教师的大事、要事？在普遍意义上说，答案一定是教学与科研或教书与育人，不同的教师、不同阶段和层级的教师，做这类大事的心态或动机、方式，经历的过程，收获的效果和结局是不同的。过往和当代的大学教师存在三种心态或层次做这类大事：完成任务，成就事业，履行使命。

1. 完成任务

大学教师以完成任务的心态做事（教学与科研）所呈现的特征是：①在思想上，坚持底线思维，以完成任务为追求，游离在底线的边缘，尽量不触碰红线；②在行动上，缺乏主动性和创造性，按部就班，不愿在舒适区以外拼闯和冒险，过得去就行，做一天和尚撞一天钟，觉得工作乏味，日复一日、年复一年地做重复性的工作；③在方式上，依据任务要求行事，不越雷池一步，驾轻就熟，求稳；④在收获上，仅收获基本的劳动所得（物质或金钱）以供养家糊口，理想、追求与己无缘，从做事和工作中收获不到任何乐趣，工作仅是谋生的手段；⑤在预期上，就事论事、鼠目寸光，不看、不想看，也看不到前景、希望和未来，浑浑噩噩、没有理想、没有追求，生米早已做成了熟饭，现状既是过去也是未来。这类教师的具象代表就是"三个砌墙工人的故事"中的张三。

2. 成就事业

大学教师以成就事业的心态做事(教学和科研)所呈现的特征是：①在思想上，追求卓越，瞄准做事的高线，尽己所能，将该做的事情做好，认为完美比完成更重要(知我所能，我所能者，尽善尽美；知我所不能，我所不能者，虚怀若谷)；②在行动上，积极主动，知格局、重细节、铭初心，始终保持**将小事做好、将好事做成、将成事做优**的进取状态；③在方式上，不满足于基本的职业要求和行业标准，勤于、敢于、善于扩疆破土，在不断的求索中，开拓创新；④在收获上，不仅能收获养家糊口的基本劳动所得，还能从工作过程和结果中收获成长和提升、快乐和幸福；⑤在预期上，能建立起现在与未来的联系，对职业发展充满期待和憧憬。这类教师的具象代表就是"三个砌墙工人的故事"中的李四。

3. 履行使命

大学教师以履行使命的心态做事(教学和科研)所呈现的特征是：①在思想上，将教书育人看作大学教师的天职，国家富强、人民幸福、人类文明的可持续发展与自己的工作密切相关；②在行动上，积极主动、敢闯、敢干，有情怀、重格局、精细节、铭初心，深知大事必作于细，难事必作于易，伟大出自平凡的道理；③在方式上，守正创新，用高线和卓越规范自己的言行，勤于、敢于、善于扩疆破土，在不断的求索中开拓创新、履行使命；④在收获上，既能收获养家糊口的基本劳动所得，还能收获得天下英才而育之和教学相长的乐趣；⑤在预期上，能建立起日常、平凡、琐碎工作与宏伟目标和使命之间的联系，相信做好当下，使命必达。这类教师的具象代表就是"三个砌墙工人的故事"中的王五。

由此可见，以不同的心态或动机做事，会有不一样的状态、过程、结果和收效,如果大学教师以完成任务的心态做教学和科研一定会偏离教书育人的正确方向,大概率是将多数学生教坏,误人子弟。**以成就事业和履行使命的心态做事,方能成就自我、惠泽学生、造福社会和报效国家。**

5.3.2 小事

大事和小事是相对的,《论语》有言,"小不忍则乱大谋",同理,小事不做好很可能会贻误大事。对大学教师,特别是对青年教师而言,与教学、科研(大事)相关的小事主要有学科和专业建设、课程和教材建设、教学(科研)平台或实验室建设等。之所以将这类事归类为小事,并不是说它们不重要,对学校、院系和学科来说,这些事是天大的大事,只不过这些事通常不是一个人能做、能做成、能做好的事。这类事是大家的事,通常由一个人或两个人牵头,通过分工协作、群策群力来完成,属于群体性的教研、科研项目或学校层面的重要工作。这类小事也需要相关教师以成就事业或履行使命的心态来做,否则,与你个人密切相关的教学和科研的大事就会成为无源之水和无本之木,没有高质量、高层次、雄厚积累的学科、专业和平台支撑的教学和科研很难成就高质量的教书育人工作,水涨方能船高。如果你所在的学科、专业和平台在同行中的高度仅在海平面附近,你个人取得的教学、科研成果的高度达500 m,其海拔也仅500 m左右;如果你所在的学科、专业和平台在同行中的高度为青藏高原的平均海拔(>4000 m),你个人取得的教学、科研成果的高度也为500 m,其海拔就大于4500 m。由此可见,个人事业的发展,与你所在学科、专业和平台的高度和发展息息相关。

5.3.3 琐事

如前所述,大事、小事、琐事都是相对的,这里所说的琐事主要指与教师个体及其职业发展有关,但并非直接和紧密相关的事,如面对社会公众和大学生的科学普及,对学生课外业余科技和社团活动的咨询和指导,与学校的招生就业和学生创新创业相关的宣讲、宣传、牵线和连线,评审学术论文、学位论文和项目等。对大学教师而言,这类事可多做,也可以少做,但不可以完全不做,更不能对这类琐事产生抵触情绪。不然,你在同行、同事、领导和学生心目中就会留下"精致的利己主义者"的形象,长此以往,就没有人愿意跟你一起"玩",你就会被边缘化,在这种氛围中,你也很难做好大事。

5.3.4 杂事

这里所说的杂事主要指与教师的本职工作基本无关的事情,如负责组织管理或参与学校、院系的文娱体育和工会活动,工会和相关部门负责组织教职工福利的领取与分发,与计划教学工作无关的监考、面试、出题和改卷等,群众性、行政性工作的临时应急或抓差等。对大学教师而言,这类事可做可不做,但不可以完全不做、完全拒绝。这类事一般不会很多,偶尔需要教师参与,热心肠地去做并做好远比抵触、埋怨、勉强地去应付差事更好。知识分子的时间都是宝贵的,你为大家服务,大家一定心存感激,在你需要帮助的时候,别人也一定会倾囊相助,这对成就你的大事和小事也会有帮助。

如前所述,大事、小事、琐事、杂事,事事不能掉以轻心;要事、急事、好事、坏事,件件必须泾渭分明。**大事和小事要以成就事业与履行使命的心态去做,琐事和杂事要以乐于担当和热心快肠的心态去做,要事和急事要以顾全大局和勇于担当的心态去做,好事和坏事要以明辨是非和爱憎分明的定力去做。** 经事长智,历事成人。小赢靠智,大赢靠德。大赢的途径有三条:吃别人没吃过的苦,走别人没走过的路,干别人难干的事。

5.4 学为学之道,奠学养之基

"大学者,囊括大典,网罗众家之学府也"(蔡元培),滋养大学这个学府百花园的阳光雨露就是"四学":求学、治学、学问和学术。知识是"四学"的抓手,是学问和学术的基石,传承和创新知识则是"四学"之本。如何通过"四学"形成深厚的学养(学问+修养,learning and cultivation),是大学教师的终身要务。晚清国学大师王国维在不朽佳作《人间词话》中就总结过为学之道:"古今之成大事业、大学问者,罔不经过三重之境界。"第一重境界:"昨夜西风凋碧树,独上高楼,望尽天涯路。"意思是,作为一名学者,首先要高瞻远瞩,认清、认全前人所走的路,学习和借鉴前人的经验和教训。在这个过程中,要耐得住寂寞、耐得住清贫,切忌浮躁、功利和走捷径。第二重境界:"衣带渐宽终不悔,为伊消得人憔悴。"意思是,作为一名学者,应锲而不舍、不达目的誓不休,要像热恋中的情人那样执着、义无反顾、不惜一切地追求自己的目标。第三重境界:"众里寻他千百度,蓦然回首,那人却在灯火阑珊处。"意思是,作为一名学者,只有在持久学习、长期积累和刻苦钻研的基础上,才有"踏破铁鞋无觅处,得来全不费功夫"的机遇和顿悟。

19世纪末,德国的知名物理学家和生理学家赫尔曼·冯亥姆霍兹(Hermann von Helmholtz)提出了关于人的创造性思维会经历三个阶段的说法:第一个阶段为"饱满(saturation)",第二个阶段为"酝酿(incubation)",第三个阶段为"顿悟(illumination)"。法国数学家亨利·庞加莱(Jules Henri Poincaré,被公认是19世纪后四分之一和20世纪初的领袖数学家,是对于数学和它的应用具有全面知识的最后一个人)把学术发现分为四个阶段:①准备(preparation);②潜伏或酝酿(incubation);③豁然开朗或顿悟(illumination);④证明(verification)。新柏拉图派大师泼洛克勒斯(Proclus)把探求真理的历程分为三个阶段:家居(积累),外出(寻觅),回家(悟道)。由此可见,古往今来的大学问家对追求真理的过程和对真正学问的习得所要经历阶段的认识大同小异,即都会经历积累(饱满、准备或家居)、专注(酝酿、潜伏或外出)、顿悟(豁然开朗或回家)的漫长、曲折、恼人和磨人的过程。

5.4.1 积累

知识和学术的大厦不是一天建成的,无论是学者个人,还是学术界,都需要日复一日、年复一年,甚至十年、数十年的逐渐积累,积累只有达到了一定的厚度、长度和宽度,才有可能给科学大厦添砖加瓦。"十年磨一剑""十年寒窗无人问,一举成名天下知""不积跬步,无以至千里;不积小流,无以成江海""万石谷,粒粒积累;千丈布,根根织成",这些古训和名言都深刻地阐明了积累对学者成长和成才的重要性。

科技的发展使人类活动更加丰富多彩,人类知识积累和增量的速度越来越快,10世纪时,人类知识总量是50年翻一番,20世纪初是10年翻一番,21世纪初是每5年就要翻一番,2020年甚至每3个月就翻一番。有数据表明,16世纪时,世界的重大发明只有26项,17世纪增至106项,18世纪为156项,19世纪已达546项,进入20世纪,仅前50年就达961项,比此前的总和还多127项。知识的积累固然重要,选准方向、围绕目标、聚焦问题的积累更重要。如何选准方向、围绕目标、聚焦问题?聚焦国家和社会的重大需求、世界科技前沿和个人兴趣,选准知识积累的方向,将使积累事半功倍。无优选方向、无明晰目标、无凝练问题的积累,将导致事倍功半。**知识和学术积累,宜循序渐进、宜小步快跑、宜与时俱进,忌急于求成、忌不求甚解、忌漫无边际。**

1. 宜循序渐进

学术大厦是由一块块砖、一片片瓦不断有序积累、构建而成，难以速成、难以"弯道超车"、难以"一日千里"，否则，学术的大厦就会基础不牢、结构不稳，一有风吹草动就可能会倾覆。对高校的青年教师而言，其学术大厦的基础主要是在攻读博士或攻读硕士学位（读博或读研）期间构筑的，如何固本强基，需要从长计划。一般而言，读博者通常都有毕业后选择在高校、科研院所、大企业（大公司）的研发机构或智库继续从事科学研究的职业规划。因此，他们在读博阶段，甚至在读本科阶段就要注重循序渐进地打好基础，构建好研究领域和学科方向的知识结构。合理、有序的知识结构是学者选择研究方向，遴选科学问题，判断真伪、对错、虚实的基础。合理、有序的知识结构的构建通常需要较长的时间。如果你选定的研究方向是古生物学中的三叶虫，则需要构建四层式的知识结构，从外围到核心，对相关层次知识掌握的深度、精度、广度要逐渐加强（图5-2）。

知识的积累不仅要重视单个知识点的质量和数量，更要重视其结构，一盘散沙式的知识积累是不能发挥其功能的，也不可能指向科学问题的提出、批判性思维的形成和科学问题的解决，并形成深厚的学养。**知识要有结构、数据要形成数据链，这种知识和数据才可能发挥其功能**。正如房子都是由砖瓦灰石等构成的，没有一定结构，一盘散沙式的砖瓦灰石就是一堆建筑垃圾，将砖瓦灰石做成具有某种结构的房子，该房子才具有某种功能。因此，青年教师在知识和数据的积累阶段，不仅要注重单个、单方面知识点的质量和数量的积累，更要针对科研、教研方向和科学问题构建起具有一定功能指向的知识结构和数据链。科学史告诉我们，知识和数据的积累通常是一个漫长、枯燥、恼人的过程，在这个过程中，我们要能耐得住寂寞、耐得住清贫。只有积累达到一定的阈值（厚度、宽度和长度），才有可能看清前人（科学存量）的问题所在（"望尽天涯路"）、当下和未来

图 5-2 研究方向与所需知识结构构建的关系
(以古生物学中的三叶虫研究为例)

注:1.核心层知识(研究方向);2.紧密层知识(地质学知识);3.相关层知识(自然科学与技术知识);4.外围层知识(人文与社科知识)。在同一知识结构层,纵坐标方向的知识与研究方向的关联性更高。

的路在何方。循序渐进的知识和学术积累过程既是数量增加的过程,也应是质量优化和方向进一步聚焦的过程。

2. 宜小步快跑

如果说循序渐进的积累强调的是稳,那么,小步快跑强调的就是稳中求进。人生短暂,当今的科技发展一日千里,"沉舟侧畔千帆过,病树前头万木春"(唐朝刘禹锡的《酬乐天扬州初逢席上见赠》),万万不可懈怠。所谓小步就是要稳、准、实地下功夫,对核心层和紧密层中涉及的前人积累(文献、数据、方法和思想等)要吃透、要筛选、要整合,寻找到取得新发现、解决新问题、形成新认识的方向和突破口,并能从相关层和外围层知识结构的视野,审视和优化提出问题、分析问题和解决问题的过程和目标。所谓快跑就是要以只争朝夕的精神和行动,排除干扰,朝着既定的目标前进。

3. 宜与时俱进

在学术和知识的积累阶段，既要保持定力，也要始终使自己在思想和行动上保持开放态度，尊重已有、不拒新有、乐见将有，使自己在学术和知识积累上既具有守正的基础，也具有创新的潜力和实力；在与主流同行、与时代同步的基础上守正创新，让学术积累与学术敏感相辅相成、相得益彰。故步自封、因循守旧、唯我独尊必将使自己的学术生涯走入死胡同。

4. 忌急于求成

科学突破既依赖于灵感，更依赖于厚积薄发。急于求成的心态，往往会导致学者不求甚解，甚至弄虚作假、伪造数据，科学史上这种例子不胜枚举。舍恩事件被认为是当代科学史上规模最大的学术造假事件。德国年轻学者简·享德里克·舍恩（Jan Hendrik Schon），1998年加入美国新泽西的贝尔实验室。他通过伪造数据，用所谓的"分子晶体管"糊弄人。时年32岁的舍恩曾在《科学》和《自然》等学术刊物上发表了近90篇论文，仅2000年，舍恩就在《科学》和《自然》这两本期刊上发表超过八篇论文。2001年，平均每八天，他的名字就会在学术期刊上出现一次，很多人开始讨论这位"爱因斯坦二世"获得诺贝尔奖的可能性。

但舍恩的研究结果遭到一些同行的质疑，据此，贝尔实验室组建了针对他实验成果的独立调查委员会，对舍恩在《科学》《自然》《实用物理学》等期刊上发表的论文进行调查，越来越多的数据问题被发现。在为期三个月的调查中，委员会发现舍恩至少有九篇论文存在数据问题。当委员会要舍恩提供相关物理证据时，他表示自己没留下实验记录，或说硬盘储存不够，删除了原始数据。另外一些时候，他会以设备在德国，或者设备在运输时被毁等为借口拒绝检查。尽管如此，委员会还是得出了结论，舍恩在被指控的24处内容中至少存在16处学术行为不端和数据造假。在委员会公布调查结论的第二天,贝尔实验室解雇了舍恩。舍恩事后承认自己许多论文的数据不正确。他带着耻辱回到了德国,他所就职的单位(马普研究所)也撤销了给他的聘书。与此同时,康斯坦茨大学(德国著名的研究型大学)则收回了他的博士学位,各大期刊也将他的论文整批整批地撤销,他的名字除了在提及丑闻之时出现外,在学术界销声匿迹。科学界类似的弄虚作假丑闻还有韩国干细胞生物学家黄禹锡事件(2005—2009年)等。

5. 忌不求甚解

食物对人的滋养源于慢嚼细咽基础上的消化吸收,狼吞虎咽、囫囵吞枣导致食物未经充分消化吸收,不仅不能滋养人,反而可能会伤害五脏六腑和整个身体。学术和知识积累也一样,一知半解的知识、道听途说的学问,不仅不能增添学者的学术积累和知识积累,还会误导学者的科研方向和目标,甚至造成不可挽回的重大损失。

学术积累贵在真、精、新,不在多。所谓真,是指每一个科学数据是真实、客观的,是可以重复或重现的,具有可验证性;每一个科学认识的获得和发表是受真实数据和严谨逻辑支撑的,尽管这种认识可以与已有的常识和科学认知不一致,也可以与某一个或某几个权威科学家的观点不一致。对知识和文献的积累而言,所谓精,是指对解决科学问题和构建知识结构能真正发挥作用的知识,而不是人类知识库中某一个方面或某几个方面所有的知识;所谓精,是指知识、文献和数据的质量及其重要性。如在古生物学研究中,在空白区古生物属种的报道固然有意义,但在生命之树中,主要分枝节点型物种的发现和报道则更有意义。所谓新,是指知识和数据的原创性和颠覆性,如古生物学中,寒武纪早期昆明鱼和海口鱼的发现改写了脊椎动物和鱼类的演化史(舒德干团队,2016),对客观、真实生命之树的认识和构建具有重要的科学意义。

✏ 6. 忌漫无边际

忌漫无边际是指在学术和知识的积累阶段不聚焦,只追求知识和数据的多和广博。如上文所述,随着科技的快速发展和人类活动的丰富多样,人类知识积累的速度越来越快,10世纪时,人类知识总量是50年翻一番,20世纪初是10年翻一番,21世纪初是每5年就要翻一番,2020年甚至每3个月就翻一番。不聚焦、没有针对性的学术和知识积累,一个人终其一生,也只能积累人类知识的汪洋大海之一粟。尽管科学突破需要建立在较宽广和雄厚的基础上,但漫无边际、不加筛选的积累,不仅会使积累时间加长,还有可能误导科研进程和方向。

5.4.2 专注

专注是积累的延续和进一步聚焦。在积累阶段,学术方向、目标和内容是一个逐渐调整和优化的过程,甚至另起炉灶。在专注阶段,学术方向、目标和内容会得到进一步明晰、深化和聚焦,一般不会另起炉灶。学术研究是一项需要专注和坚守的事业,喜新厌旧、朝秦暮楚、见异思迁、变化无常必将一事无成。一旦方向选定、目标明确,就要有不达目的誓不休的精神。"衣带渐宽终不悔,为伊消得人憔悴"。学术研究如同谈恋爱,一旦确定了心怡的科研方向和目标,就要锲而不舍、执着地追求,但行好事,莫问前程,一定能到达希望的彼岸。"心心在一艺,其艺必工,心心在一职,其职必举"。

在这里,与大家分享一个"小鸟战巨蛇"的故事。一只麻雀大小的小鸟刚刚落在沙地上觅食,潜伏在沙地里的巨蛇猛地窜了出来,小鸟便拍打着翅膀,用自己的尖嘴击打着巨蛇的头部。由于小鸟的力量有限,刚开始的击打并不能撼动巨蛇,经过小鸟1000多次精准击打巨蛇头部的同一部位后,巨蛇终于瘫软在沙地上,成了小鸟的盘中餐。动物界中"小鸟战巨蛇"的故事告诉我们,专注对于成功是多么的重要,也印证了"只要功夫深,铁杵磨成针"(宋朝祝穆的《方舆胜览·眉州·磨针溪》)的古训。肯德基(Kentucky Fried Chicken,简称KFC),是美国跨国连锁餐厅之一,也是世界第二大速食及最大炸鸡连锁企业,1952年由创始人山德士(哈兰·山德士,Colonel Harland Sanders)创建。要知道,开始创业时,山德士是一位65岁的退休老人。他手握母亲留给他的炸鸡秘方,却始终找不到合作伙伴,但他不放弃,两年之内被拒1009次,终于在第1010次时,签下合同,从此才有了风靡世界的肯德基。

当今社会,诱惑人的东西很多,人性中的七情六欲、社会上的名利官禄和一夜暴富都有可能动摇、分散和瓦解人的专注。**专注源于执着,执着源于热爱,热爱源于思想上的清晰坚定。**因此,自觉地提升学者自身的人格修养、培养科学精神,是形成学术专注的原动力。

5.4.3 顿悟

顿悟一词源自佛教术语,是指突然或瞬间领悟、醒悟或觉悟,顿悟的反义词是渐悟。顿悟具有突发性、不可预见性、转瞬即逝性和独一无二性。"踏破铁鞋无觅处,得来全不费功夫""众里寻他千百度,蓦然回首,那人却在灯火阑珊处",是对顿悟诗情画意的表述。顿悟产生灵感,灵感源于顿悟。在学术研究和文化艺术的创作中,人们都希望顿悟能频繁地光顾和不期而遇。顿悟的产生既可以源于外部环境的刺激,也可以源于积累和专注基础上的冥思苦想和孜孜求索。**痛苦、困境、逆境能使人顿悟,冷静、沉思、渴望、焦灼能使人顿悟,殚精竭力地投入、真情实意地倾注、义无反顾地追求也能使人顿悟。**顿悟只垂青于有准备的头脑,**积累和专注是孕育顿悟的母亲。**

在科学上,由顿悟产生的发现、发明和创造不胜枚举。中国知名学者周海中在梅森素数分布的探究过程中有过无数次的失败。有一天,他受到"费马数"的启发,这为他解决梅森素数分布这一难题找到了突破口,从而提出了梅森素数分布的猜测,并给出了它的精确表达式。后来这项重要成果在国际上被命名为"周氏猜测"。传说2000多年前,古希腊学者阿基米德在泡澡时顿悟出可以用浮力原理来解决耶罗王提出的鉴定新造金冠是否被掺假的棘手难题;牛顿被树上掉下的苹果砸中脑袋而顿悟出万有引力定律。千百年来,顿悟作为人类解决科学问题和其他问题的一种独特方式,已得到广泛认可,并得到现代脑科学的证实,即当研究对象顿悟出答案时,大脑右半球颞叶中的前上颞回区域活动明显增强,并在顿悟前0.3秒左右突然产生出高频脑电波,通过常规方式获得答案的研究对象则没有出现这种状况。

浙江大学文科资深教授刘海峰曾将大学教师对学术的态度分为五种类型:乐业型,以学术为乐,天天都沉浸在做学术的快乐之中,这是最高的学术境界,就像孔子所说的,"知之者不如好之者,好之者不如乐之者";志业型,学术志向和信念坚定,将学术作为自己的终身不二追求,希望在学术上能做出点大名堂来;事业型,是指在学术上具有明确的目标和追求,希望通过学术提升自己、造福家庭、服务社会、报效国家;职业型,以完成任务为目标,仅将学术作为一种谋生的手段,希望能有一份体面的工作,追求票子、车子、房子、位子、帽子,即"五子登科";苦业型,做学术对这类教师来说,是一件很痛苦、枯燥无味的事情,但为了生活、为了完成考核指标,还得去做且摆脱不了,只能惨淡经营。顿悟会垂青前三类大学教师,通常与后两类教师无缘。

5.5 学为师之道,铭育人之本

思想是行动的种子,你对教育、教学、教师("三教")有什么样的认识,就会有什么样的行动,就会收获相应的结果。对大学教师而言,如果你将"三教"认定为职业、事业、科学、艺术、生命,就会结出相应之果。因此,为师之道的起点是认识"三教",形成自己对"三教"的洞见。**理想无需刻意寻觅,她就相伴在你"枯燥"的现实生活中;诗和远方无需舍近求远,她就根植在你"不起眼"的一亩三分地里;星辰大海并不高远,她就隐藏在你"微不足道"的脚下。一流教师,以培养出的学生令自己崇拜为自豪;二流教师,以学生对自己的崇拜为自豪;三流教师,以自己的"出类拔萃"为自豪。为师之道的根本是育人,崇尚育人好的职业偏好、培养善育人的职业技艺、追求育好人的职业目标。爱生如己、因材施教、诲人不倦、教学相长是育好人的四大抓手。**

5.5.1　爱生如己

爱是从教的基因,教育的起点要怀揣爱,教育的过程要洋溢爱,教育的结果要充满爱,没有爱就没有教育。一个对学生冷漠、麻木不仁的"大师"有可能教好书,一定不能育好人。对教育而言,教书是手段,育人才是目的。如果要求你像人民教育家陶行知先生那样关爱学生的成长,你也许会觉得有距离感,有隔靴搔痒感,零距离地关爱学生学习和成长的榜样就是你自己,你对你自己、你对你的孩子、你对你的兄弟姐妹是如何关爱、如何培养的,你用类似或同样的方式去关爱你的学生,就能做到、做好为师之道的第一步,即爱生如己。**如果你将爱这个基因,通过你的教书过程和手段植入到了学生的心里,爱就会在班级、学校、社会和人间传递,你和他人就会收到同样或别样的爱,"爱出者爱返,福往者福来",社会就会变成美好的人间。**如第2章所言(表2-1),人类的爱包括师爱、母爱、友爱和情爱。教师对学生的爱就是师爱,也只能是师爱。**师爱的最大特点是,立足现在、着眼长远、因材施教、严字当头、动之以情、晓之以理。**

5.5.2 因材施教

德国数学家、哲学家戈特弗里德·威廉·莱布尼茨（Gottfried Wilhelm Leibniz）说："世上没有两片完全相同的树叶"，何况人、何况成长中的青少年学生。**每位学生的心灵和大脑都是一座情感和智慧的宝库，他们有共性，更有个性，一把钥匙不可能开启所有宝库的大门，教师手中必须要有千万把钥匙，才能打开不同学生个体情感和智慧宝库的大门**，了解和走进学生的内心世界，培育其向善、向上和丰富的情感取向，启迪其智慧潜能。因此，因材施教应成为从教和为师者的职业原则。该原则的创立者就是被誉为世界教育的始祖——孔子。

《论语·先进篇》中记录有这样一则故事。有一次，孔子讲完课，回到自己的书房，学生公西华给他端上一杯水。这时，子路匆匆走进来，大声向老师讨教："先生，如果我听到一种正确的主张，可以立刻去做吗？"孔子看了子路一眼，慢条斯理地说："总要问一下父亲和兄长吧，怎么能听到就去做呢？"子路刚出去，另一个学生冉有悄悄走到孔子面前，恭敬地问："先生，我要是听到正确的主张应该立刻去做吗？"孔子马上回答："对，应该立刻实行。"冉有走后，公西华奇怪地问："先生，一样的问题您的回答怎么相反呢？"孔子笑了笑说："冉有性格谦逊，办事犹豫不决，所以，我鼓励他临事果断。但子路逞强好胜，办事不周全，所以，我就劝他遇事多听取别人意见，三思而行。"

这则故事告诉我们，因材施教的基础和前提是，教师对教授的学生要有充分的了解，针对学生的性格、基础、心智特征等，"对症下药"，只有这样才有可能"药到病除"。一刀切的教学内容、方法、教态，只能让一部分学生受益，另一部分学生受挫。由此可见，因材施教是教育公平和有教无类的人性化表达和微观呈现。

5.5.3 诲人不倦

诲人不倦是为师的职业底线。尽管同一所大学、同一大类专业的学生都是经过中考和高考层层筛选的,但不同学生的记忆力、理解力、判断力、学习态度和学习能力是不同的。教师用同样的方法教授同样的内容,一部分学生觉得太简单,另一部分学生可能觉得太难,不能理解和掌握,这时,就需要教师站在学生的角度,设身处地地从学生的基础、学习方法、思维方式和学习态度等多个维度,进一步优化自己的教学方式和方法,能让学生拨开云雾见青天,不能表现或流露出对学生的不尊重和不耐烦,甚至批评学生。学生针对老师教授的内容提问或质疑通常可以分为四个层次:不知、不懂、不会、不可及(表5-1)。

表5-1 学生的提问层次与教师的应答方法

类型	不知	不懂	不会	不可及
问题类型	不知单个知识点,如某概念和术语	不懂多个知识点之间的关联	不会将理论付诸实践	不可及/查无此"人"
问题层次	知识滨海(大众区)	知识浅海(专人区)	知识半深海(少人区)	知识深海(无人区)
问题缘由	没关注、没学习,临时抱佛脚	建立不起知识点之间的联系	理论难于具体指导实践	人类知识库中无现存问题的答案
求教目的	寻求答案	寻求思路	寻求秘籍	寻求灵感
应答方法	查态度、查问题产生的原因,指出问题所在,让学生自知	与学生一道,多角度剖析单个知识点的内涵与多个知识点间的联系	以身示范,详解操作过程中的关键细节和分解动作	与学生一道,多角度和多层次地交流思想,剖析问题,教学相长

1. 不知

学生向老师询问课程中的一些显而易见的基本概念和术语的定义和含义,这类知识属于知识滨海的低阶知识(图3-1),在教科书中或在教师的教授过程中已经定义、剖析得很清晰,学生的"不知"完全是他心不在焉或没有认真学习所致,即既没有看书、看指定的文献,也没有认真预习、上课和复习。对这类问题,教师不应以所谓的诲人不倦方式直接告诉学生所问问题的答案,而是要了解学生"不知"背后的原因,帮助学生端正学习态度、明确学习目的,讲明大学阶段认真学习的重要性,并引导学生获得问题的答案,真正让学生认识到对这类问题的"不知",完全是自己没有认真学习的结果,为自己的行为感到自责(表5-1)。

2. 不懂

学生对教科书和教师教授中涉及的内容,都关注到了、也系统地学习了、认真地思考过了,就是建立不起知识点之间的联系,不能融会贯通。学生问老师的目的是寻求思路,并非寻求现成的答案。对学生提出的这类问题,教师应该以诲人不倦的态度,协助学生梳理知识点之间的联系,与学生一起寻找解决问题的思路、方法和答案(表5-1)。

3. 不会

学生对教科书和教师教授中涉及的内容,都关注到了、也系统地学习了、认真地思考过了,知其然,也知其所以然,就是不知道如何付诸实践。学生问老师的目的是寻求理论付诸实践的秘籍,并非不懂其理论上的缘由。对学生提出的这类问题,教师就应该以诲人不倦的精神,以身示范,手把手地点拨学生,协助学生掌握从理论到实践的秘籍、从知到行的钥匙、从显性知识到缄默知识的举措(表3-3、表5-1,图3-4)。

4. 不可及

学生对教科书和教师教授中涉及的内容，都系统地学习过了、认真地思考过了，既懂了、也会了，但发现了新问题，经过查文献和反复求索，仍然不得其解。学生问老师的目的是寻求灵感，期待思想火花和思想的碰撞，这时的学生已经畅游到了知识的深海区和无人区(图3-1)，无法从人类知识库的存量中找到现存的解。对学生提出的这类问题，老师不仅要以诲人不倦的精神，还应以教学相长的姿态，与学生一道，探究学术，追求新知(表5-1)。

需要指出的是，教师既要根据学生提出的问题进行层次上的判断并做出适切的应答，更需要从情感的角度保护和鼓励学生敢于、勤于和善于提问的举动，特别是对第二、三、四层次的提问。因为没有问题，就没有思考，没有思考，学习和成长就没有真正发生。学生提出问题的层次与其学习的层次、思维的深度和精神的成长成正比。

5.5.4 教学相长

教学相长就是在教学过程中，学生与老师共同成长，并非教师的单向输出。在古往今来对教师的十大美称(人类灵魂工程师、园丁、老师、先生、慈母、春蚕、蜡烛、孺子牛、春雨、人梯)中，有六个用于赞美教师只是付出、不求回报的优良品质，其中家喻户晓的借喻是晚唐诗人李商隐的《无题》中的优美诗句"春蚕到死丝方尽，蜡炬成灰泪始干"。对大学教师而言，教学和培养学生并非只是单向输出，客观上也有输入，即互惠双赢，尽管这种输入或双赢不是教师主观上刻意追求的，但客观上是存在的。这种输入或双赢源自大学生的特质和融洽的师生关系。因此，大学教师在教学过程中若能充分针对大学生的固有特质(表5-2)开展教学活动，不仅能更有利于学生的健康成长,也能使教师受益良多。能进一步促进教学相长和师生双赢的三种方式:爱岗敬业、有的放矢、亦师亦友。

表5-2 大学生与大学教师学术志趣特质对比

类别	本科生	硕士生	博士生	博士后	讲师	副教授	教授
好奇心(0~100分)	90	85	80	75	75	60	50
求知欲(0~100分)	90	85	80	75	75	70	60
创新愿望(0~100分)	95	95	95	95	95	90	80
创新能力(0~100分)	65	70	95	95	90	90	80
自主时间(0~100%)	60%	80%	90%	95%	40%	40%	50%
精力	充沛	充沛	充沛	较充沛	较充沛	较充沛	力不从心
目标	成人	成才	成器	成大器	教授	教授	名师/大家
可塑性	一切皆有可能	大	较大	较大	较大	一般	较小
思想羁绊度(0~100%)	10%	20%	30%	40%	40%	45%	60%
知识积累	少	较少	较多较专	多、专	多、专	多、专	专、博
专注力(0~100分)	50	70	90	90	95	95	>95

笔者认为,教学相长有三种模式:N^n(卓越型的教学相长)、nN(普通型的教学相长)、$N-n$(平庸型的教学相长),N代表教师和学生的获得感增量(正数或负数),n代表大于1的正整数。实现卓越型教学相长的策略,在

法和术层面就是爱岗敬业、有的放矢、亦师亦友；在道层面是教师对自我、教师职业和教师教学的正确定位，即教师要从"卫道士""牺牲者""传递者"的角色转向"为己为人"的定位，从职业工具价值、传递职能的取向转向"成己成人"的取向，从强调专业发展、培育他人的目标转向"育己育人"的追求(叶澜,2021)，因为人的发展最终都是要通过自主选择与践行才能实现的。教师的发展、教学的发展同样如此，正如胡适先生所言，"真实的为我，便是最有益的为人"。教师发展和教学相长不仅是为了应对时代的挑战和肩负社会的重托，也是为了使自己的人生更有生气、更有意义、更有光彩(叶澜,2021)。

第6章　结语：从教之道——"四道"为铭

　　爱道、教道、研道和学道"四道"为铭就是大学的从教之道。以爱道为魂、教道为本、研道为基、学道为源的大学教师一定能培养出令自己折服和崇拜的学生，实现青出于蓝而胜于蓝的目标追求。

6.1 从教之道的要义

从教之道有爱道、教道、研道和学道,"四道"为铭就是大学的从教之道。"四道"的核心是爱道,即爱教师职业、爱学生、爱三尺讲台和爱自己,有了爱这个基因,教道、研道、学道就有了产生、发展和壮大的种子(图6-1)。"四道"的基础是学,即知学、勤学、乐学和善学。学是教之源,教是学之

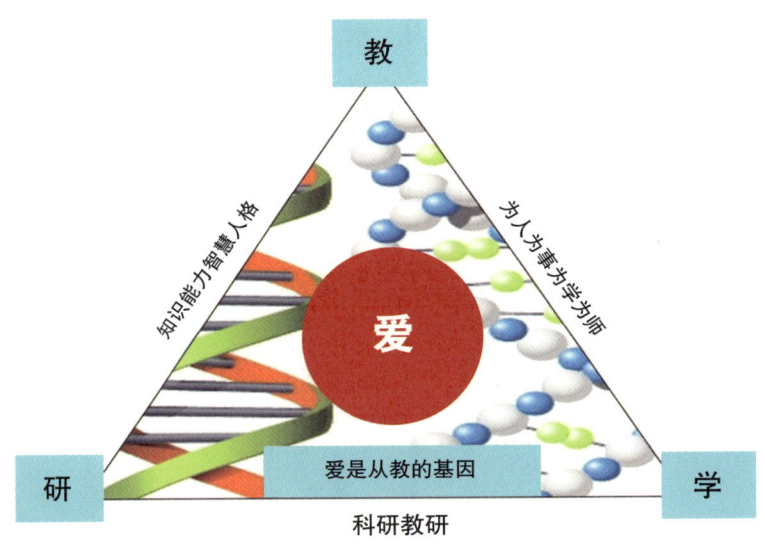

图6-1 从教之道:"四道"为铭

流,学不可以已,方能源远流长。学的起点是知学,过程是勤学和乐学,目标是善学(图6-2)。"四道"的要义是育人,实现育人的途径是修身、学术和教学(图6-3)。

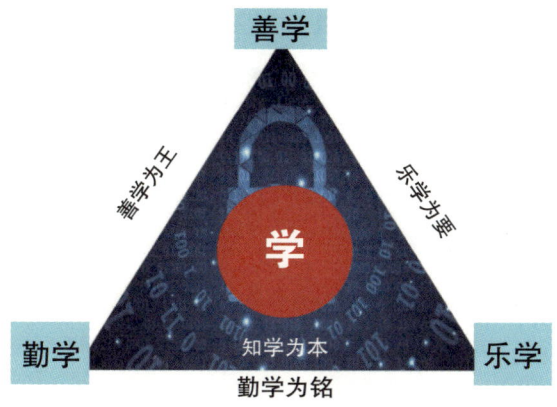

图 6-2 从教之道的基础是学

图 6-3 从教之道的要义和途径

6.1.1 修身

修身是从教的起点,贯穿于从教的全过程,修身永远在路上。修身的小我目标是,格物、致知、诚意、正心;修身的大我目标是,齐家、治国、平天下。这既是修身的路径和进阶过程,也是修身不同阶段的结果,也就是《大学》提出的"八目"。修身的目标和追求就是,"在明明德,在亲民,在止于至善",这就是《大学》提出的"三纲"。由此可见,大学之道与大学的从教之道在目标上是一致的,在逻辑上是贯通的(图1-1)。**修身的核心要义是立德,厚德方能载大物,薄德只能载小物,缺德就会毁万物。**

对大学教师而言,人生和事业的追求有三:立德、立功、立言。立功需要机遇;立言需要天赋;立德需要时时、事事、处处,需要持之以恒,需要慎独、慎微、慎始、慎终和慎欲(表6-1)。所以,立德最难,尽管立功和立言也不易。能否正确认识、判断、处理和践行好是与非、善与恶、真与假、实与虚、公与私、美与丑这六种关系,是衡量教师立德好坏和高低的圭臬。

表6-1 立德、传道、授业、解惑的特质对比

类别	立德	传道	授业	解惑
属性	形而上者,顶层	形而上者,上层	形而下者,中层	形而下者,底层
聚焦	德	道	术	器
要求	修身为铭,身正为范,学高为师	有师爱之心,有学养教艺之能	有师爱之心,有学养之能	具有求必应之意,有对症下药之能,具药到病除之功
追求	人格高尚	认知、境界和格局的提升	知识和技艺的增长	解决问题,提供思路或答案
目标	修炼"三观",明晰"三人"	拓展格局,提升境界,涵养人格,明晰使命	构建知识结构,传授秘籍,点拨思路,启迪智慧	提供思路或答案,寻找问题产生的根源
方法	"三自","五慎"	身教言教并举,授人以道和渔	身教言教并举,授人以渔和鱼	身教言教并举,授人以鱼
成效	慢、滞后,长效、统领	慢、滞后,长效、统领	较快、较及时,中期效应	快、及时,短期效应

注:"三观",世界观、人生观、价值观;"三人",为谁培养人、培养什么人、怎样培养人;"三自",自省、自律、自重;"五慎",慎独、慎微、慎始、慎终、慎欲。

第 6 章　结语：从教之道——"四道"为铭

立德既是为人和育人之需，也是学术和教学之要。"才者德之资，德者才之帅；君子挟才以为善，小人挟才以为恶。"德行过不了关，很可能是才干越多破坏性越大。对大学教师而言，立德有两种方式，身教和言教。两者的关系是，身教重于言教，其逆不真。所谓身教，就是作为教师，先要修炼好自己，然后才有资格和有可能引导和指导好学生。因为"教育的本质意味着，一棵树摇动另一棵树，一朵云推动另一朵云，一个灵魂唤醒另一个灵魂"。所谓言教，就是要"教之以事而喻诸德"。正如被誉为现代教育学之父的德国教育家赫尔巴特所言，"我不承认有任何无德育的知识教育""德育是不能与整个教育分离开来的，而是与其他教育必然地、广泛地联系在一起的"。

美国教育心理学家古诺特说："在经历了若干年的教师工作之后，我得到了一个令人惶恐的结论：教育的成功和失败，我（即教师）是决定性的因素，我个人采用的方法和每天的情绪是造成学习氛围和情境的主因。身为教师，我具有极大的力量，能够让学生们活得愉快或悲惨，我可以是制造痛苦的工具，也可以是启发灵感的媒介，我能让人丢脸也能让人开心，我能伤人也可以救人。"在学生心目中，教师是吐辞为经、举止为法之人，教师在学生面前呈现的不仅是知识，而是其全部的人格。教师的言行举止和喜怒哀乐，不仅能影响此情此境下的学生，甚至能影响学生一辈子。

在一次全国性的教学会议的报到处（广州），我偶遇一位20多年前曾经教授过他48学时"地史学"课程的学生。我对他的印象并不深，他主动热情地与我打招呼，他的几句话使我印象深刻。"龚老师，您不一定对我有印象，不是您那次'地史学'期末考试给我90分以上的成绩，我可能今天就不会是大学教授，也不可能与您参加同一个会议。当时，您在我们学生心目中是很严格要求学生的老师，那次'地史学'期末考试，我们班仅三位同学得到了90分以上的成绩，我就是其中之一。当时这件事对我的激励非常大,增强了我学习地质学专业的决心和信心,所以,才有今天的我能与您一同与会。"

6.1.2 学术

学术是指系统专门的学问,是对事物和事理及其规律的学科化探究、论证和积累。在这里包括"三学":学者、学生和学问。学者,在此专指大学教师,也包括博士后,是大学学术的发动机和引领者。学生,指大学生,包括专科生、本科生、硕士研究生和博士研究生,是大学学术的受益者、贡献者和生力军。学生通过学术习得做人做事的知识、能力、学识和修养。大学的学术有四种形式:教学学术、探究学术、整合学术和应用学术(表4-3),教学学术是大学和大学教师不可轻视、不可或缺的学术形式和学术活动。学者和学生通过学术的链接和互动,习得学问,实现知识的传承、创新和教学相长。

6.1.3 教学

教学是大学和大学教师的第一要务,古今中外概莫能外,研究型大学、教学与研究型大学或教学型大学均是如此。大学的教学,上连国家意志、民族愿景和社会需求,下关学生成长和家庭家族希望,承载着育人的崇高使命。教学的主导性、主体性和秩序性是大学有别于其他组织的根本特质,是大学存在的基础。谁来教、教什么、怎么教是回答教育的根本问题——为谁培养人、培养什么人、怎样培养人("三人"问题)的关键抓手。重视教学、敬畏教学、服务教学、精进教学是大学和大学教师应有的风尚。如何教学?唐代文学家和哲学家韩愈在《师说》中,将教学分为三个层次,即"师者,所以传道、授业、解惑也"。

1. 传道

传道是教学的最高境界和追求,是形而上的育人方式。传道必含立德,立德不仅是教学的应有之义,也是传道的必然追求(表6-1)。**教师要做到能传道,首先要知道、明道、信道、践道和得道**。道在何处?如何得道?道藏匿在知识(这里也包括技能和技艺)的背后,是知识中蕴含的思想、精神、观念和哲学,如果说知识是谜面的话,道就是谜底。由此可见,能传道的教师不仅要有渊博的知识,还必须要有能从谜面洞察谜底的智慧,更需要有对职业的热爱、对学生的师爱、对家国的挚爱情怀。**道在自身,便是格物、致知、诚意、正心、修身;道在身外,便是齐家、治国、平天下**。教师要用学养和言行,去引导、指导、感化学生树立正确的世界观、价值观和人生观,明晰"物有本末,事有终始,知所先后,则近道矣"。**传道,是从思想、精神、格局、境界、情怀和使命的角度去启迪学生、感化学生和教育学生,是方向导航、价值引领和人格塑造**。传道不是空洞的说教,传道需言传,更重身教,传道的真谛在于"教之以事而喻诸德"(表6-1)。

2. 授业

授业是指给学生传授知识和技能,涉及教与学两个方面。这里所说的知识和技能不是零散的、孤立的、碎片化的,而应是系统的、有联系和有一定结构的。对教授而言,教师通过对知识和技能进行精心的梳理、取舍、编排、整合和教授,让学生能洞见知识点之间的联系,获取新知的思路和方法。"不好的教师教授学生真理,好教师教授学生如何去发现真理"(阿道尔夫·第斯多惠,Friedrich Adolf Wilhelm Diesterweg,1790—1866年,德国教育家)。教师对学生学情的把握会直接影响授业的方法和效果,因材施教,首先要知材、识材,然后才有可能因材施教,这也是教无定法的原因之一。对授业而言,要正确理解"授人之鱼不如授人之渔"这句流芳百世的古训。**既要授人以鱼，也要授人以渔，更要授人以道。**没有让学生尝到鱼肉鱼汤的醇厚鲜美，怎能激起学生对渔鱼的向往、追求和把控？因此，鱼、渔、道兼授不失为上策，如何拿捏好三者的比例和度，就需要教师依教学目标、内容和学情而定。授业侧重知识的整体性和融会贯通。

3. 解惑

解惑是指给学生指点迷津。解惑是教师的本分，也包含教师对学生的情分。有求必应、及时回应缘于情分，诲人不倦、循循善诱也缘于情分。解惑的最高境界是对症下药，药到病除。学生的疑惑通常是零散的、碎片化的。通过回应不同学生的疑惑，有助于教师更充分地了解和把握学情，选配更合适的教学内容，采取更有针对性的教学方法，实现因材施教。

教与学涉及大学和教师工作的方方面面，最直接的主体是教师和学生。**教的最高境界是为了不教，实现不教的途径是：知教→爱教→乐教→会教→教会→不教；学的最高境界是会学，实现会学的途径是：知学→爱学→勤学→乐学→学会→会学。**

6.1.4 育人

育人是大学和大学教师一切工作的出发点和落脚点。尽管育人的链条长（学前教育、基础教育和高等教育）、影响因素多（家庭、社会和学校）、效果滞后（十年树木、百年树人），但大学这一接力棒起着决定性的作用。完成学业、进入社会的大学生是大学最具价值的产品，该产品的优劣将直接影响社会的物质文明和精神文明建设，以及可持续发展的进程、质量和速度，在高等教育已经普及的我国（2019年以来）更是如此。

新中国的高等教育，经历了精英化（1949—2002年，18~22岁青年的平均毛入学率<15%）、大众化（2002—2019年，平均毛入学率15%~50%）、普

及化(2019年以来,平均毛入学率>50%)的发展阶段。美国实现高等教育普及化用时30年(1941—1971年),英国、法国和德国实现高等教育普及化用时25~27年。我国实现高等教育普及化仅用时17年,普及化进程比西方主要发达国家快10年左右(邬大光,2023),对于一个拥有14亿多人口的大国来说,这是一项了不起的成就。尽管我国和欧美发达国家的高等教育都经历了三个阶段的发展,但同一阶段的育人目标是有差别的。欧美的精英化、大众化和普及化阶段的高等教育分别具有自由教育、职业教育和通识教育性质,我国的精英化、大众化和普及化高等教育则分别具有专业教育与自由教育、专业教育与职业教育、专业教育与通识教育融合的性质,这种差异性主要源自国情、历史和文化的不同。大学育人的方式多种多样,除了德智体美劳育之外,还有管理、服务、环境、文化等育人方式,在众多的育人方式中,**大学教师的修身、学术和教学是大学育人最基础、最重要和最不可或缺的三大抓手,它们分别是滋养学生成长、成人、成才的蛋白质、矿物质和维生素,对大学生的健康成长来说,缺一不可。因此,大学从教之道的要义就是要紧紧围绕育人这个中心,修身警钟长鸣,学术不断精进,教学殚精竭力,只有这样,大学才能培养出"三观"正和可塑性强的高素质人才。**

1. "三观"正

一个人"三观"的形成和定型是一个复杂且漫长的过程,但大学阶段是大学生"三观"形成和定型的重要窗口期。因此,加强在校大学生正确"三观"的引导、培育和塑造是育人的重中之重。人格高尚、学养深厚、爱生如己、爱岗敬业的教师在课堂内外的言传身教,一定能对大学生正确"三观"的形成和定型发挥重要作用。读大学期间,在学生正确"三观"的养成过程中,榜样的力量是无穷的,最鲜活、最具感召力和震撼力的榜样,就是在课堂内外、校园内外,能与学生近距离接触、人格高尚、学养深厚、爱生如己、爱岗敬业的榜样型的教师。何为"三观"正？对走出校门、进入社会的大学生而言，就是要有家国情怀、世界眼光、责任担当，追求卓越、诚实守信、与人为善。

2. 可塑性强

对绝大多数完成学业、进入社会的大学生而言，大学阶段所学与工作岗位所需的知识、技能和素养不可能完全匹配，甚至相去甚远，因为大学本科教育是通识教育，不是职业或岗前培训。就业大学生的可塑性对用人单位来说就显得非常重要，自主创业更是如此。**决定进入社会、走上工作岗位的大学生可塑性的关键要素是"五有素质"：有担当精神，有追求卓越的现代人格，有触类旁通的学习能力，有高效沟通的表达交流能力，有专博合璧的知识结构。**对进入社会的大学生群体而言，"五有素质"比创新能力更重要，因为，没有适应、没有融入，就不可能有因地制宜和解决实际问题的创新。比照"五有素质"，我国当前的高等教育，在教育教学指导思想、内容、方式和投入上，还存在不少有待补齐的短板。

高等学校的办学目标定位及其采取的举措，应该立足两个基点：大学人才培养和成长的规律，时代、国家和社会需求。也就是既要依据大学办大学，也要跳出大学办大学，只有将两者有机结合才能办出大学的精气神，办出引领时代发展、适应国家和社会需求的大学。

曾任耶鲁大学校长20年之久的理查德·查尔斯·莱文（Richard Charles Levin, 1947—）曾断言："真正的教育不传授任何知识和技能，却能令人胜任任何学科和职业，这才是真正的教育。"我对这句话的理解是，"软知识"比"硬知识"更重要。**所谓"软知识"就是人的"三观"和德行，包括理想、志向、追求、责任、担当、境界、情怀、使命，它是一个人的精气神，一个人思想和行动的发动机。"软知识"具有广适性、变通性和方向性。所谓"硬知识"就是一个人所具有的专业知识和学科知识，"硬知识"具有鲜明的学科性、专业性和工具性。"软知识"如同计算机上安装的操作系统,"硬知识"如同计算机上安装的各类APP(应用程序)。因此,卓越的高等教育在教授学生"硬知识"的同时,应更加重视学生"软知识"的教授和习得,通识教育与专业教育(包括就业创业教育)的合璧应成为卓越高等教育的标配。

6.2 从教之道的误区

爱道教道研道学道道道有荆棘,知道悟道践道得道事事有坎坷。在大学教师的从教生涯中,容易走进的误区主要有四种:认认真真培养自己,马马虎虎培养学生;科研做好了,教学自然会好;教学是输出,科研才是输入;只愿耕耘自己的一亩三分地,不愿关注诗和远方。误区产生的根源有四点:①对大学教师和教学重要性的认识不正确;②严重偏颇科研的评价体系;③重量轻质和量硬质软的管理办法;④一刀切或准一刀切的政策举措。

6.2.1 认认真真培养自己,马马虎虎培养学生

大学教师的职业属性决定了他们应有两种追求:做好自己,包括立德、立功和立言;培养好学生,实现青出于蓝而胜于蓝。在大学,做好自己不仅没错,还应该大力提倡和鼓励,因为做不好自己,就不可能培养好学生,所谓身正为范、学高为师就是这个道理。但每位大学教师必须明晰,做好自己是从教的条件和资格,培养好学生才是从教的责任和要求。如果将做好自己视为从教的目的,那就是走错了路、入错了门,本质上是功利、短视和精致的利己主义,这种大学教师可以小赢,但不可能大赢。小赢靠智,大赢靠德。

人有两种生命,一种是生物学生命,另一种是社会学生命,对应着人的自然属性和社会属性。人的生物学生命在自然界和人类社会中都是短暂的、有限的,有人将它(生物学生命)比喻为白驹过隙。人作为社会中的一员,其社会学生命取决于他对社会的贡献和影响。对高校教师而言,学术生命就是其社会学生命的体现,学术生命的长度、宽度和高度不可能靠传宗接代来延续,而要靠弟子再传弟子,只有这样,教师的人格魅力和学术基因才可以薪火相传。**教师将学生培养好了,实现了青出于蓝而胜于蓝,就能使自己的学术生命活出长度、拓展宽度、提升高度和健康长寿**,实现长江后浪推前浪,从而推进人类社会的文明进步和可持续发展,这就是大赢、多赢、共赢。如果教师只是认认真真培养自己,马马虎虎培养学生,必然导致一代不如一代,教师的学术生命就会缩短,甚至夭折。因此,认认真真培养自己,马马虎虎培养学生,无论从法纪和道德上看,还是从大学教师的职业属性上看,都是不可取的、是应该摒弃的。**名师出高徒,高徒更能出名师。**

6.2.2 科研做好了,教学自然会好

对大学教师而言,教学与科研是驱动其事业发展的双轮,既不能偏颇一方,更不能缺失一方,必须两手抓两手都要硬。教学与科研如同水与船、流与源、妻与夫、右手与左手,两者密切相关,但又根本不同(表6-2)。两者的相关性主要体现在如下两个方面:其一,深厚的科研功底和积累,是大学教师履行好传道、授业、解惑的基础。教学有与科研共性的一面,那就是求真和得道,"千教万教教人求真,千学万学学做真人",使学生习得为人、为事和为学之道。教学更有其个性的另一面,那就是不同的教师都有自己的教学理念、境界、情怀、方式和方法,都有自己对教学内容的广度和深度及其与学生匹配度的理解与表达,这些都是彰显教师个人学养和

人格魅力的主要方面。科研能使教学更深刻、更富有个性,教学能使科研更系统、更具有格局。其二,知识的传授、价值的引领和人格的塑造,既需要学习、借鉴他人成功的经验,更需要自己在实践中体察和感悟。"纸上得来终觉浅,绝知此事要躬行"。严谨的科学态度、务实的科学作风、专注的科学心境、批判性思维等良好的科学素养,都需要经过长期科学研究的摔打、磨炼,方能内化于心,外践于行,这些都是教书育人的"软知识",也是教育教学过程最能感染人、打动人和振奋人的利器,这些科研感悟和人生阅历只能源于自己的科研实践和科研积累。

表6-2 教学与科研的异同

类别	教学	科研
目标	求真→得道→育人	求真→得道→创新
追求	青出于蓝而胜于蓝	站在巨人的肩膀上创新
关系	航行中的水,流; 家庭的女主人,教师的右臂; 教学使科研更系统、更具有格局	航行中的船,源; 家庭的男主人,教师的左膀; 科研使教学更深刻、更富有个性
对象	人(学生的需要与需求)	问题(需要解决的问题)
聚焦	学生的全面成长	突破与颠覆性创新
要求	交流有激情,对话有温情, 互动有感情,师生有真情	观察问题有宽度,提出问题有高度, 分析问题有深度,解决问题有跨度
方法	因材施教,诲人不倦, 对症下药,成果导向	开路,捡漏,远路
成效	学生优于昨天的自己	产出新认识、新服务或新产品

教学与科研的本质差异主要体现在如下两个方面:其一,对象与要求不同。大学教师的教育对象是人格成型期的大学生,他们的共性是:好奇

大学的从教之道

心强、接受新事物快、崇拜偶像、感性、任性、易冲动、希望被关注、被认可、被尊重、重情达理。教育对象的这些特质必然会对施教者和施教过程有"双四"要求,即"四有"好老师:有理想信念,有道德情操,有扎实学识,有仁爱之心;"四情"好老师:**交流有激情,对话有温情,互动有感情,师生有真情**。科研面对的是问题。什么是问题?**问题就是理想与现实之间的鸿沟,起点与终点之间的荆棘,过程与目标之间的障碍**。鸿沟、荆棘和障碍有多长、多宽、多深不清楚,也许是万水千山,也许是千难万险,也许是沟壑纵横,也许是触手可及。这就需要大学教师**观察问题有宽度,提出问题有高度,分析问题有深度,解决问题有跨度**。所以,教学与科研面对的对象和要求是根本不同的。其二,方法与目标不同。**教师对如何将学生培养好这一问题也许没有标准答案,但这四点是必不可少的:言传身教,因材施教,诲人不倦,对症下药**。教师希望实现的目标应该具有高度的趋同性,那就是,学生不断超越昨天的自己,青出于蓝而胜于蓝。**教师对如何将科研做好这一问题也许没有标准答案,但这三个阶段应该是必由之路:积累、专注和顿悟(或渐悟),站在巨人的肩膀上做出创新性的成果**(表6-2)。因此,科研做好了,教学自然会好的认识是高校教师应该摈弃的错误认识。

6.2.3 教学是输出,科研才是输入

这里的输出和输入是借喻。所谓教学是输出,其意为,教学是燃烧自己、照亮他人(学生、学校、社会和国家)的过程,即所谓的蜡炬成灰或春蚕丝尽之寓意。这种认识是狭隘、短视和功利的。即使从输出与输入的角度看,高等教育与基础教育相比,大学教师具有明显的得益于学生之利。**教学的本质是师生之间以知识为纽带的认知交流与人格互动,知识是载体,方法是润滑剂,情感是黏合剂,思想是催化剂,人格是稳定剂**。在教授

某一门课程知识方面,也许教师是以输出为开始,但在互联网普及的今天,知识的获取和交流变得方便、快捷和多样,借助互联网,大学生在知识海洋中的畅游能力未必低于教师。师生间的教学相长和互惠双赢应该是教学过程中的主旋律。笔者从教"地史学"课程30余年,对"地史学"认识的理解和深化,既有来自科研的,也有来自教学的,更有来自学生的,即使是用精算的方法,我也很难分出是输出多还是输入多。

所谓科研才是输入,其意为,只有科研才能丰富自己、提升自己和成就自己。这种对自我成长的认识也是片面和狭隘的。不可否认,以探究学术、追求真理为目标的真科研,确实对丰富、提升和成就自己大有裨益。但作为全人而言,从教学中收获的知识、能力、智慧和人格成长与提升并不亚于仅从科研中得到的收获。**对大学教师而言,教学过程非常有利于教师提升自己识人、辨人、赞人、友人、助人、渡人的能力和境界,这方面的收获是科研难以企及的**。所以,大学教师的教学并非只是输出,并非只是燃烧自己、照亮他人。

6.2.4　只顾耕耘自己的一亩三分地,不愿关注诗和远方

做好本职工作是各行各业爱岗敬业的具体体现,大学教师也不例外。大学教师核心的本职工作有两个方面:教学与科研。教学需要教师有宽广的知识面和渊博的学识,也就是要有文理交融、博古通今、东西合璧的学问。只有这样,教师在课堂上才能旁征博引、深入浅出、信手拈来,让教师的人格魅力和课程魅力乘坐知识的快车直抵学生渴求知识的心灵。科研需要教师有专深的学科专业积累和合理的知识结构。在高校重科研轻教学不良风气的"熏陶"下,一部分教师,为了在科研上多出成果和快出成果,往往只顾耕耘自己的一亩三分地(自己擅长的学科方向),不愿关注诗和远方(自己不擅长的其他学科领域),甘愿做"对很多的事情知道

得很少,对很少的事情知道得很多的人",这种定位和选择至少存在如下三个方面的问题。

1. 会偏离大学教育的本质和方向

普及化阶段大学教育的本质和方向是通识教育与专业教育的融合,本科层次的教育更是如此。对大学教师而言,既要耕耘好自己的一亩三分地,更要心怀诗和远方,在知识层面的诗和远方就是文理交融、博古通今和东西合璧。不具通识博雅素养的教师,无法教出具有通识博雅素养的学生。社会和用人单位更青睐品德高尚、基础厚实、一专多能、可塑性强的大学生。过窄的知识面、狭小的格局和眼界必然影响大学生进入社会后的可塑性和可持续发展的后劲。

2. 会局限自己的学术视野

在科学研究上,通往创新之路有三种途径。"开路":走前人没有走过的路;"捡漏":走前人走过的路,留意未被前人发现的风景;"远路":走前人走过的路,远足到前人未曾到达的远方。"开路"涉及路径及其起点的选择和切入,没有较宽广的学术视野和跨学科的学术积累,路径的选择和起点的切入就会带有盲目性和片面性。"开路"的过程由于缺少路旁参照物,随时都有可能偏离正确的方向,甚至误入歧途。"捡漏"需要智慧、慧眼和洞见,没有较宽广的学术视野和跨学科的学术积累,很难甄别一路上"捡漏"捡到的是"漏(新)"还是旧。"远路"需要足够的勇气、毅力和"望尽天涯路"、站在巨人肩膀上的积累,"远路"的远端或尽头也是前人未曾到达的远方,会面临与"开路"同样的问题,没有较宽广的学术视野和跨学科的学术积累,很难判断无人涉足的"远路"究竟在何方、有多远。因此,即使对大学教师的科研而言,只顾耕耘自己的一亩三分地,不愿关注诗和远方也是不可取的选择和"有请"也不能入的误区。而且,过窄的学科面和知识积累,也会影响创新成果的产出及其质量。

3. 会延误自己对卓越大学教师的追求

可以断言,没有哪位在大学教师岗位辛勤耕耘的大学教师不希望自己能成为卓越的大学教师,青年教师更是如此。而卓越大学教师的标配就是既要耕耘好自己的一亩三分地,更要心怀诗和远方,具有文理交融、博古通今和东西合璧的渊博学养。只顾耕耘好自己的一亩三分地,不愿关注诗和远方,是典型的定位和导航出了问题,必然导致大学教师误入歧途,延误自己对卓越大学教师的追求,造成事与愿违的后果。专与博是大学教师必须要拿捏好的关系,事关大学教师的教学和科研能到达的高度和可持续发展的程度。专而不博,在短期内,对科研成果的产出速度和数量可能有利,但从长远发展来看,这种知识结构很难支撑科研走得更高、更远、更深,取得更具有颠覆型的创新成果。专而不博,对教学的不利影响会更多,如会窄化知识的广度、固化知识的边界、弱化知识间的关联,使教学变得单调、枯燥、局限和"一根筋",不利于激发学生对知识的兴趣和憧憬,也不利于调动学生闻一知十、触类旁通的潜能。博而不专,即"万金油"型教师(教书匠)的特点,表现为什么都知道一点,大都是只知其然,而不知其所以然。显然,这类教师不可能进行真正意义的科研,并产出有创新性的成果。"万金油"型大学教师的教学一定是浅薄乏味、人云亦云、缺少真知灼见的,将导致学生对所学知识消化不良、对学习失去兴趣、对科学丧失敬畏之心,认为上课是苦差事,催生睡课、玩课、旷课、逃课等不良现象。

主要参考文献

陈洪捷,2022. 论中国高等教育的起源[J]. 北京大学教育评论(2):49-55.

蔡华,2013. 西方缄默知识理论的源流[J]. 求索,(5):107-109.

龚克,2015. 素质教育知与行[J]. 中国高教研究(5):7-8,14.

龚一鸣,2014. 高校教师如何上好一门课[J]. 中国大学教学(9):22-26.

龚一鸣,2019. 大学课堂该教什么[J]. 中国大学教学(2):37-41.

龚一鸣,2021. 课程思政的知与行[J]. 中国大学教学(5):77-84.

龚一鸣,童金南,黄定华,等,2008. 课堂教学中的角色定位与忌求[J]. 中国地质大学学报-社会科学版(增刊):127-132.

龚一鸣,史晓颖,童金南,2012. 课堂教学中的素质教育——以"地史学"为例[J]. 中国大学教学(9):59-62.

龚一鸣,殷鸿福,童金南,等,2023. 地球的过去与未来[M]. 武汉:中国地质大学出版社:1-487.

蒋有录,2022. 高校教师如何做好教学研究[J]. 中国大学教学(1):4-8.

教育部高等学校教学指导委员会编,2018. 普通高等学校本科专业类教学质量国家标准[M]. 北京:高等教育出版社,1-474(上册):475-963(下册).

吕成,张棉好,2021. 师徒间缄默知识共享路径研究[J]. 职业教育(评论版),(9):3-8.

李芒. 能够上出真正金课的教师,必定是真正的学者[EB/OL]. (2019-12-22)[2023-11-1]. https://mp.weixin.qq.com/s/iyqlxe6ml4i6ntyxyzb-8Q.

李志义,2008. 大学课堂教学:是"喂食"还是"吊胃口"[J]. 中国大学教学(11):4-5.

刘道玉,2016. 论大学教师的素质与魅力[J]. 教师教育论坛,29(1):5-11.

蓝劲松,2005. 略论大学的起源[J]. 科学文化评论,2(6):55-68.

钱颖一,2018. 批判性思维与创造性思维教育:理念与实践[J]. 清华大学教育研究(4):1-16.

邱开金. 从思政课程到课程思政,路该怎么走[N]. 中国教育报,2017-03-21(10).

舒德干团队,2016. 寒武大爆发时的人类远祖[M]. 西安:西北大学出版社:1-414.

石中英,2004. 关注缄默知识,深化教学改革[J]. 人民教育,(3-4):38-40.

邬大光. 从1.0迈向2.0——本科教育基因六大特征解析. 高等教育:2019,23-26.

邬大光,2023. 成就与预警:我国高等教育普及化进程的思考. 中国高教研究(4):8-18.

吴晓义,2005. 国外缄默知识研究述评[J]. 国外教育研究,(3-4):38-40.

谢维和. 大先生的样子[N]. 光明日报,2021-09-14.

谢维和,2022. 课程与学程——普及化阶段大学教学改革之一[J]. 中国高教研究(2):1-5.

徐显明,2005. 大学理念与依法治校[J]. 中国大学教学(8):4-12.

徐显明,2008. 关于大学教育中德性问题的思考[J]. 中国高等教育(5):12-13+19.

许涛. 构建课程思政的育人大格局[N]. 光明日报,2019-10-1(3).

阎光才,2021. 关于本科通识教育的林林总总[J]. 中国高教研究(12):12-17.

杨叔子,余东升,2007. 文化素质教育与通识教育之比较[J]. 高等教育研究,28(6):1-7.

叶澜,2021. 教师发展:在成己成人中创造教育新世界——专访华东师范大学叶澜教授(采访者:王枬)[J]. 教师教育学报,8(3):1-11.

张楚廷,彭道林,2010. 关于大学的概念、起源与发展[J]. 学园(2):21-28.

张杰. 大学本质与创新人才培养[EB/OL]. (2010-11-30)[2023-3-27]. https://news.Sciencenet.cn/htmlnews/2010/11/240844.shtm.

周洪宇,刘训华,2015. 论中国现代性大学的起源[J]. 高等教育研究,36(6):87-90,101.

赵菊珊,2021. 基于教学学术视角的高校教师教学发展思考[J]. 中国大学教学(8):92-96.

POWELL N, WANIC R. Student-centred education: a philosophy most unkind [EB/OL]. (2022-04-28)[2023-7-28]. https://www.timeshighereducation.com/depth/student-centred-education-philosophy-most-unkind.

LOYALKA P, LIU O L, LI G, et al. Skill levels and gains in university STEM education in China, India, Russia and the United States[J/OL]. Nature Human Behaviour, 2021(5): 892-904 [2023-11-1]. https://doi.org/10.1038/s41562-021-01062-3.

附录Ⅰ:本书语录(146条)

【下文括号中的1~6表示章的序号,P.3、P.4等表示语录在本书正文中的页码】

1 育人,以学术为主旋律的策略育人、以他育和自育为主抓手的方式育人,始终是大学的核心功能和大学的价值所在,古今中外概莫能外。(1 – P.3)

2 大学之道的本质是学术,学术的灵魂是创新,创新的要义是为社会创造价值,大学学术和创新的重要使命是育人。(1 – P.4)

3 自然科学是求真的知世之学,是人与物的互动,是人类对自然的认识与总结。(1 – P.6)

4 社会科学是求善的治世之学,是人与他人的互动,是关于人与人关系的规范和理论。(1 – P.6)

5 人文学科是求美的处世之学,是人与自己的互动,是人类对自身处境的记述与总结,只能自圆其说。(1 – P.6)

6 真善美三者既独立,也密切关联和层层递进。真是基础,回答是什么;善是判断和选择,回答为什么;美是情感鉴赏和感受,回答怎么样。(1 – P.6)

7 爱道是从教之魂,教道是从教之本,研道是从教之基,学道是从教之源。(1 – P.8)

8 从教的起点、过程和终点都是爱,教师的爱应包括三个维度:知晓爱什么,明晰为何爱,践行如何爱。(2 – P.12)

9 大学教师的立德或做人,就是要简单地生活、冷静地思考、执著地进

取,直止于真善美的高地,自由地驾驭规律,永葆丰盈的精神、美丽的理想、清淡的高风、凸平的亮节。(2 - P.16)

10　科学之言济世,让人间多了真;教育教学之言育人,让人间多了情;治理之言兴邦,让人间多了和谐;为人处世之言崇德,让人间多了善。(2 - P.17)

11　人类的爱可以划分为四类:师爱、母爱、友爱和情爱。(2 - P.19)

12　师爱与母爱相比的伟大之处在于,理性高于情感、眼前与长远得失统筹兼顾;师爱与友爱和情爱相比的伟大之处在于,无私和不求回报地付出与给予,并乐见"青出于蓝而胜于蓝"。(2 - P.20)

13　大学教师不上课,你干什么？大学教师不做科研,你教什么？(2 - P.22)

14　三尺讲台,既是大学教师的布道场,也是其修道场,体现着教师的最大价值和最高尊严。(2 - P.22)

15　对三尺讲台的爱有三个层次:经师的爱、人师的爱和恩师的爱。经师的爱仅读懂了教材和知识,知道该教什么;人师的爱不仅读懂了教材和知识,也读懂了学生和社会,知晓该如何教;恩师的爱,不仅读懂了教材、知识和当下的学生,也读懂了学生和社会的未来,明晰为何教。[2 - (P.22 ~ 23)]

16　卓越的教育和教学既是历史的和当下的,更是未来的。(2 - P.23)

17　爱三尺讲台应该从四个方面发力:思想上,明晰好"一个中心",以立德树人为中心,教学优先;战略上,平衡好"两个抓手",教学与科研两手抓,两手都要硬;战术上,践行好"三个时间节点",用心的课前准备、丰富的课堂过程、及时的课后反思和总结;目标上,统筹好"四个维度",知识传授、能力培养、智慧启迪、人格塑造。(2 - P.23)

18　行动上的笃定高效,源于思想上的清晰坚定。(2 - P.24)

19　小学教育主要是让学生知其然,中学教育重点在于让学生知其然和知其所以然,大学教育不仅要使学生知其然和知其所以然,还需要教会学生对人类的文明、进步和知识积累进行批判性反思和整合性评

判,能站在巨人的肩膀上去创造新的文明。(2-P.24)

20 那些吃别人没吃过的苦、走别人没走过的路、干别人干不了的事的亲身经历和支付了"高昂学费"、刻骨铭心的体验和感悟以及因此而取得的发现、发明、创造甚至失败是使教学和育人丰富、深刻和具有个性特色的关键。(2-P.25)

21 科研能使教学更深刻更富有个性,教学能使科研更系统更富有格局,两者相辅相成,相得益彰。(2-P.25)

22 对大学教师而言,科研和教学如同人的左右手、家庭中的夫与妻、航行中的船与水、江河的源与流、一张纸的正反面。(2-P.25)

23 何为用心的课前准备?就是四重备课,可概括为"四个一":一辈子备课、一学期备课、一星期备课和一小时备课这四个阶段。(2-P.26)

24 在一星期备课阶段要牢记两句话:课堂教学量有限质无穷,台上一分钟,台下十年功。(2-P.28)

25 备课如同谈恋爱,上课如同走进婚姻的殿堂,没有多次的约会和磨合,很难愉快和谐地走进婚姻的殿堂,用心的课前准备的必要性和重要性完全不亚于谈恋爱对于婚姻的重要性。(2-P.28)

26 别人脚上穿着的鞋再漂亮、再好,你拿来穿,不一定合脚。(2-P.28)

27 唐僧之所以能成为名流千古的得道高僧,不是因为他获得的经书,而是他历经千难万险、千磨百折、荆棘丛生的取经过程和次次阴险、招招致命、件件锁喉而又峰回路转的八十一劫难。(2-P.28)

28 六种语言艺术的有机融合方能打造出直逼学生心灵的课堂:切题中肯的语句、清晰流畅的语音、不疾不徐的语速,抑扬顿挫的语调、声情并茂的语姿和黄金分割点的课堂站位、温润如玉的语气。(2-P.29)

29 语句、语音和语速是达意之基,语调、语姿和语气是传情之钥,情投方能意合,学生喜欢你才会喜欢听你的课。(2-P.29)

30 从四个不同维度方可打造出个性鲜明的教授风格,即看的角度、思的

逻辑、达的方式和讲的内涵。(2 – P.30)

31　板书六要：内容之纲、逻辑之魂、重点之窗、难点之钥、过程之序、亮点之秀。(2 – P.30)

32　课堂教学是以知识传授为载体的认知交流和人格互动，其目标是培养学习兴趣、提升知行能力、启迪潜在智慧和涵养健全人格。(3 – P.36)

33　教知识和教能力是教学的基础，是显性的、形而下的教学活动，易于考核、评估和量化；教智慧和教人格是教学的灵魂，是隐性的、形而上的教学活动，难于考核、评估和量化；显性教学和隐性教学的水乳交融才是育人应该追求的课堂教学。(3 – P.38)

34　K型(孔子型)课堂教学有四个层次：面面俱到、串讲留疑、选讲留白和精讲留趣。(3 – P.43)

35　S型(苏格拉底型)课堂教学有三个层次：师生互动、生师互动和生生互动。(3 – P.45)

36　"四讲"原则是指，不讲就会的免讲，一讲就会的少讲，需要讲的精讲，怎么讲也不会的不讲。[3 – (P.46～47)]

37　"四不讲"是指，前人讲过的，不讲；近人讲过的，不讲；外国人讲过的，不讲；自己讲过的，也不讲。只讲不曾有人讲过的。(3 – P.47)

38　谋事、干事、成事的推进器是会学习和会动手，加速器是会交流和会合作，导航器是会思维和会自律。(3 – P.48)

39　在课堂教学过程中，特别是在实践课、实习课、现场教学课的教学过程中，教师的教学设计和教学过程要充分体现精讲多练、以身示范的原则，将主要时间留给学生去体验、去观测、去模仿、去制作，让学生有充足的时间去试错、犯错、知错、改错，失败是成功之母。(3 – P.49)

40　所谓大师、大家、权威人士、专家就是能将一件普通的事做到极致的普通人。(3 – P.49)

41　简言之，批判性思维就是你为你自己决定对外界或他人的观点或行

为是反对或赞成、怀疑或信任、拒绝或接受而进行的思辨、权衡和评判。(3 – P.54)

42 批判性思维不是批判别人,而是批判自己,是自己对他人或外界的观点、认知和决定等是反对或赞成、怀疑或信任、拒绝或接受而进行的审慎思辨、权衡和评判。[3 –(P.54～55)]

43 批判性思维的核心要义是:理性的精神、严谨的作风和开放的心态。(3 – P.55)

44 只有具备了批判性思维这种能力,才能真正实现学我所期、言我所思、行我所愿、追我所求。(3 – P.58)

45 如果将创造性思维比喻为一个人的话,好奇心和想象力是其灵魂,知识结构和知识积累是其骨架和血肉,价值取向是其行动的导航仪和原动力,批判性思维则是使其成长和成熟的催化剂。(3 – P.58)

46 大学生最糟糕的状态是什么? 我的回答是:旧错不断,新错不犯。(3 – P.63)

47 自省是自律的前提,自律是不犯旧错的守门人。自律与自由之间的关系,就好比线与风筝的关系,看似线在束缚着风筝,实际上正是因为有了这根线,风筝才能自由自在地高高飞翔,离开了线的风筝只有两种可能:飞不起来或坠落!(3 – P.64)

48 通过课程的学习和实践,在收获知识、训练能力和涵养品德的同时,努力将学生提升为敏于谋事、敢于干事、勤于做事、善于成事的有大智慧之人。(3 – P.65)

49 教师在课程教学中的角色就不应该只是知识的灌输者,而应该是学生获取新知的引导者、训练能力的示范者、启迪智慧的播种者和涵养人格的先行者。(3 – P.67)

50 课程有五个方面的要素:教师、学生、教材、教规、教技教艺,前三者为有形要素,后两者为无形要素,共同构成教书育人和立德树人不可或

缺的有机整体和学校育人的主要抓手。(3-P.69)

51 　只管教书不思育人的课程与只想育人不会教书的课程都不可能培养出德才兼备的社会主义建设者和接班人。(3-P.74)

52 　课程思政的基础在课程,灵魂在思政,关键在教师,重心在院系,收效在学生,成败在政策。(3-P.75)

53 　教学设计是指教师根据教育教学规律、课程目标和学情,对参与教学过程的诸多要素进行分析和研判,制定教学课程的实施方案。教学设计的本质是教学学术(scholarship of teaching)研究,既要注重教师的教,更要针对学生的学。(3-P.79)

54 　教学设计需要回答四个问题:为何教(学)、教(学)什么、如何教(学)、教(学)得怎样。(3-P.79)

55 　思政元素能否进得去课堂,取决于三个要素:教师、课程和教授。德才兼备的"四有好老师"(演员)是关键,守正创新的课程内涵(剧本)是基础,情真意切的课堂教授技艺(演艺)是保证。(3-P.81)

56 　使课程守正创新的秘籍就是,要从思的逻辑、看的角度、达的方式和讲的内涵上下功夫,使课程的内容、教授的方法和技艺在传承中创新、在创新中守正、在守正中强特色。(3-P.81)

57 　所谓情真意切,就是教师的教授有激情、垂听有真情、互动有温情、教具有深情。(3-P.81)

58 　课程思政回头看应抓好四个时间节点(四课时间):开课前(一周内)、上课前(一小时内)、下课后(一小时内)和结课后(一周内)。(3-P.81)

59 　长期以来,高校教师,特别是专业课教师习惯了只埋头做一个"对很少的东西知道很多、对很多的东西知道很少"的专家。(3-P.85)

60 　学生评教的"6+2问题"是指:人数差异,对象差异,课程差异,学风班风差异,教风差异,性格-形象-气质差异;资质问题和满意度问题。[3-(P.89~90)]

61　教改八要点：①出发点是学生；②落脚点是课堂；③靶点是问题；④重点是课程；⑤难点是学生的学习；⑥痛点是教师；⑦关键点是教学评价；⑧支撑点是政策保驾和资源护航。(3 - P.95)

62　当前和今后一段时间，我国高等学校教育教学改革应该聚焦的主要问题可概括为"教改十条"：①重科研轻教学；②重教轻学；③重智育(科学理性)轻德育(道德理性和价值理性)；④重知识轻思维；⑤重专业轻通识；⑥重内容轻方法；⑦重"守正"轻创新；⑧重短期轻长远；⑨重管轻服；⑩重量轻质。平衡和优化好"教改十条"中的十对关系是实现教学改革目标的关键。(3 - P.98)

63　教师主体、教授主导、教材主宰的"三主范式"由来已久、根深蒂固，可以追索到我国高等教育的起源时期——春秋时代由孔子所开创的私学。(3 - P.99)

64　通识教育不是"万精油"式的课程拼盘，也不是各类"前沿知识"的堆砌，更不是各种浅薄"二手知识"的灌输。(3 - P.101)

65　通识教育的精髓是培养学生广博的好奇心、开放的心态、理性的精神和通用性能力。(3 - P.101)

66　绝大多数大学教师习惯于教授高学时数的必修课，对我国高等教育快速普及化带来的挑战和机遇熟视无睹、熟视无思、熟视无行，相当一部分大学教师虽然身子已进入普及化时代，但脑子还停留在大众化时代，习惯还固守在精英化时代。(3 - P.102)

67　挤出高学时数课程中的"水分"既需要眼里有时代、国家和学校层面的格局，也需要胸中有对教育、教学和学生的情怀；既需要有深厚的学养，也需要有娴熟的教艺。(3 - P.104)

68　"扬长使人卓越，补短使人平庸"和"木桶效应"都是相对的、有条件的，不能一概而论，需要具体情况具体分析。(4 - P.109)

69　成家是立业的基础，立业是成家的支撑，安居方能乐业。成家应遵循

"三求原则"：无法强求、无需苛求、在意需求。(4-P.109)

70　工作与生活统筹兼顾、忙碌与休闲张弛有度、大我与小我相得益彰，是每位高校青年教师应该遵循的人生哲学。[4-(P.110~111)]

71　选择比努力更重要，定位比定力更重要，做正确的事比正确做事更重要。(4-P.113)

72　缺乏教研的教学一定是生硬、不修边幅、难以让学生入耳入心入行的；没有教研的教学如同没有经过烹调的菜肴，再好再精致的食材也会让食客难以入口和吞咽。科研积累决定你是否有资格做大学教师，无科研不教学；教研积累决定你能否做好大学教师，无教研无教学。(4-P.116)

73　社会和高校给教师个体营造的环境和氛围是，实实在在、认认真真地重视科研，真真假假、虚虚实实地重视教学。(4-P.117)

74　学术的灵魂是创新，无创新不学术。教学的学术性和创新性源自和体现在三个阶段：备课、上课、结课。(4-P.118)

75　备课是教学创新的孕育和培植，上课是教学创新的实践和检验，结课是教学创新的反思和成型，三者密切关联和互相反馈。(4-P.118)

76　积极、卓越的教学，备课、上课、结课三者之间会形成正反馈关系；被动、消极的教学，三者之间会形成负反馈关系。(4-P.118)

77　大学里没有完全相同卓越的两节课，这也是教无定法和因材施教的理论基础。[4-(P.118~119)]

78　无论是同比还是环比，卓越教学必须是、也一定是常新的。(4-P.119)

79　在高校，教研的跨学科性和交叉学科的特点往往不被大学教师和管理者重视，对教研认知的偏差，导致一部分大学教师和大学管理者对教研重视不够、投入不足，对教研中的问题不是当老虎打，而是当老鼠打，甚至得过且过。(4-P.120)

80　"教学十要"是指教情、学情，教学理念、教学目标、教学内容、教学方

法、教材、教具、教规、评价。(4-P.121)

81 学情是指教学对象的组成、结构、知识基础、学风班风和精神面貌等特征的整体呈现和过程态势。(4-P.122)

82 学情是教学工作的出发点和落脚点,学情增量与存量之差的正负和高低是检验教学和育人质量优劣最宏观和最基本的标志。[4-(P.122~123)]

83 教师给学生上课如同中医给病人看病,没有认真地、系统地、专业地"望闻问切",就不可能准确地把握病人的病情和症结所在,也就无从对症下药。(4-P.123)

84 教师教授的某一门课程是学生成长、成人和成才接力跑中的一棒,这一棒跑偏了、跑慢了、跑砸了会影响学生成长的全程,甚至导致全盘皆输的后果。(4-P.123)

85 教师只有先成为学生的心灵之友,才有可能成为学生的精神和灵魂之师。(4-P.123)

86 教学理念是指教师对教学活动所持有的基本看法、态度、观念和目标追求。(4-P.123)

87 理念决定行为,行为决定习惯,习惯决定性格,性格决定人生。[4-(P.123~124)]

88 转换停滞不前与与时俱进、一地鸡毛与井然有序、煎熬与享受、躺平与奋进的关键,是你对自我角色和日常工作认知的深化和境界的提升。(4-P.124)

89 教得有方、学得来劲、同频共振、教学相长是对教学理念的最佳回馈,行动上的执着高效,源于思想上的清晰坚定。(4-P.124)

90 备课忌重"食材"轻"烹饪"。要知道,没有烹调好的"山珍海味"是难以入口的,尽管精选"食材"也很重要。(4-P.132)

91 专业积累决定教研和教学能否进行,教授积累和学情积累决定教研

	和教学能否高效、卓越地进行。(4 – P.138)
92	课程的学时分配需要遵循权重三倾斜原则:向重点内容倾斜,向重点中的难点内容倾斜,向重点、难点中的疑点内容倾斜。(4 – P.139)
93	通过教书,实现育人;通过立德,优化育人;通过育人和立德,丰富教书内涵和提升教书水平。(4 – P.140)
94	好课不是讲出来的而是备出来的!(4 – P.140)
95	细数起来,要备好和上好一门课,三种积累(专业积累、教授积累、学情积累)不可少,三个阶段(积累、专注、顿悟)不可无,"教学十要"(教情,学情;教学理念,教学目标;教学内容,教学方法;教材,教具;教规,评价)不可或缺,"教学十忌"不可不重视。(4 – P.141)
96	同行间的互相听课要做到,有针对授课教师的听、看、记,有针对听课学生的观、查、问,有针对自己的思、比、悟。(4 – P.143)
97	人大多是逐利的,"凭良心的教学"需要严明的制度和霹雳手段来保驾护航。(4 – P.145)
98	对大学教师而言,科研与教学的关系就像船与水、源与流、夫与妻、左手与右手的关系。(4 – P.146)
99	学为人之道,晓做人之理;学为事之道,明做事之要;学为学之道,奠学养之基;学为师之道,铭育人之本。(5 – P.154)
100	严于律己就是要经常反省自己、时时提醒自己、遇事管好自己、严格要求自己、注重约束自己、不断激励自己。(5 – P.156)
101	对大学教师而言,严于律己的途径是五慎:慎独、慎微、慎始、慎终、慎欲。(5 – P.156)
102	慎独用今天流行的话说就是表里如一,人前人后一个样,台上台下一个样,大庭广众与独处独行一个样,有无监管一个样。(5 – P.156)
103	慎微是大学教师自我净化、自我完善、自我革新、自我提高的必修课。(5 – P.157)

104　凡德行高尚、学养深厚之人,无不思于慎微、言于慎微、行于慎微、始于慎微和终于慎微。(5-P.157)

105　任何事物的演变,都会经历由小到大、从轻到重,起于微而止于巨的过程。(5-P.157)

106　欲,并不可怕,但欲不可放纵,纵欲无度必成灾。"贪如火,不遏则燎原;欲如水,不遏则滔天"。(5-P.158)

107　大学教师应该学习和践行的为人之道可概括为"四线":损人利己是不能触碰的红线,利己不损人是要守住的底线,利己利人是要坚持的方向线,舍己为人是要追求的高线。(5-P.160)

108　大事、小事、琐事、杂事,事事不能掉以轻心;要事、急事、好事、坏事,件件必须泾渭分明。(5-P.161)

109　将小事做好、将好事做成、将成事做优。(5-P.162)

110　以成就事业和履行使命的心态做事,方能成就自我、惠泽学生、造福社会和报效国家。(5-P.163)

111　大事和小事要以成就事业与履行使命的心态去做,琐事和杂事要以乐于担当和热心快肠的心态去做,要事和急事要以顾全大局和勇于担当的心态去做,好事和坏事要以明辨是非和爱憎分明的定力去做。(5-P.164)

112　知识和学术积累,宜循序渐进、宜小步快跑、宜与时俱进,忌急于求成、忌不求甚解、忌漫无边际。(5-P.166)

113　知识要有结构、数据要形成数据链,这种知识和数据才可能发挥其功能。(5-P.167)

114　在学术和知识的积累阶段,既要保持定力,也要始终使自己在思想和行动上保持开放态度,尊重已有、不拒新有、乐见将有。(5-P.169)

115　专注源于执着,执着源于热爱,热爱源于思想上的清晰坚定。(5-P.172)

116　痛苦、困境、逆境能使人顿悟,冷静、沉思、渴望、焦灼能使人顿悟,殚

精竭力地投入、真情实意地倾注、义无反顾地追求也能使人顿悟。（5-P.172）

117　积累和专注是孕育顿悟的母亲。（5-P.172）

118　理想无需刻意寻觅，她就相伴在你"枯燥"的现实生活中；诗和远方无需舍近求远，她就根植在你"不起眼"的一亩三分地里；星辰大海并不高远，她就隐藏在你"微不足道"的脚下。（5-P.174）

119　一流教师，以培养出的学生令自己崇拜为自豪；二流教师，以学生对自己的崇拜为自豪；三流教师，以自己的"出类拔萃"为自豪。为师之道的根本是育人，崇尚育人好的职业偏好、培养善育人的职业技艺、追求育好人的职业目标。（5-P.174）

120　爱生如己、因材施教、诲人不倦、教学相长是育好人的四大抓手。（5-P.174）

121　爱是从教的基因，教育的起点要怀揣爱，教育的过程要洋溢爱，教育的结果要充满爱，没有爱就没有教育。（5-P.174）

122　如果你将爱这个基因，通过你的教书过程和手段植入到了学生的心里，爱就会在班级、学校、社会和人间传递，你和他人就会收到同样或别样的爱，"爱出者爱返，福往者福来"，社会就会变成美好的人间。（5-P.174）

123　师爱的最大特点是，立足现在、着眼长远，因材施教、严字当头，动之以情、晓之以理。（5-P.174）

124　每位学生的心灵和大脑都是一座情感和智慧的宝库，他们有共性，更有个性，一把钥匙不可能开启所有宝库的大门，教师手中必须要有千万把钥匙，才能打开不同学生个体情感和智慧宝库的大门。（5-P.175）

125　从教之道有爱道、教道、研道和学道，"四道"为铭就是大学的从教之道。（6-P.182）

126　修身的核心要义是立德，厚德方能载大物，薄德只能载小物，缺德就

会毁万物。(6-P.184)

127 教师要做到能传道,首先要知道、明道、信道、践道和得道。(6-P.187)

128 道在自身,便是格物、致知、诚意、正心、修身;道在身外,便是齐家、治国、平天下。(6-P.187)

129 传道,是从思想、精神、格局、境界、情怀和使命的角度去启迪学生、感化学生和教育学生,是方向导航、价值引领和人格塑造。(6-P.187)

130 既要授人以鱼,也要授人以渔,更要授人以道。没有让学生尝到鱼肉鱼汤的醇厚鲜美,怎能激起学生对渔鱼的向往、追求和把控?(6-P.188)

131 教的最高境界是为了不教,实现不教的途径是:知教→爱教→乐教→会教→教会→不教;学的最高境界是会学,实现会学的途径是:知学→爱学→勤学→乐学→学会→会学。(6-P.188)

132 大学教师的修身、学术和教学是大学育人最基础、最重要和最不可或缺的三大抓手,它们分别是滋养学生成长、成人、成才的蛋白质、矿物质和维生素,对大学生的健康成长来说,缺一不可。(6-P.189)

133 大学从教之道的要义就是要紧紧围绕育人这个中心,修身警钟长鸣,学术不断精进,教学殚精竭力,只有这样,大学才能培养出"三观"正和可塑性强的高素质人才。(6-P.189)

134 决定进入社会、走上工作岗位的大学生可塑性的关键要素是"五有素质":有担当精神,有追求卓越的现代人格,有触类旁通的学习能力,有高效沟通的表达交流能力,有专博合璧的知识结构。(6-P.190)

135 所谓"软知识"就是人的"三观"和德行,包括理想、志向、追求、责任、担当、境界、情怀、使命,它是一个人的精气神,一个人思想和行动的发动机。"软知识"具有广适性、变通性和方向性。所谓"硬知识"就是一个人所具有的专业知识和学科知识,"硬知识"具有鲜明的学科性、专业性和工具性。"软知识"如同计算机上安装的操作系统,"硬知识"

如同计算机上安装的各类APP(应用程序)。[6-(P.190~191)]

136 爱道教道研道学道道道有荆棘,知道悟道践道得道事事有坎坷。(6-P.191)

137 教师将学生培养好了,实现了青出于蓝而胜于蓝,就能使自己的学术生命活出长度、拓展宽度、提升高度和健康长寿。(6-P.192)

138 名师出高徒,高徒更能出名师。(6-P.192)

139 "四情"好老师:交流有激情,对话有温情,互动有感情,师生有真情。(6-P.194)

140 问题就是理想与现实之间的鸿沟,起点与终点之间的荆棘,过程与目标之间的障碍。(6-P.194)

141 观察问题有宽度,提出问题有高度,分析问题有深度,解决问题有跨度。(6-P.194)

142 教师对如何将学生培养好这一问题也许没有标准答案,但这四点是必不可少的:言传身教,因材施教,诲人不倦,对症下药。(6-P.194)

143 教师对如何将科研做好这一问题也许没有标准答案,但这三个阶段应该是必由之路:积累、专注和顿悟(或渐悟),站在巨人的肩膀上做出创新性的成果。(6-P.194)

144 教学的本质是师生之间以知识为纽带的认知交流与人格互动,知识是载体,方法是润滑剂,情感是黏合剂,思想是催化剂,人格是稳定剂。(6-P.194)

145 对大学教师而言,教学过程非常有利于教师提升自己识人、辨人、赞人、友人、助人、渡人的能力和境界,这方面的收获是科研难以企及的。(6-P.195)

146 在科学研究上,通往创新之路有三种途径。"开路":走前人没有走过的路;"捡漏":走前人走过的路,留意未被前人发现的风景;"远路":走前人走过的路,远足到前人未曾到达的远方。(6-P.196)

附录Ⅱ：笔者求学和从教剪影（178幅照片）

概述

　　附录Ⅱ由178幅与笔者密切相关的学习、工作和生活照片组成，涵盖了笔者从学龄前（1960）到2024年的实情、实景、实况照片，尽管这些照片在拍摄时并非针对本书的主题，也许是随机随意的，但都是某一历史时期此时、此刻、此情、此景的真实客观记录。相对作者60余年求学和从教的过程而言，这178幅照片瞬间记录的也许是挂一漏万的，但她从一个侧面浓缩了一位一线大学教师的求学史、从教史、成长史和求索史，也从具象的视角展示了本书阐释的"四道"（爱道、教道、研道和学道）之源。常言道，源远方能流长，尽管这个"源"相对百年人生和近千年的近现代大学史而言还不够远，但希望从这个"源"中流出之"流"能"源远流长"，助力我国高等教育的高质量发展。

编排

　　总体上以时间的先后为纲、以事件内容的相关性为目，每幅照片都配有简要的时间、地点、人物、事件的说明。附录Ⅱ由两个大阶段的内容构成：求学剪影（少，次要）和从教剪影（多，主要）。需要指出的是，笔者在高中毕业后、上大学前，还有过近两年在中学（湖北省黄陂县吴店中学）担任民办教师、执教初中三年级语文兼任班主任的经历，由于那时的照相和照片还是稀罕物，这段珍贵的从教经历未能有照片记录。

大学的从教之道

目的

如果说本书的正文是"文说"或"理说"大学的从教之道,附录Ⅱ就是试图"图说"或"实说"大学的从教之道,希望通过不同历史阶段、历史事件、历史人物和历史场景,"图说"笔者及其团队是如何渐悟和践行"四道"的。这些此时、此刻、此情、此景的真实照片,这种"图文并茂""有理有据"的表达方式也许能让读者对大学的从教之道的"四道"产生更为具象的印象。作者在梳理从学龄前(1960)到2024年的实情、实景、实况照片过程中,有思绪悠长的回忆、有心旷神怡的联想、有情不自禁的忏悔、有刻骨铭心的思念、有从天而降的开悟、有豪情满怀的憧憬,为学为事为师为人,酸甜苦辣咸五味杂陈,谨此赋诗一首,抒发感怀!

> 求学从教甲子有余,文说图说理实有据。
> 爱教研学四道为铭,言传身教行不逾矩。
> 天道地道人道之理,大学之道龙盘虎踞。
> 从教爱教善教为求,立德树人箴言警句。
> 勤学乐学会学为要,学不可已应有之举。
> 教学相长日新月异,革故鼎新谋篇布局。

附录Ⅱ：笔者求学和从教剪影

左：1960年6月，学龄前。中：1969年6月，小学。左2和左3为龚一鸣的三姐龚丽珍和二姐龚淑珍。右：1974年10月，高中。左起：龚一鸣、曹家华、王启浩、朱汉华。

1974年7月，湖北省黄陂县鲁台高中毛泽东思想宣传队合影。前排左起：冯明、汪菊珍、阮观简、郭碧旋（化学老师，领队）、郑宝珍、冯青华、任华珍；后排左起：涂望菊、涂细号、韩东生、郑仁同、魏国安、张鹤峰、鞠发传、任美玲、龚一鸣。

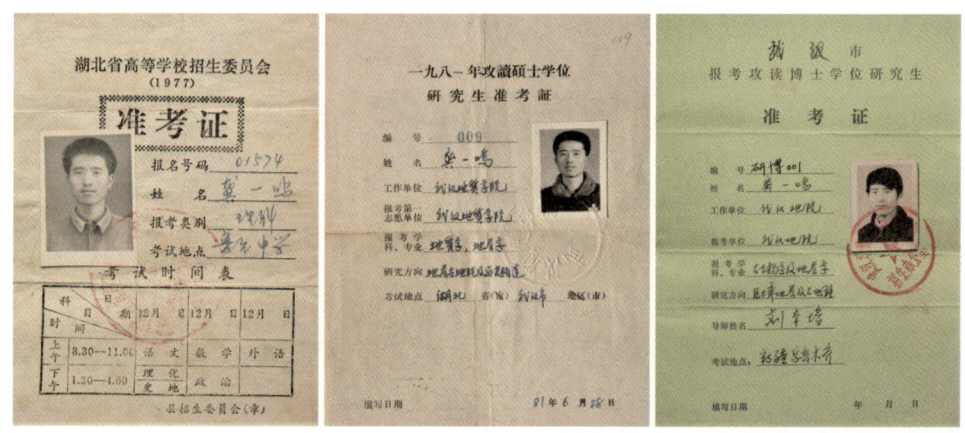

左、中、右分别为龚一鸣1977、1981和1987年参加高考、考研和考博的准考证，一考"上岸"。

大学的从教之道

左：1980年8月，武汉地质学院11771班大二周口店教学实习师生合影，后排左6为龚一鸣。右：1982年1月，武汉地质学院11771班本科毕业师生合影，后排左6为龚一鸣。

左：1985年1月，龚一鸣（右1）硕士毕业留校任教与导师在地大主楼前合影，左1为王良忱教授，左2为刘本培教授。右：1985年1月，武汉地质学院首届研究生班毕业师生合影。前排左起：曾宝玉、陈金银、赵鹏大/校长、李武元/校党委书记、陈钟慧、胡轩魁、张建忠；中排左起：吕海燕、纪言、陈跃庭、高山、单志刚、龚一鸣、石昆山、伍法权、程小林；后排左起：戴凤岩、李平凡、赵彦明、殷庆和、张德会、肖华云、骆俊峰、袁丁。

左：1987年8月，龚一鸣参加新疆的305项目，在阿勒泰收集博士论文资料，骑马处为阿舍勒营地。中：1992年7月，龚一鸣参加西天山85-101项目翻越西天山哈希勒根达坂。右：1996年7月，龚一鸣参加东昆仑1:25万非史密斯填图项目骑牦牛。

左:1992年8月,龚一鸣参加在日本京都举行的第29届国际地质大会,沉积作用与板块构造关系的口头报告,被大会评为"杰出的重要论文"。右:1994年11月,龚一鸣(答辩人)参加在北京十三陵举行的地质矿产部破格晋升教授副教授答辩评审会,同年被破格晋升为教授。

左:1994年4月,龚一鸣(右1)与教授级高工吴怡(右2)在广西南宁从事露头层序地层工作。右:2006年9月,龚一鸣(后排右3)参加在北京昌平召开的"中国南方海相地层定量岩相古地理研究及油气预测"项目协调会,前排右4为冯增昭教授(总项目负责人)。

左:1995年8月,龚一鸣(前排左2)参加在丹麦Bornholm岛召开的第3届国际遗迹组构会议。右:1997年11月,龚一鸣参加在北京香山饭店举行的第85次香山科学大会:"地史重大转折期的环境变化"。前排左起:舒德干、吴朝东、童金南、黄定华、龚一鸣、赖旭龙、周瑶琪;中排左起:殷鸿福、俞昌民、张燊、涂光炽、王鸿祯、冯增昭、刘本培、范德廉;后排左起:赵生才、白顺良、汪啸风、郑文武、金玉玕、?、姚建新。

左：2000年6月，龚一鸣应美国加州大学河边分校Mary L.Droser教授邀请，在美国犹他州开展奥陶纪遗迹化石和旋回地层的研究工作。中：2003年10月，龚一鸣（前）应澳大利亚迪肯大学石光荣教授（右1）邀请，合作研究南悉尼盆地二叠纪遗迹化石与古环境。照片为周末吃烤袋鼠肉。右：2003年10月，龚一鸣（右1）与澳大利亚迪肯大学Elizabeth A. Weldon博士（左，女）一同考察澳大利亚南悉尼盆地二叠系。

左：2005年2月，龚一鸣（前排左1）在新西兰奥克兰参加第8届国际遗迹组构会议。右：龚一鸣参与野外地质旅行（前排中）。

左：2007年8月，龚一鸣（左3）在加拿大卡尔加里参加第9届国际遗迹组构会议。右：2007年9月，地大地质转折期团队考察西澳鲨鱼湾现代叠层石。左起：杜远生、陈中强、龚一鸣、Arthur Morley、谢树成、田友萍、童金南、兰中伍。

左：1997年1月，地大武汉和北京地古教研室教师踏冰共同考察北京门头沟雁翅地区的中~上元古界，左起：史晓颖、龚一鸣、张传恒。右：1997年4月，地大武汉和北京地古教研室教师共同考察山东长清县张夏寒武系剖面。左起：赖旭龙、陈建强、刘本培、龚一鸣、史晓颖。

左：2005年11月，地大武汉和北京地古教研室部分教师在北京召开地古学科交流会。左起：谢树成、冯庆来、王训练、孙克勤、王永标、童金南、万晓樵、史晓颖、殷鸿福、周洪瑞、王成善、张世红、龚一鸣、张传恒。右：2006年7月，地大"重大地质突变期生物与环境协同演化"团队部分成员参加在厦门举行的国家创新研究群体科学基金答辩并获得通过。左起：谢树成、龚一鸣、殷鸿福、童金南（带头人）、史晓颖。

左：2003年1月，地大地古系与武汉地调中心在三峡集体备课，前排右2为龚一鸣。右：2008年12月，地大地史古生物学国家教学团队（简称地古团队）在武汉东湖宾馆召开年终总结会暨庆祝该团队被批准为国家级教学团队（2008年10月），第2排右3为地古团队带头人龚一鸣。

左:2010年12月,地古团队教师在湖北宜昌奥陶纪金钉子处集体备课,左8为龚一鸣。右:2014年4月,地史学教学团队在武汉市江夏区黄金塘集体备课,右3为龚一鸣。

左:2015年1月,地古团队在广西桂林南边村泥盆~石炭系界线处集体备课,第2排左3为龚一鸣。右:2015年11月,地古团队在湖北阳新集体备课,后排左5为龚一鸣。

左:2018年12月,地古团队在武汉市蔡甸区侏儒山集体备课,后排右4为龚一鸣。右:2019年1月,地古团队在江西武宁集体备课,前排右2为龚一鸣。

附录Ⅱ：笔者求学和从教剪影

左：2019年12月，地古团队在广西涠洲岛集体备课，龚一鸣（左1）在现场讲课。右：2021年12月，地古团队在长江武汉段天兴洲集体备课，左4为龚一鸣。

左：2003年3月，地大地古系在湖北赤壁召开学科发展研讨会，左前站立发言者为龚一鸣。右：2009年5月，地古团队在武汉市梦天湖召开第一次扩大会议，第1排左3为龚一鸣。

左：2004年9月，"造山带及邻区沉积地质与圈层耦合"获湖北省自然科学奖一等奖，获奖者在地大主楼前合影。左起：颜佳新、张克信、龚一鸣、杜远生、冯庆来。右：2009年11月，"地史古生物4合1创新人才培养模式研究与实践"获湖北省教学成果奖一等奖，获奖者在地大主楼前合影。左起：冯庆来、杜远生、龚一鸣、童金南、谢树成。

左:1991年7月,龚一鸣(前排左1)应新疆第二区调大队邀请,指导东天山图幅填图工作,后排左1为辛后田,是龚一鸣首次指导的本科生。中:1996年8月,龚一鸣带领田军(龚一鸣首次招收的硕士生/左1)参加东昆仑1:25万非史密斯填图。右:2004年12月,龚一鸣和王家生教授(左1)指导徐冉(左2)和Elizabeth A. Weldon(左3,女)(龚一鸣首次招收的博士生和博士后)在广西来宾铁桥二叠系剖面踏勘。

左:2006年6月,龚一鸣(左5)和谢树成教授(左1)带领本科生和研究生考察桂林杨堤泥盆系剖面。右:2007年1月,龚一鸣(第1排左2)等承担中石化油气资源项目,带领研究生考察桂林南边村泥盆~石炭系界线剖面。

左:2009年5月,龚一鸣(后排左4)带领DIG团队(泥盆纪与遗迹化石教研团队)的研究生和本科生考察武汉市汉阳锅顶山的志留系和泥盆系。右:2009年11月,龚一鸣带领DIG团队研究生实测四川北川县甘溪泥盆系剖面。左起:张立军、赵龙、吴义布、龚一鸣、冯启、杨雪英、魏凡。

左:2010年8月,龚一鸣(左后1)带领DIG团队研究生在克拉玛依后山实测石炭纪地层剖面(KP4-67层)时野外午餐。右:2013年8月,DIG团队师生在西准噶尔填图项目中实测地层剖面收队时留影。左起:王志宏、蒋涛、纵瑞文、龚一鸣、范若颖、宋俊俊。

左:2014年4月,DIG团队成员协助黄程(左1)在广西南峒泥盆系剖面收集博士论文资料。右:2017年2月,龚一鸣带领DIG团队研究生和本科生在广西拉利泥盆系剖面收集学位论文野外资料。左起:申震、刘建章、王澧陵、龚一鸣、马坤元、张欣松。

左:2018年7月,龚一鸣带领研究生在鄂尔多斯盆地西缘收集学位论文资料。左起:涂丹、范若颖、龚一鸣、纵瑞文、王振、马坤元、王澧陵。右:2018年8月,龚一鸣与研究生在宁夏沙湖庆祝野外工作结束。左起:王澧陵、马坤元、龚一鸣、王振、纵瑞文。

左:2010年12月,DIG团队部分师生在地大西区篮球场举行辞旧迎新篮球友谊赛。左起:龚一鸣、吴义布、纵瑞文、黄程、冯启、张立军、王仔章。右:2018年1月,DIG团队部分师生在地大西区体育馆篮球场举行辞旧迎新篮球友谊赛。左起:涂丹、马坤元、赵謦、龚一鸣、董俊彦、王澧陵、申震。

左:2014年7月,DIG团队部分师生在新疆克拉玛依市西环路福兴宾馆客房召开组会。左起:宋俊俊、范若颖、张欣松、纵瑞文、李东健、蒋涛,龚一鸣摄影。右:2019年12月,DIG团队部分师生在地大主楼412报告厅组会后合影。左起前排:申震、范若颖、龚一鸣、纵瑞文、张欣松;中排:赵钐羽、孙语聪、黄烈斌、许晴旸、涂丹、宋英杰、王振、王凯;后排:冯柏林、董俊彦、刘一龙、郭超。

左:2020年6月,因新冠疫情,DIG组会在线上召开,后排右2为龚一鸣。右:2021年6月,DIG团队部分师生在地大南望山校区主楼604教室召开组会后合影。左起前排:马娟、纵瑞文、龚一鸣、范若颖、孙语聪、许晴旸、刘源;后排:王振、谢浩弘、黄烈斌、邱晓辰、涂丹、尹家一、刘一龙、郭超、武凯旋。

附录Ⅱ：笔者求学和从教剪影

左：2008年5月，龚一鸣在地大主楼前与获得学士学位的本科生合影。左起：魏凡、陈慧、胡松海、龚一鸣、何磊、金晓波、杨振。右：2011年6月，龚一鸣在地大化石林与获得博士和硕士学位的研究生合影。左起：徐亚东、张立军、龚一鸣、吴义布。

左：2013年5月，杨雪英和魏凡博士论文答辩、赵龙硕士论文答辩通过后DIG团队在地大主楼地质斋合影。左起：宋俊俊、范若颖、杨雪英、赵龙、龚一鸣、魏凡、黄程、张欣松、王志宏、蒋涛、纵瑞文。右：2017年5月，宋俊俊博士论文答辩通过后，DIG团队在地大主楼地质斋合影。左起：纵瑞文、马坤元、范若颖、龚一鸣、宋俊俊、徐冉、申震、周伟、王志宏。

左：2017年6月，龚一鸣（中）与纵瑞文博士（右1）和宋俊俊博士在地大合影。中：2018年6月，龚一鸣（左3）与范若颖博士（左2）、李若琛硕士（右1）和刘建章学士在地大合影。右：2019年6月，龚一鸣（中）与王澧陵硕士（左1）和涂丹学士在地大合影。

左：2020年6月，龚一鸣（中）与申震博士（左1）和冯柏林学士在地大合影。右：2021年6月，龚一鸣（中）与赵翌博士（左3）和马坤元博士（左5），马娟、孙语聪、黄烈斌、刘一龙（分别为左1、2、6、7）学士在地大主楼前合影。

左：2016年11月，DIG团队部分师生在武汉鲁磨路农家花园酒店庆贺纵瑞文顺利通过博士论文答辩。左起：马坤元、张欣松、王澧陵、申震、龚一鸣、纵瑞文、李若琛、范若颖、宋俊俊。右：2018年6月，DIG团队部分师生在武汉雅和睿景酒店庆贺范若颖和李若琛顺利通过博士和硕士论文答辩。前排左起：张欣松、李思宇、范若颖、李若琛、龚一鸣、纵瑞文、申震；后排左起：马坤元、赵爽、赵钐羽、宋英凡、冯柏林、王凯、王澧陵、涂丹、董俊彦、赵翌、郭超。

左：2017年5月，宋俊俊博士生在博士论文答辩会场答辩通过后给导师龚一鸣教授（左1）献花。右：2021年9月10日，DIG团队学生代表到导师家中祝贺教师节。左起：刘一龙、王振、龚一鸣、司远兰（夫人）、杜晓琦、尹家一。

2001年8月,龚一鸣(左:第2排左6)在北京周口店与1999级基地班学生合影和在周口店拴马桩引导该班学生进行研究性野外实习(右:从前至后,胡勇、屈原皋、龚一鸣、陈意)。

左:2003年7月,龚一鸣(第1排左3蹲者)在秦皇岛北戴河带领2001级基地班大一学生在山东堡海滩实习。右:2004年7月,龚一鸣(第2排右1)和颜佳新教授(第1排左1)在湖北黄石带领地大2001级基地班和地质1班学生进行为期一周的地层学实习。

左:2010年7月,龚一鸣(戴草帽者)在秦皇岛石门寨石炭～二叠纪地层剖面上帮助学生鉴定新发现的化石。右:2010年7月,龚一鸣在秦皇岛北戴河实习基地一层阶梯教室(晚上)给全体师生讲课,梳理地质现象、阐释地质机制、启迪地质思维。

大学的从教之道

左：2012年4月，龚一鸣（第1排左7）带领地大2010级基地班和地质班学生在武汉市江夏区铁箕山进行"地史学"课间野外教学实习。右：2015年5月，龚一鸣（第2排左4）带领地大2013级基地班学生在武汉市江夏区黄金塘进行"地史学"课间野外教学实习。

左：2016年8月，龚一鸣（右1）带领地大2015级基地班大一学生在北戴河实习，照片处为燕山大学北风化壳。右：2017年8月，龚一鸣（前排卧姿者）带领地大X11164班大一学生在北戴河实习，照片处为老虎石。

左：2018年8月，龚一鸣（左1）带领地大李四光学院大一学生在北戴河鸡冠山实习。右：2019年8月，龚一鸣（左前戴墨镜者）带领地大2018级地质一班大一学生在秦皇岛鸡冠山实习。

附录Ⅱ：笔者求学和从教剪影

左：2019年4月，龚一鸣（第1排左2）带领地大2017级基地班学生在武汉市江夏区丁姑山进行"地史学"课间野外教学实习。右：2020年8月，龚一鸣（第2排左4）与地大地学院2019级国际班学生在武汉市阳逻实习时合影（因新冠疫情，用武汉周边实习代替北戴河实习）。

左：2020年8月，龚一鸣（右2）在武汉市阳逻镇与地大地学院2019级国际班大一学生交流第四纪阳逻砾石层的特征与要义。右：2022年8月，龚一鸣（讲课者）在武汉市喻家山给地大地学院2021级大一学生答疑解惑（因新冠疫情，用武汉周边实习代替北戴河实习）。

左：2017年9月，龚一鸣在地大弘毅堂给2017级近5000名地大本科生作题为"读大学三问"的新生入学教育报告。右：2021年9月，龚一鸣（左4）以线上方式给2021级近5000名地大本科生作题为"读大学三要"的新生入学教育报告。

左:2013年5月,龚一鸣(中:颁奖者)在地大北区教学综合楼205教室给教授班级(010111和011111~3班,共4个班级)获64学时"地史之星"的6名学生(6人/141人)颁奖,奖品为化石和书。右:2016年3月,龚一鸣在教三楼301教室教授X11141-2班64学时的"地史学"课程。

2019年5月,龚一鸣(第2排左5)在教授64学时"地史学"课程结课时在地大教三楼202教室与010171班学生合影。

2021年5月,龚一鸣(第2排左7)在教授48+16学时"地史学"课程结课时在地大教一楼301教室与010191~2班学生合影。

附录Ⅱ：笔者求学和从教剪影

左：2020年10月，龚一鸣（讲台上手持麦克风者）在地大教三楼109教室给2019级新生讲授通识课"地球科学概论"。右：2021年5月，龚一鸣（右1）在地大教一楼301教室在"地史学"互动课上与010191~2班学生互动交流（学生演讲、师生点评和讨论）。

左：2022年5月，龚一鸣（第2排左3）在教授48+16学时"地史学"课程结课时在地大教一楼307教室与010201班学生合影。右：2023年2月，龚一鸣（前站立演讲者）在地大教三楼109教室给2022级大一新生讲授通识课"地球科学概论"。

左：2007年5月，龚一鸣（中）在地大主楼五层教室给2015级基地班和地质班学生答疑。右：2023年2月，龚一鸣（中）在地大教三楼109教室给选修通识课"地球科学概论"的2022级新生课后答疑。

大学的从教之道

左：2003年7月，龚一鸣（打红雨伞者）在秦皇岛石门寨带领地大教师冒雨备课（前左1为刘本培教授）。右：2004年8月，龚一鸣在秦皇岛北戴河实习基地一层阶梯教室给地大实习队全体师生讲大课。

左：2014年8月，地大北戴河教学团队在秦皇岛亮甲山带领地大教师备课，中部讲课者为龚一鸣。右：2014年8月，龚一鸣在秦皇岛石门寨备课途中席地而坐吃午餐。

2015年8月，龚一鸣在秦皇岛北戴河实习基地足球场（晚上）给实习队全体师生讲课。

2016年8月,地大北戴河教学团队在秦皇岛北戴河鸡冠山备课时全体教师合影,第2排右3戴墨镜者为龚一鸣。

2017年8月,地大北戴河教学团队在秦皇岛北戴河小东山备课时全体教师合影,照片左中部前排戴草帽、墨镜和叉腰者为龚一鸣。

2018年8月,地大北戴河教学团队在秦皇岛北戴河沙锅店备课时全体教师合影,前排中部手拿草帽者为龚一鸣。

左:2018年8月,地大北戴河教学团队在秦皇岛亮甲山带领教师冒雨备课(手持蓝色雨伞者为龚一鸣)。右:2018年8月,龚一鸣(右1)在秦皇岛上庄坨指导助教赵璺鉴别矿物和岩石。

2019年8月,地大北戴河教学团队在秦皇岛上庄坨备课时全体教师合影,前排右5为龚一鸣。

2020年8月,地大北戴河教学团队在武汉青山天兴洲码头备课时全体教师合影,第2排右3戴草帽者为龚一鸣(因新冠疫情,北戴河实习改为武汉周边实习)。

附录Ⅱ:笔者求学和从教剪影

左:2020年8月,地大北戴河教学团队在武汉市南望山带领北戴河实习队教师集体备课,中间讲课者为龚一鸣。右:2021年6月,龚一鸣(右4)带领地古团队部分教师在武汉市喻家山为"地史学"等课程课间野外教学实习备课。

左:2021年8月,因新冠疫情,地大北戴河教学团队带领教师线上备课(第4排左1为龚一鸣)。右:2021年8月,地大北戴河教学团队带领教师在武汉喻家山线下补充备课(后排右7为龚一鸣)。

左:2022年8月,因新冠疫情,地大北戴河教学团队带领教师在湖北罗田县河铺镇备课(前排右1戴草帽者为龚一鸣)。右:2022年8月,地大北戴河教学团队带领教师在武汉未来城古姆山备课(中间戴墨镜者为龚一鸣)。

左:2012年4月,龚一鸣在云南昆明召开的全国"第6届大学地球科学类课程报告论坛"上作题为"地史学教学60年回顾与思考"的大会特邀报告。右:2014年11月,龚一鸣在湖北武汉召开的全国"第8届大学地球科学类课程报告论坛"上作题为"高校教师如何上好一门课"的大会特邀报告。

左:2019年7月,龚一鸣(右演讲者)在兰州(兰州大学萃英大酒店)举办的全国"一流课程建设与卓越人才培养专题报告会"上作"高校教师如何上好一门课"的专题报告。右:2019年10月,龚一鸣在成都(成都友豪罗曼酒店)举办的全国"第二期一流本科教育课堂教学模式改革专题报告会"上作"高校教师如何上好一门课"的专题报告,照片为会后参观四川大学智慧教室前全体学员的合影,后排右2穿彩色格子上衣者为龚一鸣。

左:2020年9月,龚一鸣在地大八角楼报告厅给地学院全院教师作题为"课程思政三要"的报告。右:2021年4月,龚一鸣在地大东教楼A0113给全校教师作题为"课程思政的知与行"的报告。

左:2021年4月,龚一鸣在东华理工大学第4教学楼阶梯20教室,给该校教师作题为"课程思政的知与行"的报告。右:2021年7月,龚一鸣在地大弘毅堂给湖北省六所高校新入职青年教师作题为"课程思政的知与行"的报告。

左:2021年11月,龚一鸣(第1排右2)在武汉工程科技学院图书馆五区报告厅给全校教师作题为"课程思政的知与行"报告。右:2023年6月,龚一鸣(右4)在绍兴文理学院风则江大讲堂给全校师生作题为"宇宙-地球-人类"的科普报告并在会后与部分师生合影。

左:2017年4月,龚一鸣(右1)在地大地学院地球系统科学报告第519期上给全院青年教师作题为"高校教师如何上好一门课"的报告。右:2019年10月,龚一鸣在南昌举行的"第二届全国大学青年教师地质课程教学比赛"闭幕式及颁奖晚会上作教学比赛点评。

左:2021年5月,第三届全国大学青年教师地质课程教学比赛普地组评委(左3为龚一鸣)在河南焦作河南理工大学合影。右:2022年8月,湖北省第八届高校青年教师教学竞赛理科组评委(右2为龚一鸣)在湖北武汉中南财经政法大学合影。

左:2021年6月,龚一鸣在地大八角楼举行的"全国古生物学与地史学教学研修班"上讲授"地史学绪论"的示范课,来自全国38所高校90余名中青年教师参会。右:2021年12月,龚一鸣在地大主楼330报告厅召开的资源学院教学研讨会上作题为"高校教师如何上好一门课"的报告,并与参会教师互动交流。

左:2023年1月,龚一鸣在地大第三届教师教学创新大赛会场作即席总结点评。右:2023年4月,龚一鸣于第28个世界读书日在地大图书馆向地大师生作阅读分享报告并与现场师生互动交流。

附录Ⅱ：笔者求学和从教剪影

2015年6月，龚一鸣（第2排中穿红色上衣者）在地大逸夫博物馆给参加地大第4届中学生地球科学夏令营的营员——来自全国60余所重点中学的60余名高中生作科普报告后合影。

左：2016年7月，龚一鸣在地大教三楼109教室给参加第4届全国青少年高校科学营中国地质大学分营、来自全国20余所中学的210余名高中生及其带班老师作题为"化石君，谢谢您"的科普报告。右：2021年4月，龚一鸣（左4）以线下和线上相结合的形式，在地大东教楼给地大和兰州大学的学生作题为"宜居地球的前世今生"的科普报告。

左：2019年4月，教育部部长陈宝生一行来地大调研并召开座谈会，龚一鸣在会上作关于"大学人才培养与课堂教学"的主题发言。中：2020年5月，龚一鸣在家中借助超星平台依托线上"地球科学大讲坛"给地大2019级新生和社会公众作题为"地球的过去与未来"的科普报告。右：2020年9月，龚一鸣在地大教一楼2阶教室给地学院2020级187(128/硕+59/博)名研究生作题为"读研三要"的研究生新生入学教育报告。

左：2020年6月，龚一鸣（左3）接受人民网访谈，向全国的高考考生介绍地大的地质学专业。右：2022年6月，龚一鸣（左4）与地球科学学院的领导、教师和学生一道参加在武汉市武昌实验中学召开的全国高考招生咨询会。

左：2020年12月，龚一鸣（左1，左2为校党委书记黄晓玫）荣获地大最高教学奖——首届卓越名师奖。右：2022年5月，学校领导与首批全国高校黄大年式教师团队——地质学教师团队部分成员合影，后排左6为龚一鸣，左4为殷鸿福院士，左5为校长王焰新，左7为校党委书记黄晓玫。

左：2019年10月，龚一鸣（左2）等地大的教师代表参加在武汉体育中心举行的第7届世界军人运动会开幕式。右：2022年11月，龚一鸣作为地学院教师代表参加在武汉未来城校区举行的地大70周年校庆线下庆祝会。

左:2023年8月,地大北戴河教学团队在秦皇岛石门寨剖面备课时全体教师合影。前排中手拿草帽者为龚一鸣。右:2023年8月,龚一鸣在秦皇岛北戴河实习基地一层阶梯教室(晚上)给全体师生讲课:总结野外路线教学内容,强调实习要达到的"三开"目标:开心、开窍、开挂。

左:2023年9月,龚一鸣以线上方式给2023级近5000名地大本科生作题为"读大学的知与行"的新生入学教育报告。右:2023年10月,龚一鸣在主楼308报告厅在"名师伴行工作室"专题系列讲座第1期给地学院本科生作题为"上课+阅读→科研"的专题报告,并与学生互动交流。

左:2023年10月,龚一鸣在地大教三楼109教室给2023级新生讲授通识课"地球科学概论"。右:2023年10月,龚一鸣在中南财经政法大学文波楼112教室讲授题为"宇宙-地球-人类"的"三百"通识课。

左：2023年10月，龚一鸣在武汉长江大学举行的"第四届全国大学青年教师地质课程教学比赛"开幕式上讲授题为"高校教师如何上好一门课"（极简版）的教学示范课。右：2023年11月，龚一鸣在长春吉林大学地球科学学院教师教学发展中心成立仪式暨教师教学能力提升大会上（鸽子楼408报告厅）作题为"高校教师如何上好一门课"的专题报告。

左：2023年11月，龚一鸣在湖北秭归地大产学研基地举行的"地学类专业拔尖创新人才培养研讨会暨地学类专业实践教学联盟成立大会"上作题为"实践教学究竟该教什么"的大会报告。右：2023年11月，龚一鸣在河北廊坊市防灾科技学院北校区天仪楼北308教室给该校教师作题为"高校教师如何上好一门课？"的专题报告。

左：2024年1月，龚一鸣在地大第四届教师教学创新大赛会场（地大东教楼C0106教室）作即席总结点评。右：2024年3月，龚一鸣（前排左3）在山东省威海市与地大相关教师和职能部门领导一道调研教学实习的教学资源时合影，照片处为山东省威海市成山头。

附录Ⅱ：笔者求学和从教剪影

左：2019年6月，龚一鸣（右2）参加地大教职工乒乓球协会第7届金锤杯乒乓球团体赛。
右：2020年10月，龚一鸣在武汉东湖边首次学用路亚钓鱼法钓起一条鱼。

左：2019年8月，龚一鸣在青岛湖北劳模疗休养期间做引体向上。中：2022年11月，龚一鸣在地大西区操场双杠上做倒立锻炼。右：2023年6月，龚一鸣在地大西区操场做连续翻筋斗。

左：2023年1月，第三届DIG云会隆重举行，第四排左3为龚一鸣。右：2023年3月，龚一鸣与家人在海南三亚度假。左起：龚博（儿子）、徐琴芳（儿媳）、龚予汐（孙女）、司远兰（夫人）、龚一鸣。

后记

我

我是一棵被老师、亲朋、同事和学生摇动过的树
我也是一朵被老师、亲朋、同事和学生推动过的云
我还是一个被老师、亲朋、同事和学生唤醒过的灵魂

学生是我师，我是学生友→学生教会我如何为师
化石是我师，我是化石友→化石教会我如何为学
同事是我师，我是同事友→同事教会我如何为事
亲朋是我师，我是亲朋友→亲朋教会我如何为人